教育部高校思想政治理论课教师研究专项重大课题攻关项目

“高校思政课习近平新时代中国特色社会主义思想教学案例库建设研究”

（项目批准号：21JDSZKZ01）

新时代
高校思想政治理论课
教学案例精选

（第5辑）

主 编 杨慧民 王 娜

参编者（以姓氏笔画为序）

王冠文 王晶梅 王新影 刘秉贤

刘鹏飞 杨丽丽 张 灿 张 超

屈 宏 赵 劲 贾 迪 葛丽君

中国人民大学出版社

·北京·

编委会

主要作者简介

杨慧民，大连理工大学思想政治理论课案例教学研究中心主任，马克思主义学院教授、博士生导师。累计 44 期在“中宣部、教育部全国高校思想政治理论课骨干教师研修班”上介绍案例教学经验。国家高层次人才特殊支持计划教学名师，马克思主义理论研究和建设工程重点教材《马克思主义基本原理》编写组主要成员，国家级精品资源共享课、国家一流本科课程“马克思主义基本原理”建设负责人，国家级教学成果奖二等奖获得者，教育部高校思想政治理论课名师工作室（大连理工大学）负责人。入选全国高校中青年思想政治理论课教师择优资助计划、思想政治教育中青年杰出人才支持计划。主持完成教育部哲学社会科学研究重大课题攻关项目 1 项、国家社科基金一般项目 2 项、教育部人文社科项目 10 多项。在《哲学研究》《光明日报》等发表研究论文 70 多篇，其中《新华文摘》等全文转载 5 篇。论文荣获辽宁省哲学社会科学奖·成果奖（第六届）一等奖。在高等教育出版社、中国人民大学出版社主编出版思政课案例教学专著、教材教辅 40 多部。

内容简介

本书是以马克思主义理论研究和建设工程重点教材《习近平新时代中国特色社会主义思想概论》的主要内容和逻辑结构为蓝本，以活化教学内容、激活课堂教学、推动教材体系向教学体系和信仰体系转化为着力点，以扎实推进习近平新时代中国特色社会主义思想进课堂、进学生头脑为理念而编写的教学参考用书。本书精选和解析了 31 个学理说得透、事例讲得活、学生听得懂、实践用得上的典型案例。力求既有平实的理论分析，突出思想教育性和理论深度，又有真实案例的细致刻画；既坚持内容为王，又注重学理渗透；既立足“高大上”，又着力“接地气”。全书取材新颖精当，内容鲜活充实，问题讨论层次分明，教学建议贴近实际，总结提升深入浅出，适合广大高校思政课一线教师和思想政治教育工作者阅读使用。

总序

新时代催生新思想，新思想引领新实践。党的十九大报告鲜明指出，“中国特色社会主义进入了新时代”。这是我们党准确把握我国发展新特点新要求所作出的一个重大政治判断。而作出这一重大政治判断的理论标志，是习近平新时代中国特色社会主义思想的创立。习近平新时代中国特色社会主义思想之“新”，主要体现在它创立于新时代中国特色社会主义的伟大实践中。

党的十九大报告将习近平新时代中国特色社会主义思想的主要内容概括为“八个明确”“十四个坚持”，党的十九届六中全会将“八个明确”拓展为“十个明确”，党的二十大报告将其概括为“十个明确”“十四个坚持”“十三个方面成就”。

习近平在党的二十大报告中指出，继续推进实践基础上的理论创新，首先要把握好新时代中国特色社会主义思想的世界观和方法论，坚持好、运用好贯穿其中的立场观点方法，并从六个方面作出概括和阐述，强调必须坚持人民至上、必须坚持自信自立、必须坚持守正创新、必须坚持问题导向、必须坚持系统观念、必须坚持胸怀天下。这一概括深刻揭示了习近平新时代中国特色社会主义思想的理论品格和鲜明特质，充分彰显了习近平新时代中国特色社会主义思想的真理力量和实践伟力。

“十个明确”“十四个坚持”“十三个方面成就”“六个必须坚持”内在贯通、有机统一，凝结着我们党认识世界、改造世界的宝贵经验和重大成果，体现了理论与实际相结合、认识论和方法论相统一的鲜明特色，共同构成了习近平新时代中国特色社会主义思想的科学体系。

学懂弄通落实党的二十大精神和党的二十届三中全会精神，深入推进习近平新时代中国特色社会主义思想坚定不移进教材、生动活泼进课堂、融会贯通进学生头脑，使党的创新理论全面融入高校思想政治理论课，更好武装青年、引领青年，筑牢青年学生成长成才的科学思想基础，使之加深对新时代中国特色社会主义的思想认同、理论认同、情感认同，是当前和今后一个时期全国高校思想政治理论工作者的首要政治任务和庄严使命。

我们推出这套丛书，正是要以全新的理念、扎实的行动将习近平新时代中国特色社会主义思想学深悟透、落到实处；正是要全景展示习近平新时代中国特色社会主义思想指引下的生动实践和伟大成就，充分展示习近平总书记的人格魅力和为民情怀，展现全国各族人民、各行各业因社会发展进步而不断增强的获得感、幸福感、安全感；正是要用生动的笔触、鲜活的案例全方位呈现新时代我们党治国理政的新气象，以及党和国家事业取得的历史性成就、发生的历史性变革，向世人展示一个更加立体、丰富、生动的现代中国。

为了实现这一目标，我们课题组依托教育部高校思想政治理论课名师工作室（大连理工大学）开展工作，用时两年多精心选编了一批学理说得透、事例讲得活、学生听得懂、实践用得上的典型教学案例，既有深入浅出的理论分析，突出思想性和理论深度，又有案例实践的细致刻画，是我们20多年来努力探索思想政治理论课案例教学改革的又一潜心积淀。这一批典型教学案例，折射出以习近平同志为核心的党中央的清醒坚定与从容自信，显示出14亿多中国人的意气风发和昂扬斗志，展现出各行各业砥砺前行的生动实践，昭示了中华民族伟大复兴中国梦的光明道路和壮美前程。

本套丛书主要以马克思主义理论研究和建设工程重点教材《习近平新时代中国特色社会主义思想概论》的主要内容和逻辑结构为蓝本，每个案例所对应的章节内容，我们已尽可能地在教学建议处列出，并在总结提升建议环节结合案例详尽展开论述。同时，为充分展示习近平新时代中国特色社会主义思想深邃的理论视域，把案例教学的潜在优势转化成实实在在的教学效果，在分析案例时我们并非仅仅围绕一个教学主题展开，而是以某一个主题为主线，有所兼顾，以突出思想政治理论课案例教学独有的综合性、贯通性和一体化特点。

我们相信，把这一批典型教学案例“用足、用好、用活”，定能引导当代青年大学生深刻领会习近平新时代中国特色社会主义思想的精神实质和丰富内涵，以紧跟时代的理论自觉、坚如磐石的战略定力、不忘初心的历史担当，勇做新时代新征程的坚定者、奋进者、搏击者；定能凝聚全面建设社会主义现代化国家的强大正能量，提振同心共筑中国梦的精气神，汇聚中华民族伟大复兴的磅礴伟力，提升中国共产党的思想引领力，谱写好新时代社会主义现代化新征程的壮丽篇章。

目录

案例 1　张家港：当好中国式现代化的探路先锋 …… 1
案例 2　三个“历史决议”跨越百年 …… 7
案例 3　用忠诚与大爱托起香港的“生命之源” …… 14
案例 4　湖州南浔：擘画城乡共同富裕的新图景 …… 21
案例 5　看，自贸区“新雁阵”正展翅高飞 …… 28
案例 6　新旧动能转换的“齐鲁之变” …… 34
案例 7　探索高质量转型发展的“贾汪模式” …… 40
案例 8　鄂尔多斯：浩渺“煤海”变“绿城” …… 46
案例 9　徐州突围：打一场绿色转型发展的新“淮海战役” …… 52
案例 10　从“小作坊”到行业翘楚：比亚迪靠什么惊艳世界？ …… 58
案例 11　关停 650 万吨产能的济钢靠什么实现涅槃重生？ …… 65
案例 12　“中国数谷”渐入佳境：且看贵阳如何实现后发赶超 …… 72
案例 13　山西阳泉：从“煤炭之城”到“数智新城” …… 78
案例 14　沈阳铁西：在全面振兴新突破中谱写高质量发展“协奏曲” …… 84
案例 15　立足特色优势塑造新动能
——且看山西如何因地制宜构建现代化产业体系 …… 90
案例 16　中原逐鹿展新姿
——中部地区崛起 20 年的回望与前瞻 …… 95
案例 17　遨探苍穹：从航天大国迈向航天强国 …… 101
案例 18　昆山：标定全过程人民民主的“新路标” …… 108
案例 19　宁德人大代表约见制：见人见事见成效 …… 115
案例 20　江苏淮安“码”上议：指尖上的协商民主 …… 121
案例 21　法治中国建设：你看这非凡的十余年 …… 128
案例 22　不负绿水青山，以法治力量建设美丽中国 …… 135
案例 23　“咏”立潮头总是“春” …… 142

案例24 “殷”你而闪耀
——中华优秀传统文化传承的安阳实践 …… 148
案例25 “小题大做”，喜看浙江“民呼我为”20年 …… 154
案例26 “幸福圆桌会”，共绘南昌治理同心圆 …… 161
案例27 重庆江北：幸福“马”上来 …… 167
案例28 牢记总书记的殷殷嘱托：一定要把洱海保护好 …… 173
案例29 二十载“平安之约”：平安浙江何以春风化雨？ …… 180
案例30 “爱国者治港”：让“一国两制”实践行稳致远 …… 187
案例31 600多字的中央八项规定：“小切口”推动“大变局” …… 194

参考文献 …… 201
后　记 …… 205

案例 1

张家港：当好中国式现代化的探路先锋

核心阅读

张家港是江苏省苏州市下辖的县级市，是一座根植于古老土地的年轻城市。从 1962 年成立沙洲县，到 1986 年撤县建市，再到改革开放以来的跨越式发展，这片土地与时代同奋进，综合实力连续多年位居全国百强县（市）前三名，成为唯一一个连续六次荣膺全国文明城市的县级市，成功实现了从苏南“边角料”到全国“明星城”的精彩蝶变。大江流日夜，慷慨歌未央。奔腾的长江，见证了张家港凤凰涅槃、跨越式发展的雄心壮志。张家港的故事是春风的故事，是时代的故事，也是未来的故事。60 多年来，张家港的发展，从一个侧面看就是中国式现代化发展的缩影。

这里演绎白手起家的城市逆袭。从“全县只有一部柴油发电机”到连续多年位居全国百强县（市）前三名。全国文明城市“六连冠”、首批“国家生态市”、中国率先全面建成小康社会范例城市……张家港累计获得国家级荣誉 200 多项。

凤凰涅槃、跨越式发展，张家港何以成功？更重要的是，60 多年发展中，张家港如何应对风险与挑战，积累了哪些可复制推广的现代化县域探索经验？

无论是经济发展、生态建设、精神文明建设，还是人民群众获得感、幸福感、安全感的提升，张家港的经验都具有重要意义。张家港的故事是春风的故事，是时代的故事，也是未来的故事。60 多年来，张家港的发展，从一个侧面看就是中国式现代化发展的缩影。

绘蓝图、明路径 以改革激发创新内生动力

面对发展成就，张家港人总是能够保持清醒——成绩背后有短板、前行路上有挑战。传统产业比重偏大、创新活力不足等是中国许多城市共同面临的难题。但张家港创新思路，以改革激发创新内生动力，全面构筑县域经济发展新格局。

党委统揽、整体推进。“一把手抓创新”是张家港改革创新工作的重要举措。在全国县域中率先成立并实体化运作市委创新委员会，市委、市政府主要负责人挂帅，及时解决创新发展的重点难点问题；先后建立“厅市”“局市”会商工作机制，构筑起聚力创新、整体推进的工作格局；发布创新提质任务清单，加快推动全方位、各领域、深层次的全面创新。

科学谋划、优化设计。聚焦于突破县域创新“天花板”，张家港发布“创新张家港”建设五年行动计划，编制实施《张家港市创新型县（市）建设方案》《张家港市对接上海科技创新三年行动计划》《张家港市科创孵化载体“十四五”建设发展规划》等重要工作指南；把事关“转型升级、创新驱动”的主要指标全部纳入绩效考核体系，为全市经济高质量发展擘画了创新“路线图”。

先行先试、率先探路。围绕如何激发企业主体的创新内生动力，张家港在全国率先探索实施“企业创新积分管理”。2015年至2024年的10年间，全市企业累计近8 000家（次）获得创新积分超50万分，发放扶持经费超9亿元。截至2024年，张家港市100%的大中型工业企业和规上高企建有研发机构、95%的规上高企开展产学研合作、92%以上的专利申请及授权来自企业、90%的科技人才企业有研发投入。

一江清水、两岸葱绿 走生态优先绿色发展之路

于张家港而言，长江既是一条无比重要的经济带、发展带，更是一条无可替代的生态带、生命带。

张家港积极贯彻新发展理念，把修复长江生态环境作为压倒性任务。张家港湾是江海交汇的第一道湾。这里曾经“散乱污”遍地，成为当地村民“临江不见江，近水不亲水”的遗憾。

2019年，张家港正式启动“张家港湾”生态提升工程，对12公里的沿江岸线实施生态改造，倾力打造最美“江海交汇第一湾”，还港城市民“一江清水、两岸葱绿”。2021年，张家港湾生态修复入选联合国可持续发展优秀实践案例。政府在生态修复基础上，引导村民开发农家乐、采摘园、特色民宿，助力群众直接从长江生态修复中获益。位于张家港湾附近的德积街道永兴村，是其中最为典型的代表。如今的永兴村已形成集休闲农业、观光旅游、民宿餐饮等为一体的生态景观村庄，成功把生态优势转变成富民优势，每年永兴村的游客达10万人次以上。

事实上，在绿色发展之路上张家港一直走在前列。从整建制关停东沙化工园区、“调轻调高调优”全市产业结构，到持续开展生态修复、见缝插针建设“口袋公园”，广大市民的“绿色获得感”在一处处“绿意”中不断得到提升。

作为生态文明建设的全国典范，张家港先后获评全国首家“环境保护模范城市”和首批“国家生态市”，在全国县级市中率先荣获“联合国人居奖”，并被列为首批“全国生态文明建设试点地区”，荣获首届“中国生态文明奖”。

初心不变、历久弥新 推动物质文明和精神文明相协调

张家港将与时俱进大力弘扬张家港精神，放大“两个文明协调发展”的特色优势，加快推进“强富美高”新江苏现代化建设张家港实践，打造“物质文明和精神文明相协调”的中国式现代化县域先行区，努力为县域高质量发展先行探路。

一方面，聚焦“物的全面丰富”，打造更具实力的县域经济强市。张家港持续打响“创新张家港”品牌，统筹推进“传统产业焕新、新兴产业壮大、未来产业培育”，光束汽车、盛虹储能、沙钢硅钢、信义基地、大族激光、杉金光电等一大批旗舰型项目投产见效，着力形成冶金新材料、先进高分子材料、智能高端装备、高端纺织、新能源等产业集群。2024 年，张家港人均地区生产总值达到 23.4 万元，发展水平堪比世界发达国家和地区。

另一方面，聚焦“人的全面发展”，打造更高水平的全国文明城市。1994 年，张家港率先喊出创建全国文明城市的口号，80 万张家港人用一把把扫帚，扫出了首个国家卫生城市，更扫出了干事创业的“精气神”；1995 年、2014 年、2017 年，“全国精神文明建设经验交流会”“全国县级文明城市创建工作现场会”“全国创建文明城市工作经验交流会”3 次重要会议都在张家港召开，总结推广张家港精神文明建设经验，让“文明张家港”享誉全国。在创建全国文明城市的道路上，张家港先行先试、从未缺席，初心不变、历久弥新，经受住了时间的考验。

全面均衡协调 探路全体人民共同富裕

“发展为了人民、发展依靠人民、发展成果由人民共享”。共同富裕的果实甜不甜？“一老一小”最知道。站在全生命周期的两端，老人和儿童是社会最柔软的群体，需要被看见、被关照、被保障。

没有一张床位，却承载着全市 10 万多名老年人的养老需求。2013 年，张家港市亲情（虚拟）养老院开始运行，经过 10 年的发展，全市亲情（虚拟）养老院居家养老服务人次突破 1 100 万，并实现了 80 周岁以上老年人养老援助服务全覆盖。

而义务教育均衡发展，是教育公平发展的基石。张家港市坚持把办好义务教育作为基础教育发展的主攻目标，聚焦于“农村弱”“城镇挤”等问题，持续加大投入，大力实施《优质学校建设行动计划》，义务教育学校标准化建设达标率在苏州各板块中率先实现 100%，张家港市优质学校比例不断提升，成为全国县域义务教育均衡发展的“张家港样本”。

在城市发展的同时，张家港一直重视乡村建设和城乡统筹，书写了共同富裕的“港城答卷”。2023 年，张家港城乡居民人均可支配收入分别为 83 812 元和 47 032 元，老百姓的“钱袋子”更充实，小康生活更有保障；全市村（居）民医疗互助已覆盖 203 个村（社区），61.85 万人，募集资金超 3.2 亿元，补助总额 2.61 亿元。八大类慢性病患者配药不出镇（区）比例达 80%，不出社区比例达 50%。

在张家港的大街小巷，人们时常能看到这样的场景：车流中引导繁忙交通的身影，夜色小巷中闪烁的警灯，村道中奔波的网格员……每一份直抵人心的安全感、每一份安抚人心的踏实感，都激发出因奋斗而向上的无限潜能，也让人民群众美好生活的安全底色越来越亮，幸福成色越来越足。

思考讨论

1. 党的二十大报告提出：“以中国式现代化全面推进中华民族伟大复兴。”请谈谈你对这句话的理解。

2. 结合案例思考，张家港交出了怎样一份现代化发展的答卷？

3. 新时代新征程，如何才能推进中国式现代化行稳致远？

教学建议

本案例主要适用于第二章第三节“推进中国式现代化行稳致远”部分的辅助教学。本案例主要展示张家港拼搏奋进60余载，凤凰涅槃、跨越式发展，走稳走好中国式现代化发展道路的生动实践。

组织教学建议

第一，中国式现代化这一教学主题辐射面较广、涉及内容较多，仅依靠课堂教学难以讲深讲透。教师可在课前将党的二十大报告及习近平总书记系列重要讲话中的有关内容制作成“电子卡片”发送给学生。同时结合教学主题将案例教学涉及的核心知识点以“问题链”的形式布置给学生，其核心内容可主要涵盖：中国式现代化是怎么来的？什么是中国式现代化？为什么要推进中国式现代化？

第二，教师应着重引导学生对案例的叙述逻辑进行把握，厘清张家港成为中国式现代化“探路先锋”的根本原因。本案例系统展示了张家港推进中国式现代化建设的四方面举措：坚持以改革激发中国式现代化的创新内生动力；坚持走生态优先绿色发展之路；坚持推动物质文明和精神文明协调发展；坚持推动实现全体人民共同富裕。整体来看，张家港把握住了中国式现代化的基本特征、内生动力、鲜明底色和内在要求，能够交出一份现代化发展的优异答卷。

第三，中国式现代化不仅仅是一个理论问题，更是一个重大的实践命题。教师在案例教学过程中一定要注意理论与实践的结合，着力推动理论逻辑和实践逻辑的有机统一和有效转换。要在讲清楚中国式现代化的理论内涵的基础上，紧扣推进中国式现代化行稳致远这一教学主题，充分结合张家港推进现代化建设的具体举措，使学生把握推进中国式现代化的关键着力点，进而达到以案例促教学的目的。

总结提升建议

第一，中国式现代化走得通、行得稳，是强国建设、民族复兴的唯一正确道路。现代化是一个世界性的客观现象，指的是人类社会从传统文明向现代化文明转变的历史过程。在人类现代化进程中，由于现代化发生的原因及其承载的历史使命等不同，大体上形成了两种不同类型的现代化：一种是以西方发达国家为代表走过的资本主义现代化之路，一种是以中国为主要代表开创的社会主义现代化新模式，即中国式现代化。中国对现代化的探索，早期经历了种种曲折，直到马克思主义传入中国，中国共产党的成立，才真正把中国引入了现代化正道。一个多世纪以来，我们党领导人民接续推进伟大的社会革命，朝着全面建成社会主义现代化强国的目标不断迈进，中华民族迎来了从站起来、富起来到强起来的历史性飞跃。步入新时代，以习近平同志为核心的党中央深刻总结党团结带领人民推进现代化建设的历史经验，深刻洞察国内国际发展大势，提出“中国式现代化”这一全新概念范畴并持续进行理论拓展与实践拓维。在这个过程中，我们党对建设社会主义现代化国家在认识上不断深化、在战略上不断成熟、在实践上不断丰富，使中国式现代化得到大大推进和拓展。中国式现代化坚持以宽广的视野考察世界现代化进程，深深植根于中国国情和历史文化传统，既有各国现代化的共同特征，更有基于自己国情的鲜明特色。从特征上来看，中国式现代化是人口规模巨大的现代化、是全体人民共同富裕的现代化、是物质文明和精神文明相协调的现代化、是人与自然和谐共生的现代化、是走和平发展道路的现代化。从本质上看，它以“坚持中国共产党领导”起首，以“坚持中国特色社会主义”定向，贯通“实现高质量发展，发展全过程人民民主，丰富人民精神世界，实现全体人民共同富裕，促进人与自然和谐共生，推动构建人类命运共同体”等现代化建设的重要方面，落脚在“创造人类文明新形态”。回顾中国走向现代化的历史进程，我们用了几十年时间走完了西方发达国家几百年走过的工业化历程，跃升为世界第二大经济体，综合国力、文化影响力、国际影响力显著提升；我国人民生活由温饱不足到全面小康，整体上彻底摆脱了绝对贫困，成为世界上中等收入人口最多的国家；我国长期保持社会和谐稳定、人民安居乐业，成为国际社会公认的最有安全感的国家之一。实践充分证明，中国式现代化走得通、行得稳，是强国建设、民族复兴的唯一正确道路。

第二，推进中国式现代化行稳致远，必须以改革激发创新内生动力。纵观世界历史，科技创新是推动各国实现现代化的根本力量，也是大国力量更迭和国际格局演变的重要推动力。中国式现代化关键在科技现代化，必须坚决贯彻落实创新发展理念，加快实施创新驱动发展战略，奋力抢占科技制高点。破解现代化发展的创新难题，改革是必不可少的“点火系”。张家港坚持以系统化的顶层设计和制度安排，推进创新型城市建设，释放科技体制改革红利，全面构筑富有活力的创新生态高地，激活城市创新的一池春水，为现代化建设积蓄了源源不断的内生动力。实践证明，新时代新征程，要想推进中国式现代化行稳致远，必须以全面深化改革助推高水平科技创新，不断解放和发展社会生产力、解放和增强社会活力，坚决破除一切制约创新顺利推进的体制机制障碍。

第三，推进中国式现代化行稳致远，必须坚持人与自然和谐共生的鲜明主题。人与自然和谐共生是中国式现代化的本质特征之一，是绿色发展理念在实践层面的具体体现，赋予了现代化新的内涵，在更高站位上建立了人与自然新的存在关系，具有鲜明的社会主义特征与中国特色。张家港积极贯彻绿色发展理念，把修复长江生态环境作为压倒性任务，从整建制关停东沙化工园区、“调轻调高调优”全市产业结构，到持续开展生态修复、见缝插针建设“口袋公园”，广大市民的“绿色获得感”在一处处“绿意”中不断得到提升，为现代化发展描绘了鲜明底色。推进人与自然和谐共生，就是立足于我国“人多地少”、后发现代化的实际，做到像保护眼睛一样保护资源环境，坚持人口与资源环境相适应的原则，开展根本性、全局性、长远性问题的谋划和部署，进而促进中国式现代化行稳致远。

第四，推进中国式现代化行稳致远，物质富足、精神富有是根本要求。中国式现代化是物质文明和精神文明相协调的现代化，物质富足、精神富有是社会主义现代化的根本要求。从历史角度看，中国人历来强调“正心以为本，修身以为基”，把理想的精神境界融入对美好社会的追求中。从现实角度看，人无精神则不立，国无精神则不强。从未来角度看，面对复杂严峻的国际环境和艰巨繁重的国内改革发展稳定任务，我们的底气和自信除了来自雄厚的物质基础，更离不开每个中国人一往无前、顽强拼搏的进取精神，全民族不断增强的凝聚力向心力，以及不断提升的国家文化软实力和中华文化影响力。因此，习近平强调，“当高楼大厦在我国大地上遍地林立时，中华民族精神的大厦也应该巍然耸立”。张家港与时俱进大力弘扬张家港精神，放大“两个文明”协调发展的特色优势，实现了“物的全面丰富”与“人的全面发展”之间的有机统一和有效转化，打造出“物质文明和精神文明相协调”的中国式现代化县域先行区。实践表明，推进中国式现代化，必须牢牢把握“中国式现代化是物质文明和精神文明相协调的现代化”这一命题，用好物质变精神、精神变物质的辩证法，实现物质文明和精神文明均衡发展、相互促进。

第五，推进中国式现代化行稳致远，实现共同富裕是本质要求。“共同”，体现的是中国特色社会主义先进生产关系的优越性，旨在切好分好社会财富“蛋糕”，使发展成果更公平地惠及全体人民；“富裕”，体现的是中国特色社会主义先进生产力的优越性，旨在做大做优社会财富“蛋糕”，化解发展不充分问题，使发展成果更多地惠及全体人民。共同富裕实现了先进生产关系和先进生产力的有机结合，是中国特色社会主义的本质要求。张家港始终坚持以“发展为了人民、发展依靠人民、发展成果由人民共享”的发展理念为引领，在推动“富裕”的基础上没有忘记人民群众对“共同”的期许。站在全生命周期的两端，牢牢守住“一老一小”两大民生之要，高度重视乡村建设和城乡统筹，解决和矫治不平衡发展问题，书写了共同富裕的“港城答卷”，为推进现代化发展奠定了坚实的民生之基。实践反复证明，民富是国强之基础，国强是民富之保障，中国式现代化唯有将全体人民对美好生活的向往、对共同富裕的期盼与全面建成社会主义现代化强国目标有机结合起来，方能行稳致远。

■ 启示意义

中国式现代化是全面综合全方位的复合型现代化，其内涵可以从物质层面、制度层面、人的层面三个层面来把握。首先，实现物质层面的现代化是基础，既包括经济高质量发展，也包括基础设施建设等保障和改善民生的公共服务。其次，实现制度层面的现代化是保障，即建立与现代物质生活相适应的政治制度、经济制度、法律制度、医疗卫生制度、社会保障制度等。最后，实现人的层面的现代化是归宿，人民是社会活动的主体，高水平推进人的现代化就是全体人民普遍得到更好发展，人民平等参与和平等发展权利得到有力保障，人与自然的关系得到不断改善，人们的精神境界极大提高。实现三个层面现代化的交替演化、辩证统一是推动中国式现代化的根本要求。张家港之所以在中国式现代化道路上取得令人瞩目的成绩，关键就在于把握住了中国式现代化的基本内涵，多措并举、协同发力，进而实现了物质发展、制度建设和人的发展的有机统一。推进中国式现代化是一项浩大而复杂的系统性工程，这不仅仅是经济或社会目标的单向实现，也是涉及物质层面、制度层面以及人的层面的全面统筹和深度变革。只有在这三个层面协同发力，才能实现中国式现代化的全面发展，为人民群众创造更加美好的生活。同时，我们也要认识到这项任务的复杂性和长期性，保持战略定力，持续推进改革和创新，不断为中国式现代化注入新的动力和活力。

案例 2

三个“历史决议”跨越百年

核心阅读

中国共产党的一百年，是矢志践行初心使命、筚路蓝缕奠基立业、创造辉煌开辟未来的一百年。习近平曾明确指出：“一切向前走，都不能忘记走过的路；走得再远、走到再光辉的未来，也不能忘记走过的过去，不能忘记为什么出发。”一百年来，中国共产党始终高度重视对历史经验的总结和运用。回望党的百年奋斗历程，党的六届七中全会、十一届六中全会、十九届六中全会分别通过的三个“历史决议”，既一脉相承又与时俱进，深刻揭示了“过去我们为什么能够成功、未来我们怎样才能继续成功”，是我们党科学总结历史经验的典范之作，承载了党在百年奋斗中走过的光辉历程和取得的辉煌成就，堪称中国共产党百年奋斗史上的三座里程碑。

回望党的百年奋斗历程，每到重要历史时刻和重大历史关头，我们党都要回顾历史、总结经验，从历史中汲取继续前进的智慧和力量。1945 年党的六届七中全会通过了《关于若干历史问题的决议》，1981 年党的十一届六中全会通过了《关于建国以来党的若干历史问题的决议》。2021 年党的十九届六中全会审议通过的《中共中央关于党的百年奋斗重大成就和历史经验的决议》，是我们党百年历史上的第三个“历史决议”。跨越百年的三个“历史决议”彰显着铭记历史、启迪未来的深远战略考量。

毛泽东与第一个“历史决议”

1945 年 4 月，党的六届七中全会通过了《关于若干历史问题的决议》。这是中国共产党的第一个“历史决议”，是在抗日战争胜利前夕，中华民族面临由衰败走向复兴的重大转折点上、新民主主义革命将进入决战的关键时刻形成的。它的诞生有着特殊的历史背景。

1945 年，离嘉兴南湖红船启航已 24 年。这 24 年航程，惊涛骇浪片刻未歇。除了战争带来的风雨如晦，在遵义会议召开之前，中国共产党曾先后发生过三次把马克思主义教条化、把共产国际决议和苏联经验神圣化的“左”倾错误，特别是王明“左”倾教条主义错误，使中国共产党反“围剿”失利被迫长征，全国党员、红军锐减九成，白区党组织损失殆尽。

在同教条主义斗争的过程中，毛泽东的正确领导逐渐被全党所接受，1935年1月召开的遵义会议事实上确立了毛泽东在党中央和红军的领导地位。会议集中解决了当时具有决定意义的军事和组织问题。但对曾经给党的事业造成严重危害的教条主义错误，还没来得及从思想上进行认真清理，党内还无法从全局和路线的高度认识“左”倾错误。

遵义会议后，“左”倾错误成为反复困扰党的难点所在。特别是1937年11月，王明奉共产国际之命回国参加抗战工作，在某种程度上打断了党内自我纠正的尝试。当然，这一次王明不再是“左”的代表，而是带着右倾思想。王明罔顾毛泽东关于在国共合作中保持相对独立自主的正确主张，片面强调“一切服从统一战线”“一切经过统一战线”的意见。毛泽东受到孤立，直到共产国际了解到中国国内具体情况和作出明确指示。

1938年9月至11月，党的扩大的六届六中全会在延安举行。在六届六中全会上，毛泽东正式提出了“马克思主义的中国化”的命题。全会对王明采取了温和式的批评，但1940年3月，王明还把他的“左”倾教条主义代表作《为中共更加布尔塞维克化而斗争》进行了重印和散发。从中央苏区到延安，教条主义像一团乌云如影随形，始终笼罩在年轻的中国共产党的头顶。

全民族抗战时期，我们的党员队伍发展很快。到1940年的时候，党员人数已经从1937年七七事变时的4万人发展到80万人。这些新党员中，普遍存在分辨不清真假马克思主义的问题。要让全党看清过去的错误，需要在思想上来一次解放运动。

1941年5月，毛泽东在延安干部会上作《改造我们的学习》的报告，深刻论述了马列主义基本原理同中国革命具体实际相结合的原则，正式开启了整风运动。学习党史，总结党的历史经验，这是延安整风学习运动的重要主题。在整风运动中，随着对党的六届四中全会和“左”倾错误认识的日益深化，起草一份“历史决议”逐步提上重要议程。

这一决议从酝酿到形成耗时近四年，毛泽东直接参加起草并反复修改，亲自将题目定为《关于若干历史问题的决议》。党的高级干部进行了多次讨论并提出很多修改意见，其中多数被采纳。这个“历史决议”是全党智慧的结晶，正如毛泽东所言：“这个决议不但是领导机关内部的，而且是全党性质的，同全国人民有关联的，对全党与全民负责的。”“精神是弄清历史，团结全党抗日建国。”

第一个“历史决议”共分七个部分，重点对建党以后特别是党的六届四中全会至遵义会议前这一段党的历史及其经验教训进行了总结，对若干重大历史问题作出正式结论，对“左”倾教条主义影响来了一次大扫除，明确了马克思主义中国化这一正确方向。用这种形式总结历史经验，不仅是我们党的建设的一个创举，就是在整个国际共产主义运动历史上也是绝无仅有的。

邓小平与第二个“历史决议”

1981年夏，党的十一届六中全会召开，会场内外，举国同心。一个承前启后的伟大历史决议——《关于建国以来党的若干历史问题的决议》在改革开放的关键时间节点通过了。

将时间的指针拨回到1978年。如同一声春雷唤醒神州大地，当年12月18日，我们党召开十一届三中全会，果断作出把党和国家工作中心转移到经济建设上来、实行改革开放的历史性决策。然而，与此同时，一些引人警醒的现象也在悄然滋生。有人仍受“左”倾思想束缚，对党的十一届三中全会以来党的路线和政策表现出某种程度的不理解甚至抵触；有人歪曲“解放思想”的口号，企图否定党的领导、否定社会主义道路；有人还恶意攻击毛泽东，认为新中国成立以来发生的失误和错误，都应由毛泽东一人负责……

欲廓清思想迷雾，使全党全国思想统一到党的十一届三中全会的路线上来，一些重大问题亟待得到完整解答。如何评价毛泽东和毛泽东思想？如何评价新中国成立以来中国共产党和中华人民共和国的历史？必须正确认识新中国成立以来党走过的历史道路，科学地总结党的历史经验，从党的历史中寻找答案。

1980年8月，邓小平接受意大利记者法拉奇的采访，两人一共交谈了4个多小时，采访围绕一个核心问题展开：怎样评价毛泽东。当时正在起草中的《关于建国以来党的若干历史问题的决议》，即第二个历史决议，其核心议题亦如此。

邓小平非常重视这项工作。他指出，“总结过去是为了引导大家团结一致向前看”，“从国内来说，党内党外都在等，你不拿出一个东西来，重大的问题就没有一个统一的看法。国际上也在等。人们看中国，怀疑我们安定团结的局面，其中也包括这个文件拿得出来拿不出来，早拿出来晚拿出来。所以，不能再晚了，晚了不利”。而这份决议的一项要求，便是确立毛泽东的历史地位、坚持和发展毛泽东思想。邓小平认为，“尽管毛主席过去有段时间也犯了错误，但他终究是中国共产党、中华人民共和国的主要缔造者。拿他的功和过来说，错误毕竟是第二位的。他为中国人民做的事情是不能抹杀的。从我们中国人民的感情来说，我们永远把他作为我们党和国家的缔造者来纪念”。

《关于建国以来党的若干历史问题的决议》的起草工作，在中央最高领导层自始至终由邓小平主持，重大论断由他最后决定。文件起草历经20个月，他有10多次讲话和指示。《关于建国以来党的若干历史问题的决议》的指导思想是他提出的，框架结构是他设计的。起草决议的具体工作由胡乔木直接负责。胡乔木是这一决议的总撰稿人和文字定稿人。1980年10月，修改稿提交党内4 000名高级干部讨论。这是一次规模空前的党内大讨论，实际有超过5 000人参加，热烈的讨论持续了一个多月。经过漫长、审慎、反复的讨论与修改，对重大问题的认识渐趋一致。《关于建国以来党的若干历史问题的决议》的起草历经三个年头，至于究竟几易其稿、修改了多少次，作为起草小组成员之一的龚育之淡淡地说：“无数次，没法计算，说不清楚。”

1981年6月，党的十一届六中全会审议通过《关于建国以来党的若干历史问题的决议》，全国人民为之一振。这一决议是中国共产党向全中国、全世界交出的一份伟大答卷，正确总结了新中国成立以来正反两方面经验，对一些重大事件和重要人物作出评价。这份答卷标志着党在指导思想上的拨乱反正胜利完成，使中国改革开放和社会主义现代化建设的航船朝着胜利扬帆远航。

习近平与第三个“历史决议”

时间又过了40年，中国共产党的事业发展走到了一个新的历史节点。《中共中央关于党的百年奋斗重大成就和历史经验的决议》形成于中国共产党带领全国人民胜利实现了第一个百年奋斗目标，意气风发向着第二个百年奋斗目标迈进的重要时刻；是在世界处于百年未有之大变局下，中国共产党迎来百年华诞，在开启全面建设社会主义现代化国家新征程的起步之年形成的。

世界正经历百年未有之大变局、新冠疫情全球大流行，外部环境更趋复杂严峻，国内疫情防控和经济社会发展各项任务繁重艰巨。习近平指出，“要更好应对前进道路上各种可以预见和难以预见的风险挑战，必须从历史中获得启迪，从历史经验中提炼出克敌制胜的法宝”。在中国共产党建党百年之际，要写好党的“百年总结”，对党的百年奋斗历程特别是改革开放40多年的奋斗历程进行系统总结和全面检视，用历史映照现实、远观未来。习近平高度重视第三个“历史决议”的起草工作，亲任文件起草组组长，确定写作思路、基本框架和主要内容，明确要求“使决议稿成为凝聚智慧和共识的好文件”。从2021年4月到11月，基于无数意见、文集、文献、资料、报告、素材，对决议稿反复打磨，不断精进，经反复研究推敲，文件起草组对决议稿作出547处修改。

2021年11月，党的十九届六中全会审议通过《中共中央关于党的百年奋斗重大成就和历史经验的决议》。要理解这份3万多字的决议，可以从几个数字入手。

“两个确立”。确立习近平同志党中央的核心、全党的核心地位，确立习近平新时代中国特色社会主义思想的指导地位。这是全党全军全国各族人民的共同心愿。

三次飞跃。决议明确，毛泽东思想是马克思主义中国化的第一次历史性飞跃，中国特色社会主义理论体系实现了马克思主义中国化新的飞跃，习近平新时代中国特色社会主义思想实现了马克思主义中国化新的飞跃。这一总结，给了我们历史的视角。

四个时期。决议将党的百年奋斗历程分为新民主主义革命时期、社会主义革命和建设时期、改革开放和社会主义现代化建设新时期、中国特色社会主义新时代。作为决议的前四部分，这占了决议超过一半篇幅的历史梳理，值得细读。

五点意义。决议从五个方面总结了“中国共产党百年奋斗的历史意义”，这五个方面分别是，中国共产党对中国人民、对中华民族、对马克思主义、对人类进步事业、对马克思主义政党建设所作的历史性贡献。这五个方面具有极强的逻辑性。

十个坚持。决议从十个方面总结了百年来中国共产党的历史经验：坚持党的领导、坚持人民至上、坚持理论创新、坚持独立自主、坚持中国道路、坚持胸怀天下、坚持开拓创新、坚持敢于斗争、坚持统一战线、坚持自我革命。它们是党和人民共同创造的精神财富。

十个明确。要理解这个时代、理解今日中国，“十个明确”是一条“敲黑板”“划重点”的关键。

第三个“历史决议”在强调前两个“历史决议”基本论述和结论至今仍然适用的基础上，站在新的历史起点上，对党的百年奋斗史进行了系统总结。这一决议，是一个百年大党总结历史、面向未来的宣言，映射出一个矢志民族复兴伟业政党的强烈责任感与历史担当，它的真理之光将耀射未来、历久弥新。

思考讨论

1. 中国共产党在百年奋斗历程中先后制定了三个“历史决议”。这三个“历史决议”

都是在怎样的背景下起草的？分别解决了什么问题？

2. 正值建党百年之际召开的党的十九届六中全会，是一次注定载入中华民族伟大复兴史册的重要会议。党的十九届六中全会精神的主要内容具体包括哪些要点？

3. 党的第三个“历史决议”即《中共中央关于党的百年奋斗重大成就和历史经验的决议》是党的十八大以来最重大的政治成果、最重要的历史经验。这一“历史决议”与前两个“历史决议”具有怎样的联系和区别？

教学建议

本案例主要适用于第三章第一节“中国共产党领导是中国特色社会主义最本质的特征”和第二节“坚持党对一切工作的领导”部分的辅助教学。本案例介绍了中国共产党在百年奋斗历程中先后制定三个“历史决议”即《关于若干历史问题的决议》《关于建国以来党的若干历史问题的决议》《中共中央关于党的百年奋斗重大成就和历史经验的决议》的基本情况，使学生了解三个“历史决议”的形成背景和解决的主要问题，体会中国共产党善于从历史中汲取前行力量的重要智慧，并深刻理解中国共产党能够成为中国特色社会主义事业的坚强领导核心的根源所在。

组织教学建议

第一，要引导学生体会中国共产党高度重视总结历史经验的智慧。重视历史、借鉴历史，是中国共产党在长期实践中形成的优良传统和政治优势。中国共产党历来注重用党的奋斗历程和伟大成就鼓舞斗志、明确方向，用党的光荣传统和优良作风坚定信念、凝聚力量，用党的实践创造和历史经验启迪智慧、砥砺品格。习近平深刻指出：“我们党一步步走过来，很重要的一条就是不断总结经验、提高本领，不断提高应对风险、迎接挑战、化险为夷的能力水平。”百年来，中国共产党始终高度重视对历史经验的总结和运用，每到重要历史时刻和重大历史关头，都要回顾历史、总结经验，从历史中汲取继续前进的智慧和力量。党在百年历史上先后作出的三个“历史决议”，均为总结历史、开创未来的具有里程碑意义的重要文献。

第二，要引导学生把握三个“历史决议”产生的历史背景。党的三个“历史决议”，都是在历史发展的关键时刻酝酿、通过的。第一个“历史决议”是延安整风运动的重要成果，形成于抗日战争取得全面胜利的前夜。当时，共产国际已宣布解散，国民党政府从政治、军事和文化等多个方面向党施压，党亟待解决历史遗留问题，清除党内以王明为代表的“左”倾教条主义的影响。第二个“历史决议”制定于我们党实现伟大转折、我国进入改革开放历史新时期之初。当时，全党同样亟待解决历史遗留问题，从“文化大革命”及其以前的“左”倾思想的束缚中解脱出来，回到正确轨道上，团结一致向前看。第三个“历史决议”诞生于中国共产党成立一百周年的重要历史时刻。此时，党和人民已胜利实现全面建成小康社会的第一个百年奋斗目标，正朝着全面建成社会主义现代化强国的第二个百年奋斗目标迈进，亟待全面总结党的百年奋斗史，从而更好地开创未来。

第三，要引导学生把握三个“历史决议”所解决的主要问题。三个“历史决议”都是党在总结历史过程中形成的最宝贵的思想成果。第一个“历史决议”是成功的开篇之作。该决议对建党24年来的历史作出正式结论，对“左”倾教条主义影响来了一次大扫除，明确了马克思主义中国化这一正确方向，深刻总结了党的奋斗经验和优良作风，标志着我们党走向成熟。第二个“历史决议”着重就如何评价“文化大革命”、如何评价毛泽东的功过是非和毛泽东思想作了科学阐释，并肯定了党的十一届三中全会以来的新探索、新实践，揭示了继续推进理论创新这一重大命题。第三个“历史决议”更加具有历史的厚重感，以大历史观对党的百年奋斗史进行回顾总结，重点总结新时代的历史性成就和新鲜经验，并科学总结了党百年奋斗的历史意义和历史经验，有不少新概括、新论断、新认识，深刻回答了“过去我们为什么能够成功、未来我们怎样才能继续成功”的问题。

第四，要引导学生把握党的十九届六中全会精神的要点。党的十九届六中全会最重要的成果，无疑是审议通过了第三个“历史决议”。学习领会党的十九届六中全会精神，最重要的就是把握第三个“历史决议”的要点。案例文本对这份3万多字“历史决议”的内容要点给出了简洁的数字化概括，即“两个确立”“三次飞跃”“四个时期”“五点意义”“十个坚持”“十个明确”。在教学过程中，教师可以引导学生以上述概括为抓手，深入领会党的十九届六中全会精神要点。

■ 总结提升建议

第一，三个“历史决议”是中国共产党人在实践过程中形成的三个最重要、最权威的总结历史经验的文件。1945年，党的六届七中全会审议通过《关于若干历史问题的决议》，在党的历史上第一次以“决议”形式系统总结建党24年的历史，明确了马克思主义中国化的正确方向，为中国革命取得最终胜利打下坚实基础。1981年，党的十一届六中全会审议通过《关于建国以来党的若干历史问题的决议》，着重总结党执政32年的历史，完成了党在指导思想上的拨乱反正，为更好推进社会主义现代化建设注入强劲动力。2021年，党的十九届六中全会审议通过《中共中央关于党的百年奋斗重大成就和历史经验的决议》，在沿用前两个“历史决议”基本论述和结论的基础上，全面总结党的百年奋斗重大成就和历史经验，重点突出中国特色社会主义新时代，具有重大的现实意义和深远的历史意义。

第二，三个“历史决议”都是在党中央尤其是中央领导集体核心的统筹下，经严格的组织程序慎重作出的纲领性文件。从组织部署看，党的领导核心极为重视。毛泽东始终关注第一个“历史决议”的起草，后来直接主持，字斟句酌，反复修改。邓小平是第二个“历史决议”的实际主持人，先后十余次约见相关负责同志，决议的指导思想、框架结构、对重大问题的把握都由他最终决断。习近平对第三个“历史决议”的形成起了决定性作用，亲自担任文件起草组组长，确定写作思路、基本框架和主要内容。从起草过程看，均充分发扬党内民主，广泛征询意见，反复讨论修改，体现了全党意志。第一个“历史决议”在正式起草前，已在中央政治局和全党高级干部中进行了数次关于党史的讨论。如果算上正式起草前的讨论准备，第一个“历史决议”的起草历时近四年。第二个“历史决议”前后写了20个月，其间经历党内数千人讨论，邓小平、陈云对决议内容发表10余次讲话。文件的工作过程稿共有7稿。第三个“历史决议”的起草历时8个月，包括在党内外一定范围内征求意见，并据此对文件作了547处修改。从程序看，三个“历史决议”都是经党的中央全会审议通过的。

第三，三个“历史决议”是一脉相承的，都贯穿着两大线索即理论深化线索和实践探索线索。从理论深化线索看这个“脉”，三个“历史决议”都强调马克思主义的基础地位和指导作用，并突出了马克思主义同中国具体实际相结合方面的创新发展；从实践探索线索看这个“脉”，三个“历史决议”强调的是中国共产党作为“领导我们事业的核心力量”及其领袖的核心地位和领导作用，并突出了中国共产党需要解决的带有根本性的问题。沿着理论深化线索，可以更加深刻地理解为什么全党要确立马克思主义创新理论成果的指导地位并坚定不移、毫不动摇；沿着实践探索线索，可以更加深刻地理解为什么共产党人不忘初心、牢记使命并明确伟大事业的坚强领导核心。而无论是理论深化线索还是实践探索线索，其逻辑起点和出发基点都是人民。

第四，第三个“历史决议”即《中共中央关于党的百年奋斗重大成就和历史经验的决议》的制定具有特殊重要的历史意义。第三个“历史决议”立足建党百年的重大历史节点，高屋建瓴，对党的百年奋斗历程进行了全景式回顾；坚持守正创新，主动回应时代呼唤，从新的实际出发，推进理论发展；深刻总结出贯通历史、现在、未来的“十个坚持”的历史经验，充分彰显了中国共产党的历史自觉和历史自信；在党的十九大报告“八个明确”的基础上，用“十个明确”对习近平新时代中国特色社会主义思想的科学内涵、核心内容作了进一步概括。这些宝贵的历史经验，是百年来中国共产党团结带领中国人民历经千辛万苦、付出巨大代价而得来的。它们科学回答了“过去我们为什么能够成功、未来我们怎样才能继续成功”的问题，是党和人民经过长期实践积累共同创造的精神财富，必须倍加珍惜、长期坚持，并在新时代的实践中不断丰富和发展。

■ 启示意义

欲知大道，必先为史。一百年来，我们党的一条重要成功经验就是重视学习和借鉴历史、善于总结和运用历史经验来校正前进方向，推进事业发展。历史是最好的教科书和最好的营养剂。每到重要历史时刻和重大历史关头，我们党都会认真总结经验，自觉以史为鉴，或力挽狂澜，或乘势而上，实现了一次又一次的伟大历史转折。三个“历史决议”尽管产生的历史条件、时代背景、所要解决的问题有所不同，但都是在重大历史关头作出的。党的二十大报告指出，要持续抓好党史、新中国史、改革开放史、社会主义发展史宣传教育，引导人民知史爱党、知史爱国。作为青年学生，应自觉加强以党史为重点的“四史”学习，接受思政教育，砥砺青春使命，做到知史爱党、知史爱国，积极投身到实现中华民族伟大复兴的伟大征程中。

案例 3

用忠诚与大爱托起香港的“生命之源”

核心阅读

东江—深圳供水工程（简称“东深供水工程”）是党中央为解决香港同胞饮水困难而兴建的跨流域大型调水工程。20 世纪 60 年代，来自珠三角地区的上万名建设者，心系香港同胞，克服重重困难，用短短一年时间，建成了全长 83 千米的宏大供水工程。数十年来，成千上万名工程勘探、设计、施工人员和运行维护人员参与东深供水工程建设运行，使工程供水能力提升 30 多倍，成为保障香港供水的生命线。习近平在 2014 年全国两会期间参加广东代表团审议时，特别问起东江的水质怎么样，殷殷关切，溢满于怀。东深供水工程的对港供水史，是一部艰苦奋斗、无私奉献的历史，是我们党为人民谋幸福、为民族谋复兴的真实写照。2021 年，中宣部授予东深供水工程建设者群体“时代楷模”称号。

东深供水工程是党中央为解决香港饮水困难而兴建的跨流域大型调水工程。清澈的东江水，见证了香港的沧桑巨变，也见证了从未变过的血浓于水的同胞情谊，以及一代代工程建设者们的艰苦奋斗精神和家国情怀。

不忘初心，为香港建一条供水线

香港三面环海，由火山岩、花岗岩组成的山地和丘陵占据了香港面积的 85%，不利于地下水储藏和开采，淡水奇缺。1962 年至 1963 年，香港连续 9 个月滴雨未下，严重时每 4 天供水一次，每次供水 4 个小时，350 万香港同胞的生活陷入困境，20 多万人逃离家园。水务署贴出节水布告，要求市民每两周洗一次头，为了让学生少出汗，学校甚至停了体育课。“全家人提着水桶，到街上轮流排队取水，因为轮候争水导致街坊反目甚至闹上法庭。”这是老一辈香港人饱受淡水奇缺之苦的真实写照。

香港社会各界的求援信像雪花一样飞向北京。经广东省人民委员会批准，深圳水库除按协议额度向香港供水外，又额外增加 318 万立方米。1963 年 5 月，广东省政府允许港方派船到珠江口免费取用淡水。然而，船舶取水、行车运水只能解燃眉之急。香港水荒引起祖国的极大关注。1963 年 12 月，周恩来总理来到广州，迅速作出指示：“要不惜一切代价保证香港同胞渡过难关!”“该工程关系到港九三百万同胞，应从政治上看问题，工程作为援外专项，由国家举办，广东省负责设计、施工。”——在中央档案馆里，至今仍保存着周恩来总理对引东江水供应香港工程的批示，他强调，“供水工程，由我们国家举办，应当列入国家计划”，“因为香港百分之九十五以上是自己的同胞，工程自己办比较主动”，工程应综合考虑，结合当地农业效益进行兴建。经周恩来总理特批，中央财政拨款 3 800 万元建设东深供水工程。这笔款项已接近当年国家财政收入的千分之一。那时候，我国刚刚走出三年困难时期，为了保障这 3 800 万元，中央甚至不得不暂停了其他部分项目。国家计委等部门积极行动，对工程立项、审批及物资设备支援等问题逐一调度落实。

攻坚克难，铸就治水奇迹

1964 年 2 月 20 日，东深供水工程正式动工。

东江是离香港最近、水量最充沛的自然河流。然而，把水源地的水位提高 46 米，使之倒流 83 千米进入深圳水库，随后再经过 3.5 千米长的输水涵管，引水济港并非易事。工程建设之初，施工缺乏机械设备，主要靠人力完成，要翻越 6 座高山，将水位逐级提升，困难可想而知。英国水利专家撂下过狠话：工程完工至少要三年。然而，当时香港的旱情，别说等三年了，连一年都等不了了！

为了尽快完成施工，中央和广东省动员了一切力量。选调全国优秀的技术人员、全国 15 个城市 50 多家工厂调整生产计划赶制各种机电设备、铁道部优先运“东深”的物资……上万名建设者住工棚、睡草席，吃住在工地，一时间人头攒动、热火朝天。“要高山低头，令河水倒流”的豪迈口号响彻云霄。缺乏大型机械设备，工人们就一锹一筐、肩挑背扛，用人力开山劈岭、修堤筑坝；缺少计算、绘图等设备，他们就靠三角板、绘图仪一点点计算；为赶工期，工程都是多工种同时进行，工作人员都集中在工地，大部分工作都是 24 小时三班倒，常常通宵达旦……

东深供水工程在施工过程中先后受到 5 次强台风和暴雨袭击。1964 年受第 19 号强台风袭击，雁田水库水位暴涨，被迫开闸泄洪，导致下游竹塘工地围堰面临没顶垮塌风险。因电话不通，陈汝基和工友顶着 8 级大风，蹚过齐胸深的水，步行几千米在凌晨 2 点多赶到雁田水库通知减少泄洪量。

就这样，建设者们仅用一年时间就建成了 6 座拦河坝、8 个抽水站、17 座大型闸门，将东江水从海拔 2 米提升至 46 米，造就了一项经典工程。

1965 年 2 月 25 日，东深供水工程如期全线完工。由香港摄制的彩色纪录片《东江之水越山来》在各大影院隆重上映，创下当年最高卖座纪录。香港有关部门送来两面锦旗，上书“饮水思源，心怀祖国”和“江水倒流，高山低首；恩波远泽，万众倾心”，表达了香港同胞对祖国的无限感激之情。香港工务司负责人惊叹道：“这个工程是第一流头脑设计出来的！”

东深供水工程在 1974 年至 2003 年期间，耗资 76 亿元，先后进行三次扩建和一次改造。2000 年 8 月，东深供水改造工程鸣炮开战。这是一项实现对港供水水量水质全面提升的计划，是当时世界最大的专用输水工程。7 000 多名建设者迎难而上，遇山建隧、平地搭渠，攻克了“头顶水库”“脚踩淤泥”“腰穿公路”等一系列复杂难题，历时近三年，修建了一条现代化供水通道，实现输水系统与天然河道的彻底分离，一举创造了四项“世界之最”，荣获全国优秀工程勘测设计奖、鲁班奖、詹天佑土木工程奖，并入选了新中国成立60周年“百项经典暨精品工程”。

截至2023年年底，东深供水工程实现不间断对港供水达291亿立方米，相当于1 900多个杭州西湖，满足了当前香港约80%的淡水需求。这条用忠诚和大爱筑就的供水线，也被亲切地称为“生命水、政治水、经济水”。

家国情深，一江水牵两地情

“当时，我们心中只有一个目标：尽快让香港同胞喝上充足的水。”2021年，在“时代楷模”发布仪式上，挂在东深供水工程建设者群体领奖代表嘴边最多的词语，就是“祖国”和“同胞”。数十年来，共有3万多名工程勘探、设计、施工人员和运行维护人员参与东深供水工程建设运行，而驱动他们全力以赴的，正是那份忠于祖国、心系同胞的家国情怀。

在东深供水工程建设者群体中，有太多令人感动的人和事。当时，在上万名工程建设者中，有一个特殊的群体，他们是来自广东工学院农田水利和土木工程系的84名大四学生。在那个专业人员奇缺的年代，这些天之骄子选择延迟一年毕业，投入东深供水工程建设，圆满完成了厂房的排架、吊车梁设计工作。1964年10月13日傍晚，罗家强冒着狂风暴雨坚守在沙岭工段7米多高的闸墩，不慎被狂风吹倒跌落，生命永远定格在23岁。1993年3月的一天，在深圳水库通往香港的一处山体施工时，持续工作了20多个小时的张国华突发脑出血不幸离世，时年57岁。曾被评为“东深工程十杰工作者”的李玉珪，退休后返聘担任改造工程的设计总工程师，2011年7月的一天，因过度劳累突发心梗，倒在了调研途中……

2020年11月，正在广州中医药大学读大一的香港“00后”叶子嘉跟随学校组织的交流团，参观东深供水工程纪念园。叶子嘉近距离从纪念园里记录东深供水工程建设历史的老照片中，看到了60年前发生的一幕幕，内心一次次被震撼。他第一次真切地感受到，原来每天打开水龙头就可以用的水，背后竟然有着这样一段令人肃然起敬的厚重历史。

为保护东江水和东深供水工程供水安全，广东先后出台了13部法律规章。东江流域内各级党委、政府和群众倾全情、尽全力，悉心呵护东江，让东江生态优良、碧水长流，润泽粤港，造福人民。深圳市成立了东深公安分局，专门负责守护这条生命线。工程沿线的东莞、深圳地区，不惜放弃很多建设项目，为保护水质作出巨大牺牲。

香港经济学会顾问刘佩琼感叹：“祖国永远都是香港的靠山，不管过去、现在还是将来，中央都是急港人所急、想港人所想，全力维护和增进香港市民的福祉。”香港社会各界用各种方式回馈水源地，与内地同胞共同守护这条香港的生命线。2014年起，香港赛马会在东江源头设立“香港马会碳汇林”，种植超过35万棵树苗。2014年年初，香港地球之家等四家环境保护社会组织共同发起关注珠江水环境的联合行动。香港言爱基金会把“思源学校”开到了东江的源头江西，让东江上游贫困地区的孩子能够上得起学。香港仁人家园近年来一直在帮助东江流域的居民改造房屋，帮助有需要的贫困家庭重建居所。

2019年，国家开始动工兴建珠江三角洲水资源配置工程，这个工程可以看作东深供水工程的“发展”和“延续”。不远的将来，西江水和东江水将比翼齐飞，共同为粤港澳大湾区的供水安全提供双重保障和战略支撑，成为推动大湾区腾飞的“双引擎”。

思考讨论

1. 让人民生活幸福是“国之大者”。祖国为保证东深供水工程的建设与运行做出了哪些努力？东深供水工程建设者群体为什么会被授予“时代楷模”称号？

2. 东深供水工程对香港经济社会发展有何重要意义？你如何理解这条供水线被誉为“生命水、政治水、经济水”？

3. 水是生命之源，而血更浓于水。东江水如何见证了浓浓家国情？

教学建议

本案例主要适用于第四章第二节“坚持人民至上”部分的辅助教学，也适用于第十一章第一节“让人民生活幸福是‘国之大者’”部分的辅助教学。本案例主要介绍了内地为帮助香港解决水荒，修建东深供水工程的故事，以及东深供水工程建设者群体的先进事迹，展现了内地长久以来与香港密切交流与合作、共筑民生福祉所作出的努力以及内地人民与香港同胞血浓于水的深厚情谊，彰显以人民为中心的发展思想和“人民至上”的价值取向。

组织教学建议

第一，在使用本案例之前，可以组织学生课外观看中央电视台综合频道 2021 年 4 月 21 日播出的《时代楷模发布厅》节目，引导学生了解东深供水工程建设的基本情况以及东深供水工程建设者群体建设、守护香港供水生命线团队的先进事迹。也可以引导学生在课外观看由中共广东省委宣传部委托中央广播电视总台拍摄制作的纪录片《水润香江》。该纪录片共有五集，即《生命之水》《让河水倒流》《解决缺水难题》《保水质安全》《引入西江水》。该纪录片通过珍贵历史资料和建设者们的视角，深度还原东深供水工程各个建设时期的艰辛历程，为观众揭秘香港供水生命线背后的故事。观看视频可以使学生对案例相关内容有感性的认识，为案例讨论打下良好的基础。

第二，在案例讨论中，教师要引导学生思考修建东深供水工程的必要性和可能性，从“生命水、政治水、经济水”的角度分析这条用忠诚和大爱筑就的供水线对于香港地区经济社会发展和人民生活的重要意义。可以设置一些环环相扣的问题引发学生思考：东深供水工程是在什么历史背景下启动的？为什么选择引东江水济港？东深供水工程建设之初面临哪些困难与挑战？东深供水工程建设者是以怎样的精神面貌克服重重困难完成任务的？为什么东深供水工程后来又进行了三次扩建和一次改造？东深供水工程对粤港两地发展作出怎样的贡献？香港同胞与内地同胞是如何共同守护东江这条香港的生命线的？通过激发问题意识，深化学生对东深供水工程建设者和守护者忠于祖国、心系同胞的家国情怀，勇挑重担、攻坚克难的使命担当，不畏艰苦、甘于付出的奉献精神的认识和理解。

第三，在案例讨论中，教师要引导学生结合东深供水工程建设历程正确认识祖国内地与香港的关系，深刻理解国家为什么在财政经济困难时期，还要不惜一切代价，举全国之力建成东深供水工程。两地民众在生活方式上有差异，但毕竟都是中国人，是血脉至亲，血浓于水，理应互相帮助、互相守护。香港同胞有所求，祖国必有回应。在香港遭遇严重水荒、面临前所未有的生存危机的情况下，党中央决定兴建跨流域大型调水工程，彻底解决香港同胞饮水困难，彰显了中央和内地对香港民生福祉一如既往的关怀。无论过去、现在还是将来，香港同胞都是祖国大家庭中的成员，祖国始终是香港的坚强后盾和靠山。背靠着祖国内地，这是香港最大的地缘优势。无论是当年投身于东深供水工程的建设者，还是那一代经历过水荒的香港同胞，他们每每回首往事，无不由衷感叹："如果不是骨肉情深，血脉相连，国家怎么会不惜一切代价，来保证香港同胞渡过难关啊！"香港回归祖国后，走上了同祖国内地优势互补、共同发展的宽广道路，"东方之珠"和"活力之都"的魅力更胜往昔。粤港澳大湾区已经成为中国式现代化的引领地。

■ 总结提升建议

第一，东深供水工程的对港供水史，是一部艰苦奋斗、无私奉献的历史，是我们党为中国人民谋幸福、为中华民族谋复兴的真实写照。经历百年沧桑历史的中国共产党，不管世情、国情、党情如何变化，始终牢记为中国人民谋幸福、为中华民族谋复兴的初心使命，坚持人民至上，牢记人民立场是马克思主义政党的根本政治立场。为了让人民过上美好生活，无论面临多大困难和挑战，中国共产党人始终矢志不渝、一往无前，将初心和使命书写在广袤的大地之上、江河之间。上了年纪的香港人不会忘记20世纪60年代险些使香港成为一座死港、臭港的特大水荒。谁能拯救在水荒之中备受煎熬的香港民众？唯有祖国母亲。香港水荒引起祖国的极大关注，更牵动了国家总理的心。周恩来总理亲自拍板拨款引东江水济港，铸就一条安全、优质的生命线，为香港送去源源不断的淡水。当时要在一年的时间内建成这一项目，几乎是不可能完成的任务。为了建设这一供水工程，中央和广东省政府几乎动员了可以动员的一切力量，短短一年时间，就将6座拦河坝、8个抽水站全部建成。这项了不起的工程奇迹背后是党中央的强大支持，是全中国、全广东省的倾力付出，更是上万名建设者24小时不间断施工的无私奉献！为保障入港水量水质，东江上游各级党委、政府和广大群众高度重视涵养、保护水源。一代代东深供水工程建设者不忘初心、牢记使命，接续奋斗，充分彰显了他们忠于祖国、心系同胞的家国情怀。

第二，只要我们党始终坚持人民至上，贯彻以人民为中心的发展思想，依靠人民推动发展和创造历史伟业，就能凝聚起攻坚克难的强大力量。"坚持人民至上"是我们党百年奋斗的一条宝贵的历史经验。中国共产党自诞生起始终坚守"人民是历史的主体、人民是创造历史的动力"等唯物史观基本观点。数十年来，共有3万多名工程勘探、设计、施工人员和运行维护人员参与东深供水工程建设运行。没有他们响应党的号召，心系香港同胞，急香港同胞之所急，克服施工缺乏大型装备、强台风袭击等重重困难，不断在关键技术、重大难题上攻城拔寨、取得突破，就没有工程的顺利建设和安全、高效运行。他们"要高山低头，令河水倒流"，创造多项"世界之最"，创造了一个又一个奇迹，无愧于

“时代楷模”的光荣称号。他们的感人事迹，激励我们在更高起点上推进改革开放，为实现中华民族伟大复兴的中国梦而不懈奋斗。

第三，民生是人民幸福之基，党和政府为人民造福，必须着力解决好人民群众最关心最直接最现实的利益问题。中国共产党是人民的党，为人民而生，因人民而兴。人民群众是共产党的安身立命之本，是我们党的执政之基、力量之源。坚持在发展中保障和改善民生，是新时代坚持和发展中国特色社会主义必须遵循的基本方略。增进民生福祉是中国共产党立党为公、执政为民的使命所在，也是我国经济社会发展的根本目的。让人民生活幸福是“国之大者”。人民所在意、所关心的事，就是党和政府所在意、所关心的事。把涉及百姓吃喝住行的民生“小事”当“头等大事”，真正体现了心怀“国之大者”。水是生命之源，关乎民众的生存之需，水资源更是不可替代的战略资源。水荒曾使香港面临前所未有的生存危机。东深供水工程建设体现着党和国家对香港的关心爱护和全力支持，是中央心系香港百姓的一个缩影，承载着中央和内地对香港民生福祉一如既往的关怀和血浓于水的牵挂。流入香港的每一滴东江水，都饱含着祖国对香港同胞的深情厚爱。这条对港供水的生命线，是粤港密切交流与合作、共筑民生福祉的生动写照。

第四，民生连着民心，民心凝聚民力。东江如同一条纽带，将中华儿女紧紧地连在一起，彰显了香港与祖国同甘共苦、命运相依、心手相牵、守望相助的同胞情谊和血脉亲情。东深供水工程为支撑和保障粤港两地经济社会快速发展发挥了至关重要的作用。有了东江水的滋养、支撑和保障，香港摆脱了缺水之苦，心无旁骛地发展经济，成为“亚洲四小龙”之一、世界“购物天堂”、全球航运中心和金融中心，成就了美丽的东方之珠。同饮一江水，浓浓家国情。在新时代，东深供水工程激励香港人更好地融入国家发展大局，成为内地与香港之间心意相通的情感通道。只要东江不断流，香港用水永无忧。充足的淡水就像流动的血液，满足香港百姓的每日所需，推动着这座繁华都市高速运转。半个多世纪以来，一代代东深供水工程建设者，为建设和守护这条香港供水的生命线、促进香港繁荣稳定立下不朽功勋，得到了香港同胞“饮水思源，心怀祖国”的高度认同。东深供水工程建设者群体不畏艰苦、无私奉献，受到嘉奖；努力回馈水源地的香港同胞饮水思源、真情投入，值得点赞。通过东深供水工程这条纽带，香港与内地在人文、地理、教育等方面实现了更多的沟通联系和相互交流，这也是粤港澳大湾区融合发展的鲜活例证。

■ 启示意义

第一，精神的力量能够穿越时空，历久弥新。时代不会忘记，山河不会忘记，香港同胞更不会忘记，东深供水工程是艰苦奋斗凝练的产物，是卓绝磨砺出来的精品。为了这一伟大工程，一代又一代的东深供水工程建设者，勇于挑重担、啃硬骨头，顽强拼搏、攻坚克难，不畏艰苦、甘于付出，用青春、热血乃至生命谱写了气壮山河的奋斗赞歌，树起了一座不朽的精神丰碑。看似寻常最奇崛，成如容易却艰辛。新征程上，中华民族正意气风发地向着第二个百年奋斗目标迈进，东深供水工程建设者群体身上那份敢闯敢拼、战天斗地、奉献奋斗的实干精神，“要高山低头，令河水倒流”的豪情壮志，必将为我们在新时代踔厉奋发、笃行不怠注入强大的精神力量。

第二，心中有人民，奋斗才更有力量。“坚持人民至上”不是一个抽象玄奥的概念，不能停留在口号上，必须化为实实在在的为民利民行动，解决群众急难愁盼问题。东深供水工程高速建成的奇迹背后，承载着成千上万建设者的汗水和付出，有无数可歌可泣的英雄故事。东深供水工程建设者心中激荡着浓厚的同胞情谊，顽强拼搏、忘我奉献，把为香港人民造福的事情真正办好办实。有了为民担当、无私奉献的博大胸怀和踏踏实实的行动，才能真正实现自身价值。当代大学生要厚植人民情怀、心系民生，努力增长知识和才干，提高为人民服务的本领，让青春在推进中国式现代化的火热实践中绽放绚丽之花。

案例 4

湖州南浔：擘画城乡共同富裕的新图景

核心阅读

杭嘉湖平原，沃野千里。位于其北部的浙江省湖州市南浔区，水网密布，一派郁葱景象。2021 年，浙江被赋予“高质量发展建设共同富裕示范区”的新使命，迎来先行探索机遇；南浔，在浙江率先提出“高水平建设社会主义现代化共同富裕示范样本”的远大目标，并正式制定《南浔区高水平建设社会主义现代化共同富裕示范样本行动方案（试行）》。共同富裕是什么？习近平强调：“共同富裕本身就是社会主义现代化的一个重要目标。我们……要始终把满足人民对美好生活的新期待作为发展的出发点和落脚点，在实现现代化过程中不断地、逐步地解决好这个问题。”如何写好“共富”文章？南浔，或成为观察浙江“高质量发展建设共同富裕示范区”的一个窗口。

浙江省湖州市南浔区，堪称浙江探索“共富之路”的排头兵和实践样本。早在 2020 年，南浔全体居民人均可支配收入就达到了 48 907 元，城乡居民人均收入比达到 1.62：1，发展均衡性位居全省前列。2021 年 1 月，南浔区在浙江省率先提出“高水平建设社会主义现代化共同富裕示范样本”的远大目标，积极为全省乃至全国探路先行。南浔提出这一目标的底气何在？其共富道路可以对浙江乃至全国提供哪些借鉴？

产业强基：做大分好发展“蛋糕”

南浔产业特色鲜明，长期以来，电梯、电机、电磁线、木地板“三电一板”传统产业优势突出。南浔电梯产业是全国三大集群之一，截至 2021 年 2 月，有巨人通力、怡达快速等整机和配件企业 162 家，年产整机约 8 万台，整机产销量约占浙江的 50%、全国的 10%。电机方面，南浔是浙江省首个国家级出口电机产品质量安全示范区，现有电机企业 143 家，年产各类电机占国内市场的 15%，而洗衣机电机更是占国内市场份额的 60%以上。电磁线方面，南浔现有长城电工等电磁线企业 107 家，电磁线产量占全省的 50%、全国的 20%左右。木地板方面，南浔是“中国木地板之都”，全区现有世友、久盛等木业企业 1 000 余家，木地板产量约占全国的 35%，其中实木地板产量约占全国的 60%。

做大蛋糕，要靠产业高质量发展，也要促进产业升级。实施“千亿产业集群倍增计划”就是南浔打造产业升级计划的点睛之笔。2021年年初，在南浔经济开发区万亩大平台内，总投资290亿元的浙江泰嘉光电科技有限公司超薄玻璃基板深加工一期项目主体厂房顺利结顶，比原计划时间提前了一个月。泰嘉光电项目不仅创造了南浔建区以来“建设体量最大、建设速度最快、参建人员最多”的多项第一，更见证了该区加快打造千亿级光电产业高地的优质服务“加速度”。

民生建设：更高标准共享成果

家住南浔镇南林村的低保边缘户秦韦，由于肢体三级残疾，加上妻子出走，两个孩子在读书，生活非常艰难。2020年8月，经区人社局、南浔镇政府协调，秦韦被安排担任村级网格员，月收入约3 000元，解了燃眉之急。秦韦所享受的是南浔实施的“业无忧”就业救助，除此之外，他还能享受到包括“水电无忧”“用无忧”等基本生活费用优惠减免，“学无忧”项目更是帮他减轻了一大笔孩子的学费。

这种实实在在的获得感，5公里外的联谊新村低保户董建勤也感同身受。董建勤患有红斑狼疮，需长期就医吃药，且不能干重体力活；丈夫要照顾她，只能接零工，收入不稳定；儿子正在读中职。“病有助”为这个家庭撑起了保障伞。以2020年为例，董建勤自付医疗费用18 887.91元，医疗救助报销15 782.56元，“南浔区专项医疗救助”报销3 100元，基本实现了医疗费用全覆盖。

民生保障是共同富裕的兜底性工程。自实施“低收入群众三年奔小康”行动以来，南浔全区低收入群众人均年收入增长至2.08万元，增长了76%。2020年，“六无六有”综合救助体系的建设，从低收入群众的教育、养老、就业、居住、出行、医疗等方面着手，通过开展长效帮扶、精准救助，年户均减少支出10 000元以上，有效防止了低收入群众返贫。

乡村振兴：确保“天平”不失衡

受地理位置差异、资源分布不均等客观因素制约，南浔部分村集体经济增收乏力。为此，南浔提出了“强村公司”模式，即通过强村公司带动村级经济合作组织，从而带动广大村民形成联动式发展的创新模式。

自2019年开始，南浔整合区、镇、村三级资源，组建了一批“强村公司”。通过吸纳村集体入股，促进强村自营、以强带弱、弱村抱团，有效带动村产规模化、产业化发展，实现“村村成股东、村村有分红”。2020年3月，练市镇建新村等19个行政村合资组建的湖州练城物业管理有限公司，成为南浔区发展最快的强村公司之一。2020年，该公司共签约3 400多万元，营业性收入达2 000万元，经营利润超过220万元，带动当地约400人就业。善琏镇强村公司的经营情况更加可观。由善琏镇15个行政村组建的湖笔小镇新农村发展有限公司，2020年的经营利润达560万元。

“强村公司”模式的推行，既发展壮大了村级集体经济，又解决了农村剩余劳动力就业问题，给南浔促进乡村振兴带来了实实在在的效果。早在2021年1月，南浔就已经组建强村公司24家，注册资金共计4亿元，实现211个行政村投资入股全覆盖，村均增收9.8万元。

精神文明建设：“三面一体”奏响共富乐章

南浔高度重视精神文明建设，多年来逐步形成和谐、向善、互助、共赢的共富社会精神面貌。

传承：得诸社会，还诸社会。南浔历来富而好礼。浔商延续百年，“得诸社会，还诸社会”的信念不断传承。在如今的南浔，慈善成为一种社会风尚。如以巨人通力为首的众多企业通过南浔区慈善总会成立了多项慈善基金，帮扶困难群众。“慈善达人”张尧轩从2016年起个人出资成立百万基金，自发捐助所在村庄的困难户和贫困大学生。普通公众也积极参与慈善活动，“慈善一日捐”活动深入人心。

引领：家风带动“五风”建设。在南浔，遍布全区的家风建设已勾勒出一道独特的风景线。自2017年以来，南浔共总结提炼优秀家规家训11万余条，以家风建设为引领，构建家风、乡风、企风、校风、政风五维度风气体系。在南浔区政务服务中心，办事窗口张贴着员工的家风家训，督促员工以身作则，与家训言行合一；在南浔各大中小学校，家风建设有声有色。南浔区已经形成“最美家风＋”示范点399个，培育了十大诚信家风阵地，推出“最美家风贷”“家风书屋”“家风广播”等一批工作载体。

凝聚：志愿活动连接社区邻里。在南浔旧馆镇，有一支名为“爱心妈妈”的志愿者队伍，平时帮助老人做饭菜、打扫卫生、缝补衣物等。还有一支名为“家园园丁”的志愿者队伍，为社区家庭解读招生政策、无偿辅导学生学业等，受益学生已达50 000余人次。志愿者活动是南浔的特色活动，截至2021年2月，仅在旧馆镇就有这样的志愿服务组织612个。

生态治理：“三大协同”破解二元对立

南浔古镇是国家5A级景区，但近年来面临着有限的生态治理资源与不断提高的生态治理要求间的矛盾。南浔大胆探索，已经实现三大协同：

机制协同，提升生态治理效能。2017年4月，南浔在全省首创成立了区生态建设指挥部，把涉及全区生态治理的规划、统筹、协调、督查、监管、处置等重大问题，都纳入区生态建设指挥部内部实现流转。南浔这套机制的优点在于生态建设指挥部层级高、职能全，真正构筑了“大协同、大生态”的治理格局，提升生态治理的效率与效能，加快了生态建设的步伐。

要素协同：水、气、土、废逐一攻破。走在南浔街头，不时会看到有工作人员手持无人机在河岸两侧实时监看水道的状况。这是南浔在运用人工网络和无人机、无人船遥感影像巡查技术手段，对全区开展360度无死角整治清查工作。南浔以“城乡人居环境提升”为中心，从水、气、土、废等生态要素入手，以“协同治理”实现生态富裕。

理念协同：经济生态双丰收。在全域土地整治下，南浔保护资源与空间利用更加合理。以旧馆镇为例，截至2021年1月，全镇建设用地复垦2 000余亩，耕地新增3 500余亩，规划建设3个千亩方示范区，连片整合形成万亩良田集中示范区。全域整治唤醒沉睡热土，连片农田吸引投资目光。南浔的生态改善，正在焕发“水晶晶”的品牌魅力。

思考讨论

1. 2021 年 1 月，南浔区在浙江省率先提出“高水平建设社会主义现代化共同富裕示范样本”的远大目标，积极为全省乃至全国探路先行。南浔提出这一目标的底气何在?

2. 习近平强调指出“共同富裕本身就是社会主义现代化的一个重要目标”。结合案例谈谈，应如何全面理解共同富裕这一重要目标?

3. 党的十八大以来，党中央把逐步实现全体人民共同富裕摆在更加重要的位置。南浔的共富道路探索可以为实现全体人民共同富裕提供哪些借鉴?

教学建议

本案例主要适用于第四章第三节中“推动全体人民共同富裕取得更为明显的实质性进展”部分的辅助教学。本案例介绍了浙江省湖州市南浔区率先提出“高水平建设社会主义现代化共同富裕示范样本”的远大目标，在产业强基、民生建设、乡村振兴、精神文明建设及生态治理诸方面积极开展共富实践，争当浙江探索“共富之路”排头兵的典型事例。

■ 组织教学建议

第一，要引导学生把握南浔提出“高水平建设社会主义现代化共同富裕示范样本”的宏观政策背景。共同富裕是中国共产党长期以来的奋斗目标。新中国成立以来特别是改革开放以来，我们党团结带领全国各族人民朝着实现共同富裕的目标不懈努力。改革开放后，我们党深刻总结正反两方面历史经验，坚持以经济建设为中心，制定了“三步走”的发展战略，有条不紊地推进发展，解决了人民的温饱问题，并在 20 世纪末使人民生活总体上达到小康水平。党的十八大以来，党中央把逐步实现全体人民共同富裕摆在更加重要的位置，并在全面小康的道路上加速推进。中国共产党成立 100 周年之际，我们如期全面建成了小康社会，这是中国共产党推进共同富裕进程中取得的重大阶段性成果。在此之际，党中央郑重提出推进全体人民共同富裕这一新的发展目标，并且进行了具体部署。南浔作为浙江探索“共富之路”的排头兵，其“高水平建设社会主义现代化共同富裕示范样本”的规划正是在这一背景下作出的。

第二，要引导学生把握本案例的展示思路。本案例紧扣共同富裕的深刻内涵及南浔的发展实际，从产业强基、民生建设、乡村振兴、精神文明建设及生态治理这五个方面分别展开，展现了南浔创建“高水平建设社会主义现代化共同富裕示范样本”的实践成果。其中，在产业强基方面，南浔推进“做大分好发展‘蛋糕’”，打牢了实现共同富裕的物质基础，把握住了共同富裕的“牛鼻子”。在民生建设方面，南浔推进“更高标准共享成果”，为共同富裕筑起了牢固的民生防线。在乡村振兴方面，南浔聚焦“确保‘天平’不失衡”，为实现共同富裕解决了城乡协调发展不平衡这一难题。在精神文明建设方面，南浔狠抓“‘三面一体’奏响共富乐章”，使共同富裕的实现超越单纯物质富裕范畴，表现得更为全面，更好地体现了共同富裕的社会主义本质。在生态治理方面，南浔推进“‘三大协同’破解二元对立”，展现出对共同富裕生态内涵的深刻体认与践行。上述五个方面既相对独立又彼此联系，共同构成对南浔追求共富图景的全方位立体化展现。

第三，要引导学生了解南浔“高水平建设社会主义现代化共同富裕示范样本”的丰厚历史积淀。现实状况往往源于历史传承，南浔的历史可被视为一部追求共同富裕的发展史。历史上，南浔最大的标签就是富裕。明万历年间至清代中叶，蚕丝业、手工业和缫丝业的兴起及商业的快速发展，使南浔进入经济繁荣鼎盛时期。南浔丝商在立足于丝绸发家之后，经营领域也随之多元化，从单一的丝绸贸易逐渐向近代工业、盐业、房地产、金融业等领域拓展，形成了跨行业的商业群体。特别是近代上海开埠后，产生了以“四象八牛七十二金狗”为代表的南浔富商，堪称“富可敌国”。民间因此有“湖州一个城，不及南浔半个镇”之说。历经数代的产业发展和藏富于民，南浔具备了领先一步实现共同富裕的基础和条件，这也构成了南浔“高水平建设社会主义现代化共同富裕示范样本”的丰厚历史积淀。

第四，要引导学生探讨新时代南浔在浙江率先提出“高水平建设社会主义现代化共同富裕示范样本”的底气所在。2021 年 1 月，南浔区在浙江省率先提出“高水平建设社会主义现代化共同富裕示范样本”的远大目标，积极为全省乃至全国探路先行。在浙江“高质量发展建设共同富裕示范区”建设中，南浔先行一步，走在前列，其底气不仅来自其历史上形成的丰厚物质积淀，更在于近年来南浔大胆开拓取得的突出发展成绩。例如，在经济发展方面，南浔创造了多个全国第一，“三电一板”产业特色突出，经济发展取得长足进步。在城乡融合方面，南浔早已布局并加快生态环境城乡一体、社会事业城乡一体、全域旅游城乡一体、社会智治城乡一体等四个城乡一体化发展的步伐，不断优化要素配置，取得融合、均衡发展的好成绩。与此同时，南浔在增进民生福祉、打造精神文明高地、实现绿色发展等方面同样亮点频出。这些都是南浔提出“高水平建设社会主义现代化共同富裕示范样本”的底气所在。

■ 总结提升建议

第一，共同富裕就内容而言，并不局限于经济方面，而是多方面协调发展的“全面富裕”。也就是说，推动共同富裕，不仅要满足人民的物质需要，也要满足其他方面的需要，如享有公共服务、接受教育、充分就业的社会需要，参与文化活动、享受文化产品和服务的文化需要，享有美好宜居环境的生态需要，等等。其中，经济上的富足是共同富裕的首要内涵。高质量的经济发展是实现共同富裕的坚实基础。没有扎扎实实的经济发展成果，共同富裕就无从谈起。浙江南浔在推进共同富裕过程中的一大经验，是其坚持产业强基，以高质量发展不断做强产业、夯实“家底”，以产业兴旺助力共同富裕，做大分好发展“蛋糕”，把握住了共同富裕的根本。

第二，民生保障是共同富裕的兜底性工程。增进民生福祉，提高人民生活品质，既是党的二十大报告提出的重大要求，也是推进共同富裕的重大课题。关于民生建设，党的十九大报告即提出，要在幼有所育、学有所教、劳有所得、病有所医、老有所养、住有所居、弱有所扶上不断取得新进展。党的十九届五中全会更是在收入、就业、教育、社会保障和健康等基本民生方面进行了一系列制度安排，力图通过加强民生建设，持续提高中等收入群体的规模。这是从民生保障方面强化共同富裕的重要政策安排。浙江南浔的“共同富裕”探索之路，在民生保障方面不遗余力，其推出涵盖“业无忧”“水电无忧”“用无忧”等基本生活费用优惠减免政策的“六无六有”综合救助体系，成为其筑牢共富之基的标志性举措。

第三，乡村振兴是实现共同富裕的必由之路。党的二十大报告指出，“全面建设社会主义现代化国家，最艰巨最繁重的任务仍然在农村”，同样，共同富裕的重点和难点也是在农村。推动乡村全面振兴、带动农户增收致富是实现共同富裕的关键基石与有效手段。实践表明，贫富差距最突出的表现就是城乡差异。只有彻底改变乡村发展滞后问题，加快补齐乡村集体经济造血能力不足、人才等关键要素外流严重、农业产业链条过短等主要短板，全面激发乡村发展内生动力，全方位带动农民增收致富，才能确保共同富裕社会的“天平”不失衡。乡村振兴有助于推动共同富裕，解决我国城乡、区域、产业发展不充分、不平衡及城乡收入差距拉大的问题。没有乡村振兴，就不可能实现全体人民的共同富裕。浙江南浔大力实施“城乡统筹”发展战略，采取“强村公司”模式提升村集体经济造血能力，让“弱村”共享发展成果，取得了显著效果，为其他地区推进乡村振兴乃至共同富裕提供了重要借鉴。

第四，促进人民精神生活共同富裕，是扎实推动共同富裕的内在要求。2021 年 8 月 17 日，习近平在主持召开中央财经委员会第十次会议时指出，共同富裕是全体人民的富裕，是人民群众物质生活和精神生活都富裕，并强调，要促进人民精神生活共同富裕，强化社会主义核心价值观引领，不断满足人民群众多样化、多层次、多方面的精神文化需求。党的二十大报告进一步强调，物质富足、精神富有是社会主义现代化的根本要求。可见，在全面建设社会主义现代化国家新征程上，精神生活共同富裕已成为推进实现共同富裕的重要内容。精神生活是人类特有的，是人的生命意义、价值所系。物质生活得到充足保障之后，人民幸福的含义就更多地体现为文化生活的丰富多彩和精神生活的充实富足。改革开放 40 多年来，我国经济发展成就巨大，极大地改善了人民群众的物质文化生活，丰富的精神文化生活已经成为衡量人民幸福生活指数和社会全面发展水平的重要尺度。近年来，浙江南浔在实现物质富裕的同时，全力打造精神文明高地，推进精神文明建设迈上了新台阶。坚持物质富裕和精神富裕的统一是南浔探索共富之路的一个重要经验。

第五，生态文明是实现共同富裕的内在要求。党的二十大报告指出，大自然是人类赖以生存发展的基本条件。必须牢固树立和践行“绿水青山就是金山银山”的理念，站在人与自然和谐共生的高度谋划发展。生态治理关乎共同富裕。钱袋子鼓起来，蓝天碧水也要多起来，这才是共同富裕。如何破解有限的生态治理资源与不断提高的生态治理要求间的矛盾，是各地生态治理普遍遇到的问题。开展高水平生态文明建设，将各地区的自然资源禀赋转化为经济发展红利，将生态文明建设效用的提升与增进经济福祉、社会福祉紧密结合，从生态维度为缩小区域差距、城乡差距、收入差距提供解决方案，已成为扎实推动共同富裕的重要抓手。浙江南浔在长期发展实践中得出一个基本共识：共同富裕视角下，生态文明必须实现域内生态公共产品的供给稳定和高质量，从而有力支撑人民美好生活和社会可持续发展。浙江南浔深入贯彻习近平生态文明思想，践行“绿水青山就是金山银山”理念，大刀阔斧治理南浔生态环境所交出的成绩单，是其探索共同富裕征程中的重要生态家底。

■ 启示意义

敢为人先、勇当先锋是一种可贵的精神品质。在中国这样一个发展中大国，各地区发展必然有先有后，有条件的地方应该发挥优势、率先发展，起到引领和带动作用。早在2021年1月，南浔区就在浙江省率先提出“高水平建设社会主义现代化共同富裕示范样本”的远大目标，积极为全省乃至全国探路先行，这展现了南浔敢为人先、勇当先锋的鲜明特质及其探路共同富裕的使命担当。百舸争流，奋楫者先；千帆竞发，勇进者胜。任何成绩，不是等得来、喊得来的，而是靠拼出来、干出来的。能担当、有担当、敢担当，才能成大事、创大业、铸辉煌。任何地区、任何人，都应以抓铁有痕、踏石留印的拼劲和韧劲，踔厉奋发、拼搏向前，努力在前行之路上争取更大的胜利和荣光。

案例 5

看，自贸区“新雁阵”正展翅高飞

核心阅读

自由贸易试验区（以下简称自贸区）已成为我国高水平对外开放的显著标识之一。从2013年9月29日全国首个自贸区——中国（上海）自贸区揭牌运行，到2023年11月1日中国西北沿边地区首个自贸区——中国（新疆）自贸区正式揭牌，全国已建设运行22个自贸区，扎实推动新时代改革开放不断向纵深发展。十多年来，在以习近平同志为核心的党中央的坚强领导下，中国自贸区建设从上海起步，布局逐步完善，形成了覆盖东西南北中，统筹沿海、内陆、沿边的改革开放新格局。2024年上半年，22个自贸区实际使用外资达到1 039.6亿元，进出口总额达到4.1万亿元，以不到千分之四的国土面积，实现了占全国20.8%的外商投资规模和19.5%的进出口规模，有效发挥了改革开放综合试验平台的示范引领作用。截至2024年8月，22个自贸区累计推出3 600多项改革创新举措，在国家层面累计复制推广349项制度创新成果，在地方层面自主推广3 200余项自贸试验制度创新成果。

建设自贸区、海南自由贸易港，是高水平对外开放的生动实践。

从“头雁领航”到“群雁齐飞”：自贸区加快起势

2013年8月，中共中央政治局召开会议，听取中国（上海）自贸区筹备工作汇报。同年9月29日，全国首个自贸区——中国（上海）自贸区在上海浦东基隆路9号揭牌运行。扩大开放之门，走稳改革之路。一子落，满盘活。

上海自贸区成立之初，就将目光瞄准了对接国际高标准经贸规则，率先实施外商投资准入前国民待遇加负面清单管理模式，推动投资管理体制实现历史性变革。这是中国第一次用负面清单管理外商对华投资，标志着我国外商投资逐案审批时代的终结，开始对清单外的外商投资实行备案管理。

从2013年开始，改革接踵而来：注册资本实缴制变认缴制，审批改备案、实施告知承诺，先照后证、证照分离、一业一证；海关通关改革让企业更便利，上海自贸区探索实施了近百项创新举措，如“单一窗口”等具有国际先进水平的贸易监管制度，促进区内货物、服务等要素自由流动；金融制度创新框架基本形成，人民币跨境使用和外汇管理创新进一步深化，一批面向国际的金融交易平台有序运行……上海自贸区以开放促改革，确立了一套与国际通行规则接轨的市场准入方式。

2023年11月1日，全国第22个自贸区，也是中国西北沿边地区首个自贸区——中国（新疆）自贸区在新疆乌鲁木齐市正式揭牌。自2013年我国首个自贸区揭牌运行以来，中国自贸区建设从上海起步，布局逐步完善，已先后7轮在全国范围内设立了22个自贸区，形成了覆盖东西南北中，统筹沿海、内陆、沿边的改革开放新格局。新一轮开放从中国（上海）自贸区起步，22个自贸区、167个海关特殊监管区域成为全方位开放的“排头兵”和“领头雁”。

2024年上半年，22个自贸区以不到千分之四的国土面积，实现了占全国20.8%的外商投资规模和19.5%的进出口规模，在国家层面累计推广349项自贸区制度创新成果。

党的二十届三中全会通过了《中共中央关于进一步全面深化改革、推进中国式现代化的决定》，对完善高水平对外开放体制机制作出部署，提出“实施自由贸易试验区提升战略，鼓励首创性、集成式探索”。

2024年8月29日中央全面深化改革委员会第六次会议审议通过《关于实施自由贸易试验区提升战略的意见》，对实施自贸区提升战略作出新的部署。

从“苗圃”变为“森林”：制度创新引领高水平开放

2019年1月，特斯拉上海超级工厂开工，当年12月第一辆整车下线，创造“当年开工、当年竣工、当年投产、当年上市”的“特斯拉速度”。两年多后的2022年8月，第100万辆整车下线。从1到100万，这座工厂用了30多个月，而从100万到200万，仅用时不到13个月。特斯拉在上海屡次刷新效率纪录，离不开自贸区营商环境制度创新的支撑。临港开展“告知承诺＋容缺后补”等多项投资项目审批改革，已形成“一个月洽谈签约、三个月启动供地、六个月实现开工”的工作标准。自贸区不仅成就了“特斯拉速度”，还有超过360家新能源汽车上下游产业链企业受益于自贸区的政策红利。

开放是刻在自贸区骨子里的基因。自贸区坚持以高水平开放为引领，系统推进符合市场规律的改革，取得一系列突破性、引领性的创新成果：沿黄河9省份成立黄河流域自贸区联盟，建立社会信用体系“一体化建设”、行政审批服务“一体化通办”、知识产权保护“一体化协作”、物流运输服务“一体化畅通”等四大合作机制；广西自贸区探索国际陆海贸易新通道海铁联运系统集成改革、林业碳汇预期收益权质押贷款改革等；东北地区自贸区积极推动国资国企改革、产业管理模式创新、加强与其他地区产业合作；《海南自由贸易港跨境服务贸易特别管理措施（负面清单）（2021年版）》的公布施行……各地自贸区发扬“大胆闯、大胆试、自主改”的精神，不断创新举措，持续改善营商环境。

从“一滴油”到“两根丝”：全产业链条发展优势显著

“向海而兴、向海图强”的钦州依托西部陆海新通道、自贸区、面向东盟金融开放门户等优势资源，积极推动完善面向东盟的产业协同体系，以“亲链东盟”构建钦州港片区跨境石化产业新格局。钦州积极打造国外布局上游供应原料＋广西发展中下游精深加工的跨区域跨境产业体系，实现了从“一滴油”（原油）到“两根丝”（锦纶、涤纶）的全产业链发展，持续推动构建面向东盟的“一滴油两根丝”绿色化纤纺织产业新格局。同时，钦州港片区还依托西部陆海新通道主要枢纽的独特优势，搭建了以中国石油、浙江恒逸集团有限公司、桐昆控股集团有限公司等为龙头的石化产业集群，并与印度尼西亚、文莱、马来西亚等多个东盟国家在化工、新能源材料等领域初步建立了跨境产业链合作。一系列项目陆续落户钦州，是钦州港片区构建面向东盟石化产业集群集聚成效的凸显，也是世界产业生态深刻变革的推动。

差别化探索，自贸区有了新气象。各个自贸区坚持以深化改革开放驱动产业创新发展，建成了一批世界领先的产业集群。上海自贸区建立以“中国芯”“创新药”“智能造”“蓝天梦”“未来车”“数据港”等六大产业为核心的现代化产业体系；天津自贸区聚力发展融资租赁产业，成为全球第二大飞机租赁聚集地；湖北自贸区集聚光电子信息企业超过1.6万家，成为中国光通信领域最大的技术研发和生产基地；江苏自贸区集聚各类生物医药企业4 000多家，年产值超过4 000亿元……各自贸区明确产业发展方向，推动产业集成创新，优化产业发展环境，聚焦特色重点产业深化差别化探索，开展全链条集成创新，助力加快建设现代化产业体系。

高起点谋划、高标准要求、高质量推进

习近平高度重视自贸区建设，在一个个关键节点，一次次指路定向。2014年3月5日，习近平在参加十二届全国人大二次会议上海代表团审议时强调，“建设自由贸易试验区，是党中央为推进新形势下改革开放提出的一项重大举措。要牢牢把握国际通行规则，加快形成与国际投资、贸易通行规则相衔接的基本制度体系和监管模式”。2017年10月，党的十九大报告提出：“赋予自由贸易试验区更大改革自主权，探索建设自由贸易港。”2018年4月，习近平郑重宣布，“党中央决定支持海南全岛建设自由贸易试验区，支持海南逐步探索、稳步推进中国特色自由贸易港建设”。2020年11月4日，习近平在第三届中国国际进口博览会开幕式上发表主旨演讲，向全世界表明：“中国将有效发挥自由贸易试验区、自由贸易港引领作用，出台跨境服务贸易负面清单，在数字经济、互联网等领域持续扩大开放，深入开展贸易和投资自由化便利化改革创新，推动建设更高水平开放型经济新体制。”2023年9月，上海自贸区挂牌成立运行十周年之际，习近平作出重要指示强调，“新征程上，要在全面总结十年建设经验基础上，深入实施自贸试验区提升战略，勇做开拓进取、攻坚克难的先锋，在更广领域、更深层次开展探索，努力建设更高水平自贸试验区”……在习近平亲自谋划、亲自部署、亲自推动下，这场从不到30平方千米地方起步的改革试验，正扎根广袤大地，在千里沃野生根发芽、抽枝拔节，不断结出新时代改革开放的累累硕果，推动我国改革开放事业不断迈上新台阶。

思考讨论

1. 自贸区建设是党中央在新时代推进改革开放的重要战略举措。结合案例思考，自自贸区建设以来，进行了哪些实践探索，取得了哪些成就？

2. 党的二十大报告指出要坚持深化改革开放，深入推进改革创新，坚定不移扩大开放。结合案例思考，新时代坚持深化改革开放的重大意义是什么？

3. 习近平强调，“新征程上，要在全面总结十年建设经验基础上，深入实施自贸试验区提升战略，勇做开拓进取、攻坚克难的先锋，在更广领域、更深层次开展探索”。结合案例思考，自贸区建设的成功经验能够为进一步全面深化改革开放提供哪些启示？

教学建议

本案例主要适用于第五章第三节“将改革开放进行到底”部分的辅助教学。本案例展示了各自贸区深入贯彻落实党中央决策部署，当好全方位开放的“排头兵”和“领头雁”，引领带动全面深化改革的典型事例。

组织教学建议

第一，改革开放具有鲜明的历史延续性，同时也具有突出的空间广延性，其涉及的知识点较多、跨度较大。在开展案例教学前，教师应通过布置课前作业、开展结构化研讨等方式帮助学生初步理解改革开放的基本内涵和重大意义。

第二，教师应引导学生理清案例的叙述逻辑，梳理和总结自贸区建设的具体举措和重大成就。在带动高水平开放方面，自贸区承担重大开放试点任务，主动对接国际高标准经贸规则，稳步扩大制度型开放，确立了一套与国际通行规则接轨的市场准入方式；在推进深层次改革方面，自贸区发挥制度创新“头雁”效应，在贸易、投资、政府职能转变、金融服务实体经济等方面实施了很多首创性改革；在引领高质量发展方面，自贸区培育了油气、生物医药、工程机械等一批世界领先的产业集群，开展全链条集成创新，助力加快建设现代化产业体系。

第三，教师应着重引导学生理解改革和开放之间的关系，引导学生理解自贸区建设的重大历史意义和时代价值。改革不停顿，开放不止步。党的二十届三中全会审议通过的《中共中央关于进一步全面深化改革、推进中国式现代化的决定》明确提出，“必须坚持对外开放基本国策，坚持以开放促改革，依托我国超大规模市场优势，在扩大国际合作中提升开放能力，建设更高水平开放型经济新体制”。改革和开放历来都是相辅相成的，以开放促改革、促发展，是我国改革发展的成功实践。为了更好实现高水平开放，我国必须稳步扩大制度型开放，主动对接国际高标准经贸规则。全面深化改革开放，究其实质是一场以制度变革为引领的全面深化改革过程。开展自贸区建设，旨在探索制度型开放的新体制新机制，建设更高水平开放型经济新模式，为全面深化改革开放指明前进方向。

总结提升建议

第一，全面深化改革开放，是新时代坚持和发展中国特色社会主义的根本动力。改革开放是党和人民事业大踏步赶上时代的重要法宝。“中国要前进，就要全面深化改革开放。”习近平的铿锵话语，是历史的回声，也是时代的号角。在当前全球经济形势下，我国必须实行更加积极主动的开放战略，完善互利共赢、多元平衡、安全高效的开放型经济体系。为此，要逢山开路、遇水架桥，推动改革开放向纵深发展。在加快构建新发展格局和推动高水平对外开放的背景下，全面推进自贸区建设，发挥其作为全面深化改革的“国家试验田”作用，特别是在高水平制度型开放中的示范引领作用意义重大。当前，自贸区已推出了一大批基础性、开创性改革开放举措，形成了一系列制度创新成果，为进一步全面深化改革、推动中国式现代化发展作出了重要贡献。自贸区建设的成功实践表明，坚持和发展中国特色社会主义，推动实现中国式现代化，必须坚定不移地以高水平开放引领高水平改革，着力破解制约高质量发展的深层次体制机制障碍和结构性矛盾，切实提高应对挑战和抵御风险的能力。

第二，新时代坚持深化改革开放，需要对接国际高标准经贸规则。对接国际高标准经贸规则，旨在聚焦知识产权、竞争政策、政府采购、环境保护等领域，提升便利化，增加透明度，着力营造公平透明、可预期的营商环境。通过对接国际高标准经贸规则，我们可以更好地融入全球经济体系，促进国际贸易和投资的便利化，推动经济高质量发展。同时，这也有助于我们在国际舞台上发挥更大的影响力，为全球经济治理贡献中国智慧和中国方案。自贸区提升战略实施以来，各自贸区加快构建与国际高标准经贸规则相衔接的制度体系和监管模式，在货物贸易领域实现更高水平自由便利、在服务贸易领域深化金融服务等领域开放，有力促进了商品、技术、资金、数据等要素跨境自由便利流动。实践表明，对接国际高标准经贸规则，打造国家制度型开放示范区，既是以开放促改革、促发展、促创新的主动作为，也是以中国式现代化新成就为世界发展提供新机遇的实际行动，是坚持深化改革开放必须牢牢把握的基本原则。

第三，新时代坚持深化改革开放，必须深入推进制度型开放。习近平强调，“稳步推进规则、规制、管理、标准等制度型开放”。“制度型开放”是我国高水平开放的核心内容，既是一项复杂系统工程，也是一次深层次改革。相比一个时期以来国际经贸规则下的“边境上开放”，制度型开放可视为规则和制度体系开放，即通过国内深层次改革，推动国内规则体系和基本制度框架与国际高标准经贸规则双向有机衔接，并通过制度创新和外溢，向世界提供有效制度供给的开放。其中，“规则、规制、管理、标准”作为制度型开放的核心要素，具有高度关联性，构成一个有机整体。自贸区提升战略实施以来，各自贸区贯彻落实党中央决策部署，解放思想、守正创新，在国家层面累计推广349项自贸区制度创新成果，充分发挥了“排头兵”的示范引领作用，形成了覆盖东西南北中，统筹沿海、内陆、沿边的改革开放新格局。实践表明，稳步扩大制度型开放，是以高水平对外开放推进深层次改革、推动高质量发展的重要途径，也是以开放促改革、着力推动高质量发展的内在要求。

第四，新时代坚持深化改革开放，必须加快构建现代化产业集群。持续推进世界级产业集群建设，加快构建现代化产业体系，是进一步全面深化改革开放的重要支撑。习近平指出：“要以科技创新为引领，加强关键核心技术攻关，促进传统产业转型升级，加快培育世界级高端产业集群，加快构建现代化产业体系，不断提升国际经济中心地位和全球经济治理影响力。”自贸区提升战略实施以来，各自贸区不断探索强化全产业链集成创新，进一步发挥产业基础好、集聚度高、创新力强的优势，围绕大宗商品、生物医药、海洋经济等重点领域深入开展差别化探索，打造出一大批世界领先的产业集群，为提升我国的国际地位和全球影响力奠定了坚实的基础。自贸区建设的成功经验表明，要从产业发展的全链条、企业发展的全生命周期出发来谋划设计改革，加强重大制度创新充分联动和衔接配套，加快打造现代化产业集群和产业体系，为进一步全面深化改革提供强有力的支撑。

■ 启示意义

改革开放只有进行时，没有完成时，停顿和倒退没有出路，必须以更高的政治智慧进一步推进全面深化改革。全面深化改革是前无古人的艰巨探索，没有现成的经验可循，方向和方法问题至关重要。自贸区建设能够成功的原因有很多，但归根到底还是因为找准了方向、用对了方法。首先，方向问题事关党的前途命运和事业兴衰成败。无论改什么、改到哪一步，坚持党对改革的集中统一领导不能变，完善和发展中国特色社会主义制度、推进国家治理体系和治理能力现代化的总目标不能变，坚持以人民为中心的改革价值取向不能变。这是全面深化改革必须始终坚持的方向、立场和原则。其次，全面深化改革必须坚持正确的方法论，在不断实践探索中推进。在改革实践中，要正确处理好解放思想和实事求是的关系、整体推进和重点突破的关系、全局和局部的关系、顶层设计和摸着石头过河的关系、胆子要大和步子要稳的关系、改革发展和稳定的关系。总而言之，方向决定道路，思路决定出路。坚持正确的方向，就能够从纷繁复杂的事物表象中把准改革脉搏，确保全面深化改革始终在正确的轨道上推进。坚持运用科学的方法，就能够从关联耦合的重大关系中把握改革规律，确保全面深化改革向纵深推进。

案例 6

新旧动能转换的“齐鲁之变”

核心阅读

在中国地图上，齐鲁大地宛如一只雄鹰，振翅欲飞。但产业层次低、质量效益差、污染排放重的资源型、重化型产业结构，一直制约着山东的高质量发展。如何才能消除这一“心头之痛”，使这只“齐鲁雄鹰”冲向更为广阔的天空呢？因势而谋、应势而动、顺势而为。步入新时代，山东牢记党中央的嘱托，按照“一年全面起势、三年初见成效、五年取得突破、十年塑成优势”的时间表，坚决淘汰落后动能、改造提升传统动能、培育壮大新动能。2023 年山东地区生产总值达到 9.2 万亿元，位列全国第三。其中，“四新”（新技术、新产业、新业态、新模式）经济投资占比超过 57%，高新技术产业产值占比 51%左右；新能源和可再生能源发电装机总量突破 9 300 万千瓦；新增高新技术企业 6 000 家，科技型中小企业突破 4.5 万家……对于齐鲁大地来说，这场高质量发展的新旧动能转换，意义不可谓不重大。

山东是中华文明发祥地之一，历史悠久、人杰地灵、名人辈出，素有“孔孟之乡”的美誉。“传统”，是山东给外界的印象；“保守”，是外界给山东的标签。

作为全国经济第三大省，山东因其国有企业占比大、重工业企业数量多，经济模式被称作“大象经济”。山东也因互联网等新兴产业规模较小，缺少具有带动能力的龙头企业，而被外界戏称为“互联网荒漠”。

“我们的目标就是实现中华民族伟大复兴的中国梦。创新发展、新旧动能转换，是我们能否过坎的关键。”2018 年 6 月，习近平在山东考察时这样强调。

山东牢记党中央嘱托，全面贯彻新发展理念，牢牢抓住新旧动能转换这个推动高质量发展的“牛鼻子”，按照“一年全面起势、三年初见成效、五年取得突破、十年塑成优势”的时间表，顶住阵痛、攻坚克难，以“十强”产业为主战场，坚决淘汰落后动能、改造提升传统动能、培育壮大新动能，努力在转方式、调结构、增效益上发挥“领头雁”作用。

病树前头万木春

山东曾以“两个 70%”著称——传统产业占工业的比重约为 70%，重化工业占传统产业的比重约为70%。上游产业占比高、终端产品开发不足，国内外市场竞争和产业发展的矛盾，在山东表现得尤为突出和明显。

山东以壮士断腕的决心大力清退落后产能，拔出“烂树”“病树”，为种“新树”腾地。钢铁、煤炭、电解铝、地炼等是山东基础好、有优势的“两高”产业，也恰恰是山东过剩产能淘汰的重点对象。为提升全省产业结构，山东实施了先进制造业强省行动计划，设立化工产业转型升级专项行动办公室，在全国率先出台《山东省化工园区认定管理办法》，实施“万项技改、万企转型”，推动传统产业升级改造，通过完善综合标准体系、严格常态化执法，促使一批落后产能依法依规关停退出。

“十三五”期间，山东省万元GDP能耗累计下降20.4%，好于国家下达任务目标3.4个百分点；“十四五”以来，万元GDP能耗累计下降11.1%，已完成“十四五”任务目标的72%，大幅快于时序进度。2018年至2022年，山东已累计关停散乱污企业11万多家、化工企业2 300多家，化工园区由199家压减到84家，化工企业入园率由不足20%提升至38%，整合退出地炼产能2 352万吨，压减焦化产能1 866万吨。

山东淘汰落后产能的力度不断加强，“腾笼换鸟”效应正在加速溢出。

老树长新芽

向存量要增量，蓄力再造新优势。新旧动能转换不完全是另起炉灶、从头再来，而是考虑如何把生产工艺、设备、产品向“新”改造，使其走向高端，让传统动能成为新动能。

山东坚持高端化、智能化、绿色化方向，狠抓传统产能的改造升级，以数字化、智能化赋能传统产业。

山东能源集团投资建设的渤中海上风电项目全面投入建设。该项目建成投运年发电量可达17亿千瓦时，可替代标准煤51万吨，减排二氧化碳132.6万吨，将大大减少传统能源对环境的污染。截至2023年上半年，山东省新能源和可再生能源发电装机达到8 382万千瓦，半年增加921万千瓦；新型储能并网装机达到283万千瓦，居全国首位。“十四五”以来，累计完成煤电机组“三改联动”86台次、4 230.5万千瓦，争取新增煤电建设规模900万千瓦，位居全国第二。

传统钢铁焦化企业肥城石横特钢集团借助工业互联网，解决了困扰行业多年的配煤难题。企业牵手“华为云”共建工业智能体，以人工智能驱动，将焦炭质量预测准确率提升至98%，焦炭煤耗每吨降低15元，每年节约成本1 500万元。

青岛啤酒公司作为全球首家啤酒饮料行业工业互联网的“灯塔工厂”，正成为山东升级制造业竞争优势的缩影。青岛啤酒公司通过大数据可以追踪到每一瓶啤酒的上游原料、生产工厂、物流线路和瓶子供应商。青岛啤酒公司还打通了“端到端”供应链，借助订单系统能够精准识别用户需求。

新树开新花

聚焦“新赛道”，跑出“加速度”。山东还瞄准新兴产业，注重以新动能推动新发展，让新树开新花。

科技是强省之本，新兴产业是动能转换的“加速器”。山东持续发展新技术、新产业、新业态、新模式的“四新”经济，具体规划了包括新一代信息技术、高端装备、新能源新材料、现代海洋、医养健康、高端化工、现代高效农业、文化创意、精品旅游、现代金融在内的“十强”产业。新技术变革催生“四新”经济，形成经济发展新动力；“十强”产业涵盖了一、二、三产业，涉及山东省主导产业、优势产业、潜力产业，代表了先进生产力发展方向。

“四新”经济逆势上扬，“十强”产业持续壮大。截至2023年上半年，山东高新技术产业产值占比突破50%；数字经济总量占山东地区生产总值的比重超过45%，高于全国3.5个百分点；工业化和信息化融合指数117.1，居全国第二位；产业数字化指数80.3，居全国首位；新兴产业正成为山东省工业经济发展的新支柱。

在“四新”经济中，不仅新技术、新产业快速发展，诸多企业的新业态和新模式同样表现亮眼。3个年轻人，从一根网线起步，用5年时间将公司发展到年营业收入5亿元、纳税超亿元，山东聚米电子商务有限公司在山东淄博这个老工业基地成为别样“传奇”。粉丝经济兴起后，大量“网红”开始带销商品。但同时，这些“网红”往往缺少高质量货源、仓储、售后系统等支撑。聚米公司创始人看到了商机，开始整合供应链，打造自有品牌，通过大批量生产采购实现低成本进货，再由下游大量“网红”代理商销售，从而形成各自的利润空间及强大的销售能力。

灌溉生命之水

“惟改革者进，惟创新者强”。山东把发展基点放在创新上，着力依靠科技创新转换发展动力，推动产业升级和新兴产业崛起。

作为全国科技成果评价改革、科技奖励改革、科技人才分类评价改革试点省，山东一批关键核心技术实现重大突破。“蓝鲸1号”钻井平台在南海首次成功试采可燃冰，创造了开采时长与产量的双世界纪录；济南量子技术研究院“测量器件无关量子密钥分发”理论和实用化高效率双场量子密钥分发协议，连续创造300公里、404公里、509公里的量子密钥分发世界纪录；“维迪西妥单抗”填补全球HER2过表达胃癌患者后线治疗的空白。

“问渠那得清如许？为有源头活水来。”山东为全国深化科技体制改革蹚出了新路子，探索建立关键核心技术攻关新型举国体制的山东路径。在国内率先推行科技攻关“揭榜制”、首席专家“组阁制”、项目经费“包干制”，进一步深化技术总师负责制、“赛马”等制度改革，为山东新旧动能转换带来了源源不断的活水。

厚植成长沃土

良好的产业生态是集聚高端产业、催生企业创新的“土壤”，而产业生态好不好主要看产业链的完整性、产业集群的协同性。山东实施产业生态创新行动计划，聚焦于“全链条”薄弱环节和“卡脖子”关键技术精准发力。

山东冠洲股份有限公司多了一个新头衔：精品钢板产业链“链主”。该公司经过十年的攻坚克难，突破了彩涂板涂层方面诸多难题。由该企业研发的氟碳铝镁锰彩涂板，能确保70年不掉色，已应用在北京大兴国际机场、冬奥会国家速滑馆等重大工程上。

精品钢板产业是聊城市冠县的特色支柱产业，已形成上百家钢材绿色智造及其上下游企业抱团发展格局，形成了年综合生产加工能力超千万吨的产业集群。冠县盯紧产业链短板弱项，建立“八链七专班”机制，实施“链主”企业领航行动，围绕产业链发展方向、区域布局、产业配套等问题，开展“诊链”活动，为产业经济、技术发展提供决策咨询和智力支持。

截至 2022 年，山东在新一代信息技术、高端装备等九大产业领域的 43 条产业链共确定“链主”企业 112 家、核心配套企业 709 家，已初步探索出有山东特色的“链长制”推进形式。

涵养清新空气

山东着力深化改革，破除高质量发展的体制机制障碍，净化新旧动能转换的“空气”，为新兴企业发展和传统产业转型升级提供良好环境。

聚焦于制约发展的痛点、堵点、难点，山东发起了“九大攻坚行动”，着力推进国资国企、人才制度、财税金融等领域改革。2019 年出台《山东省新旧动能转换促进条例》，成为国内首部以新旧动能转换为主题的省级立法。“减权放权授权”“一窗受理一次办好”等“放管服”改革举措陆续推出，企业开办时间由 20 天压缩到 1 天；构建并深化政府性融资担保体系，持续优化小微企业、“三农”金融供给；实施重大项目新增指标提前预支政策，对基础设施、公共服务设施和省市县重点项目允许预支用地指标；坚持严控“两高”、优化其他，为新旧动能转换拓展更大空间。

思考讨论

1. 结合案例思考，新旧动能转换的内涵与本质是什么？山东建设新旧动能转换综合试验区的意义何在？

2. 有人说：高质量发展是新发展阶段中国经济面临的一场大考。结合案例，请你谈谈推动新旧动能转换对于实现经济高质量发展的意义。

3. 结合案例思考，山东能够实现新旧动能转换的关键是什么？有哪些启示？

教学建议

本案例主要适用于第六章第一节“完整、准确、全面贯彻新发展理念”部分的辅助教学。本案例主要展示的是山东全面贯彻新发展理念，牢牢抓住新旧动能转换这个推动高质量发展的“牛鼻子”，坚持“腾笼换鸟”，在实现高质量发展上奋力蹚出一条新路子的生动实践。

组织教学建议

第一，在案例讨论开始前，教师应首先引导学生对新旧动能转换的基本内涵进行把握。“动能”的概念源自物理学，本义指物体由于运动而具有的能量，进入经济领域指推动经济发展的能量，即经济发展的内在推动力，其本质是一种先进生产力。“新动能”与“旧动能”相对，需要根据时代背景和具体发展条件进行动态解读，新旧动能转换是新动能和旧动能更迭的过程，是先进生产力替代落后生产力的过程，是外延式发展模式向内涵式发展模式转变的过程。立足于新时代，我们可以把新动能理解为：改革开放和体制创新、技术创新、产业的结构转换和产业升级。新旧动能转换的基本内涵是，加快培育壮大新动能、改造提升传统动能，发展以新技术、新产业、新业态、新模式为代表的新经济，实现新旧动能的接续转换，保持经济持续稳定健康发展。当然，新旧动能转换不仅仅是技术层面的转换，更重要的是思想观念的转换、制度模式的转换。

第二，引导学生讨论，山东建设新旧动能转换综合试验区的时代背景和重要意义是什么。此环节教师可做适当回应：经济发展质量主要取决于经济发展动能的质量。我国经济已由高速增长阶段转向高质量发展阶段，只有经济发展动能真正实现历史性转换，中国经济的发展质量才能真正高起来，加快推动新旧动能转换已然成为一道时代必考题，这为山东建设新旧动能转换综合试验区提供了历史性的窗口机遇期。山东的经济结构与全国相似度高、典型示范性强，加快建设山东新旧动能转换综合试验区，有利于增强山东的经济创新力和竞争力，实现由大到强的战略性转变；有利于培育新增长点、形成新动能，带动北方地区协调发展，为促进南北发展格局优化提供重要支撑；有利于探索完善科技创新、制度创新、开放创新有机统一的推进机制，为全国新旧动能转换提供经验借鉴。

第三，引导学生通过阅读案例文本，把握本案例的叙述逻辑。本案例系统展示了党的十八大以来，山东以壮士断腕的魄力坚决淘汰落后产能，以滚石上山的劲头全力加快新旧动能转换，以凤凰涅槃的决心奋力蹚出高质量发展之路。经过全省上下在新旧动能转换方面持续加力，如今在齐鲁大地上，一批“老树”发新芽、一批“新枝”开新花，供需两端不断涌现出一些新亮点和新增长点，呈现出葳蕤蓬勃的生机活力。除此之外，山东还以不断深化体制机制改革破除新动能发展的障碍，以培育良好产业生态促进高端产业集聚，使经济高质量发展成色更足、可持续发展韧性更强、服务和融入新发展格局路径更宽。

第四，教师在案例教学过程中要注重理论与实践相结合，引导学生把山东新旧动能转换的实践逻辑与经济高质量发展的理论逻辑相结合。使学生认识到，发展理念是发展行动的先导，尤其要注重将山东新旧动能转换的意义分析上升到贯彻新发展理念的高度上来，使得学生在分析案例的同时系统把握习近平经济思想的相关内容，达到以案例促教学的目的。

■ 总结提升建议

第一，实现高质量转型发展是全面建设社会主义现代化国家的首要任务。步入新时代，我国经济已由高速增长阶段转向高质量发展阶段，广大市场主体以坚强韧劲奋力拼搏，经济呈现稳定发展态势，稳中加固、稳中向好。但是，我们也必须清醒地认识到，现阶段我国发展不平衡不充分问题仍然突出，推进高质量发展还有许多卡点瓶颈。山东国有企业占比大、重工业企业数量多；互联网等新兴产业规模较小，缺少具有带动能力的龙头企业。其实，传统产业占比高、质量效益较差、能源资源消耗大、污染排放重等问题，不仅是山东一省的“心头之痛”，也是我国诸多经济大省、工业强省的“发展之殇”，严重制约我国社会主义现代化国家建设。新时代新征程，必须加快推动实现高质量转型发展，在经济上实现质的有效提升和量的合理增长，为全面建成社会主义现代化强国提供坚实的物质技术基础。

第二，开展新旧动能转换是推动经济高质量转型发展的必要举措，意义十分重大。党的二十大报告明确提出，“推动经济社会发展绿色化、低碳化是实现高质量发展的关键环节。加快推动产业结构、能源结构、交通运输结构等调整优化”。加快实现从增量扩能为主转向调整存量与做优增量并存的深度调整、从规模速度型转向质量效率型增长模式，以更高质量的生产要素、生产方式、生产能力积累新动能，推动新旧动能转换，既是重大机遇，也是重大挑战，更是重大责任。近年来，山东开展新旧动能转换成效显著。在改善旧动能方面，山东坚决淘汰落后产能，以智能化、数字化、绿色化方向为着力点提振传统产能。在发展新动能方面，山东大力促进技术攻关、产业升级，以“四新”经济和“十强”产业为抓手发展新兴产业，以深化体制机制改革破除发展障碍，极大地推动了经济的高质量转型。山东的新旧动能转换是全国新旧动能转换的“样板间”，同时也充分彰显着这项工作对于推动经济高质量转型发展的重大意义。

第三，创新是新时代的主旋律，是新旧动能转换的出发点和落脚点，是引领高质量发展的第一动力。习近平在党的十八届五中全会上提出的创新、协调、绿色、开放、共享“五大发展理念”，把创新提到首要位置，指明了我国发展的方向和要求，代表了当今世界发展潮流，体现了我们党认识把握发展规律的深化。山东以创新发展理念为引领，大力挺进数字变革“新蓝海”，精心培育集聚高端产业、催生企业创新的深厚“土壤”……创新如引擎，带动了各项事业的高质量发展。实践充分证明，创新是引领新旧动能转换的主导力量，唯有因地制宜探索构建支持全面创新的体制机制，才能最大限度释放全社会的生机与活力，为实现高质量发展提供源源不断的内生动力。

■ 启示意义

发展理念是否对头，从根本上决定着发展成效乃至成败。在全面建设社会主义现代化国家新征程上推动经济高质量转型发展，没有固定模式可借鉴，很多情形下都是“摸着石头过河”，这就要求我们必须掌握科学的方法论，才能少走弯路、行稳致远。发展理念是发展行动的先导，是管全局、管方向、管长远的东西，是发展思路、发展方向、发展着力点的集中体现，是指导实践的科学方法论。立足于新时代，唯有坚定不移贯彻新发展理念，才能锚定前进方向，蹚出高质量发展的新路子、好路子。在推动实现高质量发展的实践中，越是面对各种不确定因素的艰难挑战，就越是要坚定不移贯彻新发展理念，用中国化时代化的马克思主义世界观和方法论指导我们的发展实践。

案例
7

探索高质量转型发展的“贾汪模式”

核心阅读

曾经的贾汪，因矿设区、因煤而兴，却也因煤而困。长期的大量开采，让贾汪这座“百年煤城”满目疮痍，“一城煤灰半城土”曾是这里的真实写照。2011 年，徐州市贾汪区被界定为全国 69 个资源枯竭城区之一，也是江苏省唯一的资源枯竭城区。发轫于现实之痛，顺乎于时代之变。党的十八大以来，贾汪坚决贯彻新发展理念，加快推动新旧动能转换，以生态转型为引领，统筹推进社会、文化和经济转型。进入新时代以来，贾汪实现了高质量转型发展，曾经满目疮痍的“煤城”多次获评国家全域旅游示范区、“绿水青山就是金山银山”实践创新基地，开创了资源枯竭型地区探索高质量转型发展的“贾汪模式”。

贾汪区位于江苏省徐州市，区域面积 612 平方千米，人口 50 多万，素有“百年煤城”之称。自 1882 年掘井建矿，累计出产原煤达 3.6 亿吨。煤，曾给贾汪带来经济增长的荣耀，可也带来了天灰、地陷、房裂、山秃、水黑……长期高强度的煤炭开采，让贾汪形成了区域内塌陷面积最大、塌陷情况最严重的采煤塌陷地，留下了 13.23 万亩的采煤沉陷区、283 座裸露荒山。发轫于现实之痛，顺乎于时代之变。为彻底改变“一城煤灰半城土”的面貌，重塑遗失百年的绿水青山，贾汪不断完善生态文明领域统筹协调机制，以经济社会发展全面绿色转型为引领，统筹推进社会、文化和经济转型。短短十年间，贾汪实现了高质量转型发展——加速推动新旧动能转换，曾经满目疮痍的“煤城”荣获国家全域旅游示范区、全国农业和乡村休闲旅游示范区等称号，打造了资源枯竭型地区探索高质量转型发展的全国“样板间”。

镜头一：“煤海”变“花海”

碧波荡漾、水映池杉，潘安古镇，古色古香……如今的贾汪潘安湖湿地公园已成淮海经济区当之无愧的网红打卡地，每年吸引数以百万计的国内外游客前来游览。“水韵马庄”“书香小吴”“印象四清”“田园磨石塘”……结合山水地貌，贾汪打造了 10 个示范景点及农谷大道等示范线路，形成“一村一景”“一村一韵”的独特画卷。此外，以煤矿元素为符号，一座集工业历史景观、科技博览、文创商业、运动休闲为一体的煤矿遗址创意园，正在如火如荼地建设中，未来将成为资源枯竭城区转型发展的亮丽名片。作为文化和旅游部公布的首批国家全域旅游示范区，贾汪612平方千米的土地上，汇聚了4A级景区3家、3A级景区2家、2A级景区4家、省自驾游基地2家、省四星级乡村旅游点7家、省三星级乡村旅游点20家……贾汪走出了一条具有贾汪特色的文旅产业发展之路，形成了核心景区引领、次级景区配套、乡村旅游串联的产业体系。“全域旅游、贾汪真旺”成为贾汪的黄金名片，贾汪已从“煤城”变成了徐州名副其实的“后花园”。

镜头二：从“矿竭人去”到“贾汪真旺”

过去提到贾汪，很多人直摇头，不要说吸引人才，连很多本地人都搬离了家乡，贾汪一度成为“矿竭人去”的“空城”。为了改变“人丁不旺”的困境，贾汪把解决历史遗留问题与全面提高城乡居民生活质量结合起来，坚持再穷不能穷民生的基本原则。针对贾汪煤矿关闭后民生保障欠账多、煤矿失业工人就业安置任务重等突出矛盾，贾汪把就业作为民生之本，切实加强失业矿工技能培训。

同时，为了补齐拉平与徐州主城区城镇医疗保障和社会保障差距，贾汪在全省率先推行失地农民保障机制，创新实施“社会主义大家庭”集中托养农村弱势群体模式，矿区居民享受到了和主城区一样的同城待遇。贾汪扎实推进棚户区改造，确保能够全面消灭棚户区。贾汪教育医疗等公共服务显著改善，进一步推进紧密型县域医共体建设，推动形成基层首诊、双向转诊，急慢分治、上下联动的分级诊疗模式，使优质医疗资源不断下沉，让群众有更多的健康获得感。截至2023年末，394家企业与全区849名困境儿童结亲帮扶，让全区困境儿童实现健康快乐成长。辖区办学条件显著改善，孩子们不仅有学上，更能上好学。居民的获得感、幸福感显著增强。

民生有保障，人丁自然就会兴旺起来。

袁起，是江苏徐州贾汪区的一位“新农人”，2006年大学毕业后回乡流转土地，种甘薯、做研发，利用互联网开拓市场。2023年年底，他被农业农村部评为全国农村创业创新优秀带头人。在贾汪，像袁起这样有知识、懂技术、会经营的新型职业农民正集聚成势。他们立足于家乡土地，用好乡村资源，在乡村振兴的舞台上各显其能。

镜头三：“文明兴，区域兴”

放眼贾汪，群众精神面貌焕然一新，全区先后组建了“百人锣鼓队”“民俗表演团”等百余支群众文化队伍，自编自导自演节目，通过故事、快板、琴书、歌曲等让党的理论和路线方针政策“飞入寻常百姓家”。

“贴近群众需求，在服务群众中凝聚和引领群众”，是贾汪新时代文明实践工作的核心理念。贾汪将服务前移到“百姓最需要的地方”，通过广泛征求群众意愿，精准满足群众需求，推动新时代文明实践向基层延伸。“在这里剪头是免费的，真方便。”马庄真旺村村民满心欢喜，村里的“马庄香包小院”成为“新时代文明实践点”后，不仅教妇女缝制香包，还为村民提供义务理发、洗衣等服务，实践点棋牌室内空调、桌椅、茶水等一应俱全。

贾汪以乡村治理体系和治理能力现代化为靶，积极探索“党建引领、德治教化、自治强基、法治保障、智治支撑”的“五位一体”社会治理创新之路，为推动贾汪乡村振兴和高质量发展提供保障。其中，基层社会治理直接面对群众，强化党建引领是保障。贾汪以社会文明程度和治理效能双提升行动作为社会基层治理的行动准则，扎实推动党建引领基层治理工作走深走实。为打通联系服务群众的“最后一公里”，贾汪坚持党建引领城市基层治理，打通城市基层治理“毛细血管”，画出最大同心圆。截至2024年上半年，全区共配备专职网格员187名、微网格员2 166名，此外，贾汪还制定了《专（兼）职网格员管理办法》，分批次举办“网格长（员）讲网格事”系列培训，进一步提升网格员履职能力和服务水平，切实提升社区群众的获得感、幸福感。

镜头四：“留住绿水青山，也筑金山银山”

贾汪坚定不移贯彻新发展理念，始终抓牢“产业强区”战略，传统产业减量提质，扎实推进五大行业转型升级和布局优化。截至2023年末，累计关停拆除83家企业（规上企业45家），其中拆除钢铁企业6家、焦化企业5家、热电企业2家、化工企业24家、砖瓦粉磨企业46家。削减焦炭产能580万吨、煤炭消耗700万吨，退出炼铁产能407万吨、炼钢产能336万吨。如今的贾汪，荒废的井架飞轮、锈蚀的火车机头、空荡的井下巷道，已经被智能化的机械臂、流水线上的电子芯片、现代化的厂房所取代。建立在这座老工业基地之上的高端装备与智能制造产业链，正向人们诉说着贾汪产业发展的未来。

高端装备与智能制造产业方面，贾汪坚持创新引领，以信息化、智能化手段改造提升传统机械装备产业，促进人工智能与机械领域深度融合，引导企业开展自动化车间和智能工厂试点建设，着力培育一批试点示范企业，形成数据驱动、人机协同、跨界融合的智能经济形态。贾汪围绕打造淮海经济区最大新能源乘用车及关键零部件生产制造基地的目标，重点发展新能源乘用车、新能源专用车及汽车配件产业。引导企业实施资源集约战略，加快整合上下游供应产业链。鼓励企业开展产学研合作，布局智能网联、车联网服务、新能源汽车自动驾驶、云服务等产业，力争3年内形成100亿元销售收入新能源汽车产业规模。

创新是企业生存和发展的灵魂。贾汪注重推进产业转型，提升产业发展的科技含量，积极帮助企业“借脑”“引智”，推动企业开展自主技术创新、产品和品牌创新，加快具有自主产权的技术研发。贾汪的产业和企业发展已经驶入快车道。2023年，贾汪完成地区生产总值448亿元，增速处于徐州全市第一方阵。跑得更快，“含金量”亦高：贾汪作为转型成效突出的地方，连续三年受到国务院督查激励、连续四年获得国家发展改革委绩效考评优秀等次，产业转型模式入选全国首批典型案例。

思考讨论

1. 结合案例思考，“贾汪模式”的内涵和实质是什么？
2. 你认为，贾汪探索高质量转型发展的历史背景是什么？意义何在？
3. “贾汪模式”为其他资源枯竭型地区的转型发展提供了哪些启示？

教学建议

本案例主要适用于第六章第一节“完整、准确、全面贯彻新发展理念”部分的辅助教学。本案例主要展示了徐州市贾汪区深入贯彻落实新发展理念，通过探索“生态立区、民生旺区、文明兴区、产业强区”的转型新路，奋力实现经济社会高质量发展的生动实践。

组织教学建议

第一，在开展案例教学前，教师应引导学生对资源枯竭型地区的特征及转型困境进行分析和把握。一般来说，以本地区矿产等自然资源开采、加工为主导产业的地区被称为资源型地区。资源型地区由于过度依赖资源开发，往往存在产业结构单一，高能耗、高污染产业占比较高等问题。部分资源型地区开发强度过大、资源综合利用水平低，往往按照“先生产—后生活”的模式来进行治理。与此同时，资源型地区大多由矿区发展而来，地区功能单一，基础设施较为落后，公共服务功能大量缺失。当矿产资源开发面临衰退或枯竭时，资源型地区便会转变成资源枯竭型地区。由于资源型地区固有的特征，当区域内资源濒临枯竭后，直接受影响的是以资源开采和加工为主导的支柱产业，过于单一的产业结构很难在短期内进行转型。资源的过度开发还会遗留一系列环境和民生问题，如采煤塌陷区的治理、水污染的治理、矿业职工的再就业、塌陷区内村庄的搬迁、失地农民的安置、棚户区的改造等，给地方政府带来高昂的转型成本。此外，资源型地区通常依托工矿区布置相关居住、公共服务设施，地区空间围绕矿区、从属产业和家属职工区延伸拓展，往往形成较为分散的空间结构，各片区联系较少，每个相对独立的片区配套设施不完善……总之，资源枯竭型地区的转型会面临生态、社会、文化和经济等多重挑战。

第二，教师要引导学生理清本案例的叙述逻辑，进而对“贾汪模式”的内涵和实质进行总体把握。“贾汪模式”是指以生态转型带动产业转型、城市转型、社会转型，进而推动资源枯竭型地区实现经济社会高质量转型的发展方式。“贾汪模式”本质上是贯彻落实新发展理念的应然举措，是新时代我国转变经济发展方式的生动实践，开创了资源枯竭型地区经济高质量转型发展的新形态。

第三，在案例教学和讨论过程中，教师要引导学生深刻理解贾汪探索高质量转型发展的历史背景和重大意义。党的十八大以来，以习近平同志为核心的党中央着眼于我国发展阶段、发展环境、发展条件变化，指出我国经济已由高速增长阶段转向高质量发展阶段。面对增长速度换挡期、结构调整阵痛期、前期刺激政策消化期“三期叠加”的复杂局面，推动实现经济高质量发展，加快转变经济发展方式、调整经济结构对于新时代的中国意义巨大，这为贾汪探索高质量转型发展提供了历史性机遇。总体来看，实现高质量转型发展，是贾汪迈向高质量发展的必然要求、矫治不平衡不充分发展问题的重要举措、推动生态文明建设的内在需要、促进社会全面和谐稳定的重要环节。

总结提升建议

第一，实现高质量转型发展，要坚持走生态保护、绿色发展之路。习近平指出，“中国将生态文明理念和生态文明建设写入《中华人民共和国宪法》，纳入中国特色社会主义总体布局。中国以生态文明思想为指导，贯彻新发展理念，以经济社会发展全面绿色转型为引领，以能源绿色低碳发展为关键，坚持走生态优先、绿色低碳的发展道路”。贾汪在资源枯竭、环境恶化的情况下坚持贯彻落实绿色发展理念，把“生态立区”作为推动高质量发展的“战略工程”，实现了从“煤城”到“花海”的华丽转身，走出一条生产发展、生活富裕、生态良好的成功之路。贾汪的创新实践表明，生态环境不仅是宝贵的自然资源，更是经济和社会发展的重要动力，恢复绿水青山就是再造金山银山。生态环境保护是将绿水青山变成金山银山的重要举措，是推动经济转型升级的重要动能，是造福百姓实现脱贫致富的重要路径，也是实现高质量发展的重要抓手。

第二，实现高质量转型发展，必须着力保障民生、改善民生，增进民生福祉。党的二十大报告强调，必须坚持在发展中保障和改善民生，鼓励共同奋斗创造美好生活，不断实现人民对美好生活的向往。贾汪坚持“民生旺区”发展思路，下大力气推进城区建设和棚户区改造工程，全面加强城市功能区和市政公用设施建设，实现了从“矿竭人去”到“贾汪真旺”。贾汪的实践表明，高质量发展的首要工程是民生工程，唯有通过营造宜居宜业的环境吸引人、留住人，方能不断积蓄推动高质量转型发展的内生动力。

第三，实现高质量转型发展，必须坚持物质文明和精神文明两手抓。2017 年习近平在贾汪马庄村考察时指出，农村精神文明建设很重要，物质变精神、精神变物质是辩证法的观点。贾汪认真贯彻习近平总书记重要指示精神，深入实施“文明兴区”战略，把新时代文明实践中心建设融入全区经济社会发展大局。在转型升级的同时，贾汪不断完善社区治理体系建设，通过打造以党建为引领、德治为先导、自治为基础、法治为保障、智治为支撑的“五位一体”城乡社区治理模式，打造出新时代“文明兴区”的样本。实践表明，营造治理有效、文明和谐、幸福平安的区域环境，是实现高质量转型发展的重要基础。

第四，创新是引领经济发展的第一动力，是转变经济发展方式、调整经济结构的“牛鼻子”。立足于新发展阶段，转变经济发展方式，加快从资源依赖型的粗放式发展中走出来，必须紧紧依靠创新驱动、科技进步。贾汪大力探索传统资源依赖产业的转型路径，以创新引领推动产业智能化、提升产业科技含量，引领产业基础高级化、产业链现代化，主动将自身融入淮海经济区乃至全省全国开放发展的大局之中，在构建新发展格局中统筹推进“产业强区”。“贾汪模式”提醒我们，必须把创新摆在经济发展方式转变的重要位置，依靠创新打造产业发展新动能，坚决摆脱对产业资源的单一依赖，方能在高质量转型的发展道路上走稳走远。

■ 启示意义

发展理念是发展行动的先导，推动实现高质量转型发展，必须高举新发展理念的“指挥棒”，因时制宜、因地制宜地蹚出符合自身发展规律的转型之路。当前，我国诸多资源型地区的转型发展已经取得了阶段性成果，产生了包括“贾汪模式”在内的诸多成功样板。但是，我们也必须清醒地认识到，世界上没有任何经验和模板是万能的，必须用全面的、联系的、发展的辩证思维来认识、看待和处理问题。当前，高质量转型发展仍处于爬坡过坎的关键阶段，推动这项工作向纵深发展，必须在科学的认识论和方法论的指引下实事求是、与时俱进地分析问题和解决问题。新发展理念是“以大势为导向”的认识论，着眼于由追求增长速度转变为提高质量和效益、由更多依靠要素驱动转变为更多依靠创新驱动，是发展目标指向和价值理念的重大变革。新发展理念又是“以问题为导向”的方法论，为如何转换发展动能、如何化解发展矛盾、如何保护发展环境、如何拓展发展格局、如何分好发展成果提供了科学的战略指引。实践告诉我们，坚决贯彻新发展理念，充分借鉴先行地区的发展经验，因时制宜、因地制宜地蹚出符合自身发展规律的转型之路，才是实现高质量转型发展的根本之道。

案例 8

鄂尔多斯：浩渺“煤海”变“绿城”

核心阅读

曾经，一句“鄂尔多斯温暖全世界”的广告语，让人们记住了鄂尔多斯这座城市。全世界四分之一的羊绒制品产自这里，煤炭保有资源储量约占全国的六分之一，天然气探明储量约占全国的三分之一。但“挖煤卖煤、挖土卖土”的粗放式经济，也让鄂尔多斯的生态环境背上了沉重的包袱。如何实现转变，以什么方式崛起，成为困扰鄂尔多斯的时代发展之问。古老，是她的过去；年轻，是她的现在。步入新时代，鄂尔多斯坚决贯彻落实新发展理念，加快探索产业结构转型升级新路径，从“对标先进”到“追赶超越”，从“走好新路子、建设先行区”，到持续当好全区经济发展“稳”的压舱石、“进”的排头兵。2022 年，鄂尔多斯上榜全国产业转型升级示范区建设优秀城市，一幅追风逐日的绿色转型画卷正在广袤的大草原上徐徐展开。

地处祖国北部的鄂尔多斯市同共和国其他的土地一样，既古老，又年轻。被黄河“几”字弯所环绕着的鄂尔多斯，土地面积 8.7 万平方千米，煤炭保有资源储量约占全国的六分之一、内蒙古的二分之一。天然气探明储量约占全国的三分之一。但“挖煤卖煤、挖土卖土”的粗放式经济，也让鄂尔多斯人背上沉重的发展包袱。在能耗双控和“双碳”目标的刚性约束下，鄂尔多斯有一批超千亿元的大项目迟迟不能落地，一批化工项目由于能耗指标未落实而难以按期投产。

古老，是她的过去；年轻，是她的现在。站在新的起点上，耳畔响起的是时代的战鼓，是前进的号角！鄂尔多斯大地聚焦于习近平提出的“两个屏障”“两个基地”“一个桥头堡”的战略定位，立足新发展阶段、贯彻新发展理念、构建新发展格局，描绘出“走好新路子、建设先行区，奋力开创现代化鄂尔多斯建设美好未来”的锦绣蓝图。这座崛起于荒漠之上的新城，用绿色发展回答了地区高质量发展的时代之问。

镜头一：老树发新芽

鄂尔多斯拥有同类型城市中少有的资源禀赋，煤炭、天然气探明储量分别约占全国的六分之一、三分之一，风能、太阳能开发潜力在 1.4 亿千瓦以上。较低的土地开发强度适宜重大项目建设，且还有大量沙地、沙漠、采煤沉陷区等适合新能源大规模高比例开发区域。

鄂尔多斯以绿色发展理念为引领，牢记探索资源型地区转型发展新路径的使命，将因地制宜放在突出位置，发挥在能源资源领域的长板优势，以强育新，打造“四个世界级产业”，即做大做强能源、现代煤化工、新能源装备制造、羊绒四个优势产业，优化经济结构，转变发展方式。

以煤化工为例，鄂尔多斯依托自身丰富的煤炭资源，加快向产业链下游延伸，力争将每一块煤“吃干榨净”。中天合创能源有限责任公司以煤为原料生产制备出聚乙烯、聚丙烯等材料，可满足农业、家电等下游市场所需。同时，还利用鄂尔多斯丰富的风光资源制备氢气，从而减少煤化工生产过程中的二氧化碳排放，进一步节能减排、降本增效。

今天的鄂尔多斯正打造国家现代煤化工产业示范基地核心区，抓好汇能卓正、宝丰、中煤等千亿级项目落地；加快建设全国现代煤化工创新技术中试基地，打造从一块煤到一滴油、一束丝、一匹布的完整产业链。

镜头二：新树开新花

“家里有矿”的鄂尔多斯，正在努力跳脱资源禀赋的“舒适区”，加快产业转型升级，进一步锻造高质量发展的“钢筋铁骨”。作为国家现代煤化工产业示范区、全国产业转型升级示范区建设优秀城市，鄂尔多斯坚持围绕“双碳”目标为绿色转型“开疆辟土”，紧抓黄河流域生态保护和高质量发展国家战略带来的发展机遇，重磅推出了《支持产业集群发展若干政策》《国有资本支持风光氢储产业的指导意见》等一系列利好政策，引进一批基地型、规模型绿色产业链项目，推动新能源产业“风光氢储车”全链条发展，打造千亿产业集群、千亿有效投资、千亿实力旗区、千亿产值园区。

在蒙苏经济开发区，一座致力于“零碳”目标的产业园已初具雏形。园区80％的能源直接来自风电、光伏和储能，另外20％的能源通过电网回购绿电，从而实现100％的零碳能源供给。园区基于“新型电力系统”、“零碳数字操作系统”和“绿色新工业集群”三大创新支柱而打造，“北方地区最大的动力电池超级工厂、国内最大的单体太阳能工厂、全国最大的绿氢生产输出基地和燃料电池重卡应用基地”，已成为产业园对外展示的三张“金名片”。

依托全球风电装机量排名前列的远景能源、全球光伏组件出货量排名前列的隆基绿能等行业领军企业，园区已形成由光伏装备、储能电池、新能源汽车等多条新能源产业链构成的产业集群。伊金霍洛旗打造的“绿色矿山新能源综合开发先行示范区”一期1.2吉瓦光伏项目雏形已现。已经建成的天骄绿能50万千瓦采煤沉陷区生态治理光伏发电示范项目，一年可发电9亿千瓦时。紧随其后，还有纳林陶亥镇北区15万千瓦项目、纳林陶亥镇南区35万千瓦项目和札萨克镇20万千瓦项目。制造业加速向“非煤化”转型。2023年，鄂尔多斯新能源投资同比增长265.7％，新能源装备制造行业增加值同比增长70.8％，其中，风能、光伏发电装备制造业增加值同比增长68.9％。

镜头三：厚植“心”沃土

鄂尔多斯聚焦于打造全国一流营商环境，以经营主体和社会公众满意为目标，着力提升为企服务水平，激发企业创新创业活力，全力打造政策最贴心、办事最省心、投资最安心、服务最暖心、生活最舒心的“暖城·五心”营商环境品牌。围绕“四个聚焦”，坚持“重商”“亲商”“兴商”“安商”，让各类经营主体如鱼得水、如鸟归林，以全方位举措促进市场主体活力释放与营商环境持续优化，努力跑出一条持续优化营商环境的“高速路”。

“走好新路子、建设先行区”，实现全面绿色转型，必须有一个良好的营商环境。鄂尔多斯以“服务链”为杠杆，对标先进地区、耦合产业布局，下好“放管服”、减税降费、金融支持等纾困“一盘棋”，特别是出台了优化营商环境500条，制定了《鄂尔多斯市贯彻落实国务院和内蒙古自治区扎实稳住经济一揽子政策措施实施方案》，助力营商环境实现“优倍加”。

鄂尔多斯在全自治区首创“区域评估＋用地清单制＋标准地＋拿地即开工”模式，有力支撑重大项目建设，新能源装备制造项目从签约到开工用时缩短至1个月；率先在自治区推行“远程异地评标”“不见面开标”，截至2023年，已为4 900多个标段、9.3万多家经营主体节约交易成本3.7亿元；重大项目52个审批事项全过程代办帮办，最快45天办结；搭建重大项目实时调度推进平台、绿色低碳发展数字平台、营商环境工作任务调度平台；推行重大项目领导包联、前期手续部门包联、重大项目集中联动审批，开展前置式服务、集成式服务和全周期服务……鄂尔多斯精准发力，通过税费成本的“减法”换取企业效益的“加法”和市场活力的“乘法”；通过从纾困和培优两方面着手，协同打通上下游的堵点、卡点、痛点，让“专精特新”的市场主体韧性更强、内力更足；“授人以鱼”的同时“授人以渔”，帮助企业增强“造血能力”……

2023年，鄂尔多斯472个重点项目完成投资1 544亿元，制造业、新能源产业、高技术产业投资分别增长174.5%、265.7%和158%。扎实亮眼的数据背后是鄂尔多斯不断优化的营商环境，是“城”与“诚”相互助力发展的真实写照。

思考讨论

1. 结合案例谈谈，作为典型的资源型城市，鄂尔多斯是如何摆脱“挖煤卖煤、挖土卖土”的粗放式经济发展模式的？其进行了怎样的实践探索、取得了哪些成就？
2. 你认为鄂尔多斯能够实现产业结构绿色转型的关键是什么？
3. 鄂尔多斯为其他地区的绿色转型发展提供了何种启示？

教学建议

本案例主要适用于第六章第一节“完整、准确、全面贯彻新发展理念”部分的辅助教学。本案例主要展示了鄂尔多斯秉持绿色发展理念，加快推动绿色新兴产业发展，用心打造优质营商环境，推动实现经济高质量转型发展的生动实践。

组织教学建议

第一，在开展案例教学前，教师应引导学生对传统产业绿色转型的内涵及其重要意义进行分析。促进经济社会发展全面绿色转型是解决资源环境生态问题的基础之策，旨在坚持全面转型、协同转型、创新转型、安全转型，以“双碳”工作为引领，协同推进降碳、减污、扩绿、增长，把绿色发展理念贯穿于经济社会发展全过程各方面。高质量发展是全面建设社会主义现代化国家的首要任务，推动经济社会发展绿色化、低碳化是实现高质量发展的关键环节。长期以来，我国在资源环境保护方面采取的是末端治理的模式，但随着末端治理的效果不断递减，必须完整、准确、全面贯彻新发展理念，从源头和全过程寻求系统解决方案，推动经济社会发展绿色化、低碳化，加快形成绿色生产方式和生活方式，这有利于逐步实现高资源利用效率、低污染排放和净零碳排放，助力社会主义现代化建设。

第二，教师要引导学生理清本案例的叙述逻辑，把握鄂尔多斯进行绿色转型发展的具体做法和实践成就。鄂尔多斯将因地制宜放在突出位置，发挥在能源资源领域的长板优势，以强育新，优化经济结构、转变发展方式；牢记探索资源型地区转型发展新路径的使命，在资源型产业成长期，着眼未来、主动求变，跨周期谋划产业转型，以能源结构调整带动产业结构转型；抓好政策优化、政策落实、政策兑现，将政策力度转化为市场主体“体感温度”，打造更高水平的营商环境高地。概言之，鄂尔多斯以“生态优先，绿色发展”为引领，积极推动产业绿色转型，以“双碳”目标倒逼结构调整、以能源转型带动产业转型、以新兴产业发展引领动能转换、以服务业升级优化产业体系、培育现代化鄂尔多斯建设的主力引擎。

第三，在案例教学和讨论过程中，教师要引导学生理解鄂尔多斯实现经济社会高质量发展的关键在于始终坚持以绿色发展理念为引领。理念是行动的先导，一定的发展实践都是由一定的发展理念来引领的。发展理念是否对头，从根本上决定着发展成效乃至成败。进入新时代以来，中国坚持绿色发展理念，坚定不移走生态优先、绿色发展之路，促进经济社会发展全面绿色转型，创造了举世瞩目的生态奇迹和绿色发展奇迹，美丽中国建设迈出重大步伐。绿色是鄂尔多斯的鲜明底色，生态是鄂尔多斯的隐形财富。多年来，鄂尔多斯正是在“绿水青山就是金山银山”理念的指引下，因地制宜、以强育新，走出了一条生产发展、生活富裕、生态良好的文明发展道路。

总结提升建议

第一，绿色发展理念是新发展理念的重要组成部分，决定着中国式现代化发展的成色。习近平指出，新时代抓发展，必须更加突出发展理念，坚定不移贯彻创新、协调、绿色、开放、共享的新发展理念。绿色发展理念作为新发展理念的重要组成部分，其以人与自然的和谐共生为价值取向、以绿色低碳循环为主要原则、以生态文明建设为基本抓手，最终实现经济社会发展和生态环境保护的协调统一。绿色发展理念不但是构建现代化经济体系的必然要求，也是对传统发展理念和思路的历史性创新。作为传统资源依赖型城市，鄂尔多斯曾因资源枯竭，导致大量矿井关闭、人口外流、城市发展停滞。在绿色发展理念的指引下，鄂尔多斯找到了现代化转型发展之“钥”，不断培育新质生产力、增强发展新动能、构筑发展新优势，让“煤海”泛起“绿波”。实践表明，想要实现现代化，高消耗、高污染的发展模式是行不通的，资源环境的压力也是不可承受的。只有坚持绿色发展，走生产发展、生活富裕、生态良好的文明发展道路，才能有效破解中国式现代化道路上面临的资源环境硬约束，为实现中华民族伟大复兴中国梦打造坚实的生态根基。

第二，贯彻落实新发展理念，推动绿色转型发展，必须发挥优势产业的主导力。“双碳”背景下实现经济高质量发展要求，以绿色低碳推进存量升级、以高端示范引领增量转型，加快构筑多能互补、多业并进、多点支撑、多元发展的产业发展格局，加速产业融合。以绿色转型引领优势产业升级改造，不仅可以帮助传统产业摆脱低附加值、低收益的困境，也可以为新兴产业提供巨大的市场空间，提高综合竞争力。鄂尔多斯依煤而建、依煤而兴，经过长期发展形成了以煤化工、冶金、建材等传统产业为主的制造业结构。但传统产业不等于落后产业，发展新兴产业也不意味着对传统产业的简单替代；新兴产业往往脱胎于传统产业，新兴产业的发展离不开传统产业作为基础。因此，鄂尔多斯将因地制宜放在突出位置，发挥在能源资源领域的长板优势，以强育新，打造“四个世界级产业”，即做大做强能源、现代煤化工、新能源装备制造、羊绒四个优势产业，优化经济结构、转变发展方式，在充分发挥原有产业优势的基础上，焕发出了新的生机。

第三，贯彻落实新发展理念，推动绿色转型发展，必须激活创新驱动的内生动力。回顾历史，每一次技术革命都蕴藏着发展的机遇，那些通过创新占得先机的国家，最终都实现了经济腾飞。在推动绿色转型发展的过程中，鄂尔多斯积极进行探索，始终坚持把科技创新摆在发展全局核心位置，以科技创新培育新质生产力，推动传统能源产业转型升级；大力发展绿色能源，做大做强国家重要能源基地，带动产业能级全面迈向世界级，推动产业全面高质量发展，为实现绿色转型发展积蓄了强大的内生动力。实现绿色低碳高质量发展，科技创新是关键，必须坚持创新驱动，推进高水平科技自立自强，促进信息技术与传统行业深度融合，构建市场导向的绿色技术创新体系，为绿色低碳发展打牢坚实的技术基础。

第四，贯彻落实新发展理念，推动绿色转型发展，必须强化制度建设的保障力。实现绿色发展，关键是要围绕关键环节，以体制机制改革为抓手，既要发挥政府“集中力量办大事”的作用，又要依靠市场激发广大人民群众的智慧和活力，共同推动我国经济实现高质量发展。近年来，鄂尔多斯全力推进打造一流营商环境工作，持续优化企业服务保障，为企业提供“一条龙”的政策支持和服务保障，让“暖城·五心”营商环境的品牌效益在鄂尔多斯商务领域得到进一步彰显，为绿色高质量发展注入源源不断的动力。建立一流的营商环境，就是要以新型政商关系为纽带构架起政府与企业间的桥梁，明晰政府与市场的边界，通过“援助之手”为企业构建公平、法治的优越市场环境。

■ 启示意义

推动传统产业的绿色转型发展，必须坚持因地制宜的辩证法。因地制宜是推动产业绿色发展的关键原则，它强调根据各地的资源禀赋、产业基础、科研条件等实际情况，有选择地推动新产业、新模式、新动能的发展，用新技术改造提升传统产业，积极促进产业高端化、智能化、绿色化。这一原则体现了实事求是的思想方法和工作方法，强调发展的特殊性、自主性，同时也强调发展的协调性、平衡性和灵活性。鄂尔多斯坚持先立后破、统筹兼顾、与时俱进，因地制宜推动产业的绿色转型发展，为实现经济高质量发展提供了有益借鉴。通过因地制宜的发展策略，可以更好地集聚优势资源推动科技创新，打造符合地方经济社会发展实际的新业态新模式，为推动区域高质量发展、培育经济新动能和把握科技革命新机遇提供重要支撑。

案例 9

徐州突围：打一场绿色转型发展的新“淮海战役”

核心阅读

2017 年 12 月，习近平在党的十九大后首次地方视察来到徐州，对徐州转型发展实践给予了充分肯定。习近平指出，资源枯竭地区经济转型发展是一篇大文章，实践证明这篇文章完全可以做好，关键是要贯彻新发展理念，坚定不移走生产发展、生活富裕、生态良好的文明发展道路。徐州牢记党中央嘱托，打响了生态之战、产业之战、城市之战。2022 年 7 月，国务院同意徐州市建设国家可持续发展议程创新示范区。从老工业基地到国家产业转型升级示范区、从资源型城市到区域中心城市、从“一城煤灰半城土”到“一城青山半城湖”，徐州走出了一条城市资源高效利用、生态保护绿色发展、科技赋能高质量经济建设、高质量民生发展的道路。一场绿色转型发展的新“淮海战役”正在这片红色的土地上打响。

70 多年前，创造以少胜多奇迹的淮海战役在以江苏徐州为中心的广袤大地上打响，为解放全中国奠定了坚实的基础。70 多年后，一场绿色转型发展的新“淮海战役”正在这片红色的土地上打响：从习近平点赞的“贾汪，真旺”到荣获联合国人居环境奖、从建设国家可持续发展议程创新示范区到厚植新质生产力“绿色沃土”，徐州取得了一个又一个阶段性胜利。

胜利来之不易，徐州不会忘记那些不堪重负的日子。

曾经，徐州被煤灰和烟尘笼罩，作为江苏省唯一的煤炭生产基地，煤炭是当地的支柱和基础产业。徐州的矿区分别位于铜山区、贾汪区和沛县境内。其中贾汪区又是最重要的煤炭基地，从 1882 年掘井建矿起，累计出产 3.6 亿吨原煤，为江苏省乃至全国的经济发展作出了重要贡献，最多时有 250 多座煤矿。“天空灰蒙蒙，路上黑乎乎，到处脏兮兮”“麻雀从贾汪飞过都能变成乌鸦”“土是黑的，雨是黑的，就连雪，也是黑的”……曾经的贾汪，生态环境恶劣，土地满目疮痍。长年的煤炭开采给贾汪留下了 13.23 万亩的采煤沉陷区，占全区耕地面积的 28%。除了黑色的环境，让人不堪重负的还有“黑色”的危险。2001 年 7 月 22 日，贾汪区岗子村五副井的一声巨响，带走了 92 条生命。到 2007 年，除了一些质劣或者无法满足开采条件的，能开采的煤炭只剩下2 000多万吨。2011年，贾汪区作为独立工矿区，入列全国第三批资源枯竭城市名单。这座资源型城市和老工业基地，被时代发展的车轮推向十字路口，面临着转变发展方式的历史抉择。痛定思痛，徐州打响了生态之战、产业之战、城市之战。

生态之战：从“一城煤灰半城土”到“一城青山半城湖”

转型发展，首先要解决的问题就是如何跳出逾百年煤炭开采导致的环境“洼地”。在贾汪区，13万多亩塌陷地，成为巨大的城市“伤疤”，是生态宜居地建设必须跨过的坎。其中最难啃的硬骨头，就是潘安湖区域。潘安湖说是湖，其实是一个有着80多年历史的采煤塌陷地，水域面积3 600余亩，平均塌陷深度4米，最深处达19米。经过多轮研究，贾汪最终确定了“基本农田再造、采煤塌陷地复垦、生态环境修复、湿地景观建设”四位一体综合整治思路。整个潘安湖的综合整治花费了20多亿元，对于贾汪区来说，这绝对是个大手笔。争议不是没有，不少人担心这些资金什么时候才能收回来，但贾汪区顶住压力修复城市“伤疤”。2012年10月，潘安湖景区开园，总面积11平方千米，水域面积9.21平方千米，园中有大树16万棵，花卉植被100万平方米，水生植物98万平方米，19个湿地岛屿。

“美颜”之后，湖边的马庄村旅游产业快速兴起，香包、民宿、农家乐、园林绿化……带动500多名村民就业。曾经的挖煤工徐刚，打造了潘安湖婚礼小镇，年接待约10万人次、收入过千万元，吸引了许多外出打工者纷纷回乡从事乡村旅游。贾汪的旅游产业从无到有、由弱到强，荣获国家全域旅游示范区、中国休闲小城、全国休闲旅游示范区等称号。2017年12月，习近平来到贾汪区潘安湖神农码头考察，看到原来的采煤塌陷区经生态修复蝶变成湖阔景美的国家湿地公园，夸赞贾汪转型实践做得好，现在是“真旺”了。他强调，塌陷区要坚持走符合国情的转型发展之路，打造绿水青山，并把绿水青山变成金山银山。

产业之战：从老工业基地到国家产业转型升级示范区

生态修复的同时，徐州的产业转型也加速推进。厂房爆破、矿井封堵，徐州告别了落后产能，至2016年年底，市区境内煤矿悉数关停。同时积极推动钢铁、焦化、水泥、热电、化工五大传统产业布局优化和转型升级。全市18家钢铁企业整合形成3家企业，11家独立焦化厂整合为3家综合焦化企业，62家水泥企业压减至15家，燃煤电厂减少至15家、减少燃煤装机容量75.9万千瓦，化工企业降至70家。

有降也有升。作为这个千万人口大市的“名片”，徐工集团连续33年位居中国工程机械行业第一，并于2021年首次跻身全球前三。仅2021年，徐工集团就突破了78项关键核心技术，新增发明专利111件、授权专利861件、国际专利19件，制定国际标准1项、国家及行业标准16项。以徐工集团为代表的工程机械与智能装备制造产业，集聚了1 800余家工程机械上下游企业，中国工程机械之都的地位进一步巩固。

徐州积极推进因地制宜发展新质生产力的国家战略，厚植新质生产力“绿色沃土”。凭借强大的煤炭、太阳能、风电等能源优势，徐州绿色低碳能源产业发展迅猛，集聚了协鑫科技、弘元绿能、长城蜂巢、中清光伏、徐矿集团、大屯煤电等规上企业300多家，

2023年产值近1 400亿元，增长8.1%。围绕新型能源和“双碳”全产业链开展布局，徐州全力打造国际、国内知名的绿色低碳能源产业综合示范区。已建成先进硅材料制备技术国家级研发平台1家，省晶体硅线切及检测技术工程中心、省多晶硅材料工程技术研究中心等省级研发平台16家，金阳硅业、比亚迪动力电池等一批重量级项目先后落地，以科技创新推动徐州新能源发展的新局面正逐渐展开。

城市之战：从资源型城市到区域中心城市

每天，伴随着水流的潺潺之声，市民们穿梭于山林，呼吸着新鲜的空气，享受着城市喧嚣之外的一份宁静。金龙湖宕口公园不仅成为市民休闲的好去处，也成为外地游客来徐州游玩的重要景点之一。采石宕口的涅槃重生，是徐州推进生态修复的精彩缩影，也是城市生活品质提升的缩影。

2017年6月，国务院批复徐州市城市总体规划，进一步明确了徐州是淮海经济区中心城市的发展定位。按照中心城市的标准，徐州加大基础设施提升、老城区改造、功能性项目建设力度，着力打造活力城市、宜居城市、精品城市，先后完成数千家工矿企业关停和退城进区，通过引导企业将研发设计等留在城区，在腾出的土地上布局商贸、金融等现代服务业，有效避免了城市产业空心化。徐州改造了4 000多万平方米棚户区、整治了600多个老旧小区，实现改善民生、调整结构、提升形象“一举三得”。人居环境不断改善，徐州接连捧回“国家环保模范城市”“全国森林城市”“中国人居环境奖”“全国文明城市”“中国最具幸福感城市”“联合国人居奖”等一系列荣誉奖项。

2022年7月，国务院同意徐州市建设国家可持续发展议程创新示范区。徐州将着力破解可持续发展瓶颈问题，打造新老产业接续发展典范、工矿废弃地综合利用典范和城市生态修复典范，建设成为在全国范围内有影响、有特色的资源枯竭地区中心城市高质量发展典范区。转型发展的新“淮海战役”将继续进行，直至取得最后的胜利。

思考讨论

1. 徐州近些年的转型升级被称为新“淮海战役”的意义何在？这场战役是从哪些方面打响的？

2. 2017年12月，习近平到徐州考察时强调“只有恢复绿水青山，才能使绿水青山变成金山银山”。作为典型的资源枯竭型城市，徐州是如何用生态修复助推经济社会转型发展的？

3. 我国有260多个资源型城市面临着沉重的生态困境和由此导致的社会积弊。徐州的成功转型实践对其他资源枯竭型城市有哪些经验借鉴？

教学建议

本案例主要适用于第六章第一节“完整、准确、全面贯彻新发展理念”部分的辅助教学。本案例主要展示的是典型资源枯竭型城市徐州在绿色发展理念的指引下，通过生态之战、产业之战、城市之战实现由“黑灰”变“青绿”的华丽转身过程，充分彰显了绿色是高质量发展的底色。

■ 组织教学建议

第一，在案例导入环节，要引导学生充分认识徐州作为资源型城市，在长期的煤炭开采过程中“一城煤灰半城土”的历史。徐州煤矿从1882年开采至今已有140余年历史，是国内规模开采最早的煤矿之一。其中，贾汪区更是因煤而兴，“旺”了百年。可这个“旺”不是真“旺”，采煤挖矿、坐地生财的传统粗放式发展最终难以持续，随着资源枯竭、生态恶化，贾汪成了“假旺”。因资源枯竭，城市转型发展势在必行。对于徐州而言，转型发展必须坚持生态优先，要勇于面对多年吃“资源饭”留下的环境欠账，着力修复生态伤疤，并在此基础上培育壮大接续性产业，穿新鞋、走新路。在案例导入中，引导学生认识到本案例在践行绿色发展理念中的特殊性，正是坚定不移践行绿色发展理念，徐州才在资源枯竭之际的转型发展中突围成功。

第二，在案例展示环节，要注意引导学生思考徐州绿色转型发展中的三合一路径，即案例文本中的三场战役：一是生态之战，徐州以“不信蓝天唤不回”的决心和勇气进军荒山、引来绿水、治理大气、整治村庄。二是产业之战，一方面是淘汰落后产能之战，关停煤矿、优化重组高污染高耗能企业；另一方面是产业升级之战，包括擦亮徐州工业名片、引入新能源企业、推动信息化和工业化深度融合。三是城市之战，体现在以“绿色”为底色的城市改造和治理上，彰显绿色发展中以人为本的价值目标。

第三，在讨论环节，既要引导学生思考徐州在绿色转型发展中的积极经验，也要引导学生思考以徐州为代表的资源型城市在长期的开发开采中以环境为代价换取经济增长的反面教训。从积极经验而言，徐州转型发展走出的“生态修复＋”的路子充分诠释了什么是“既要绿水青山，也要金山银山”。绿水青山和金山银山绝不是对立的，关键在人、关键在思路。脱离环境保护搞经济发展是“竭泽而渔”，离开经济发展抓环境保护是“缘木求鱼”，必须两手抓。

从反面教训而言，引导学生从资源枯竭和生态恶化的视角深刻理解“宁要绿水青山，不要金山银山”的内涵。任何以绿水青山去换金山银山的做法，都是不被允许也是不可持续的。一旦环境保护和经济发展发生冲突，必须毫不犹豫地把保护生态环境放在首位，绝不可再走用绿水青山去换金山银山的老路。

■ 总结提升建议

第一，生态兴则文明兴，生态衰则文明衰，生态环境是人类生存和发展的根基，必须站在人与自然和谐共生的高度谋划发展。从历史上看，生态环境变化直接影响地区文明的兴衰更替。世界历史上，许多文明的兴盛无不起源于土地肥沃、雨水丰沛、生态良好的地区，也有许多文明随着自然环境的恶化而消失。正如恩格斯在《自然辩证法》中所描述的：“美索不达米亚、希腊、小亚细亚以及其他各地的居民，为了得到耕地，毁灭了森林，但是他们做梦也想不到，这些地方今天竟因此而成为不毛之地。”2011年，徐州市贾汪区被列入全国第三批资源枯竭城市名单，徐州的生态转型势在必行。正是在顺应规律、尊重规律的基础上，徐州以壮士断腕的勇气将生态文明置于城市发展的首位，打好“生态修复+”这张王牌，在资源型城市必经的生态修复道路上作出了表率。当然，徐州的转型发展还有很长的路要走，只要以绿色发展理念为引领，徐州必将打造出“生态兴则文明兴”的美丽图景。

第二，尊重自然、顺应自然、保护自然，是全面建设社会主义现代化国家的内在要求。社会主义现代化是“既要绿水青山，也要金山银山”的现代化，是人与自然和谐共生的现代化。长期以来，“高投入、高消耗、高排放”和“先污染、后治理”是中国快速推进工业化的主要模式，这不仅使经济自身面临结构失衡、质量与效益不高、竞争力不强等问题，同时也造成了资源耗竭和生态环境恶化。只有解决生态危机才能走向生态文明，而绿色发展就是通往生态文明的道路。绿色发展是发展方式的根本性转变，是发展质量和效益的突破性提升。资源枯竭型地区经济转型发展是一篇大文章，除了下决心、花资金、以绿色创新进行生态修复之外，还要培育壮大替代性产业。徐州现在已构建以装备制造、食品及农副产品加工等6个优势产业为主体，以新能源、新材料、新医药等6个战略性新兴产业为先导的“6+6”现代工业产业新体系。徐工集团是徐州的一张闪亮名片，聚焦工业互联网和智能制造，将新一代信息技术深度融入制造业，在工业互联网+双碳、工业互联网+5G、工业互联网+园区，数字孪生、工业软件、工业视觉、工业大数据、人工智能等关键领域聚力突破，在新一轮科技革命和产业变革中抢占先机。

第三，保护和改善生态环境就是保护和发展生产力。习近平强调：“绿色发展是高质量发展的底色，新质生产力本身就是绿色生产力。必须加快发展方式绿色转型，助力碳达峰碳中和。牢固树立和践行绿水青山就是金山银山的理念，坚定不移走生态优先、绿色发展之路。”绿水青山既是自然财富，又是经济财富。生态文明的发展程度取决于一定的社会物质文明的发展状况并与之相呼应，人类违背自然规律、破坏社会生产力的一切行为和活动方式，都将导致人类生活与生存环境的严重破坏，进而影响社会主义物质文明乃至精神文明的发展进程。徐州践行绿色发展理念，打响了一场转型发展的新“淮海战役”。如今的贾汪，春可滑草、夏可戏水、秋可采摘、冬可滑雪，山水景区成群，尽显楚韵汉风。靠着全域旅游，贾汪区的年旅游人次已突破700万；电动汽车生产线、保税物流园区、农谷大道示范区等生产中心取代了煤矿企业，一个个集装箱沿着京杭大运河和长江运出去，采煤塌陷地复垦出的“菜园子”直通上海“菜篮子”；在未来的徐州市规划中，潘安湖区域将被打造成科教新城，一些大学的主体项目已经竣工。徐州的转型发展充分说明，做到了生态文明的发展，就是做到了生产力的发展；保护了生态和环境，就是保护了社会生产力。

第四，良好生态环境是最普惠的民生福祉。习近平强调，“环境就是民生，青山就是美丽，蓝天也是幸福”，“良好生态环境是最公平的公共产品，是最普惠的民生福祉”，要“让老百姓呼吸上新鲜的空气、喝上干净的水、吃上放心的食物、生活在宜居的环境中、切实感受到经济发展带来的实实在在的环境效益，让中华大地天更蓝、山更绿、水更清、环境更优美，走向生态文明新时代”。把生态和民生紧密联系起来，其核心意蕴在于强调要以生态惠民、绿色利民、健康舒适为价值追求，强调环境保护和生态建设是功在当代、利在千秋的民生大计。中国特色社会主义进入新时代，人民群众对生态环境及生态产品质量等需求也随之发生深刻变化，加强生态文明建设是贯彻新发展理念、推动经济社会高质量发展的必然要求，是坚持以人民为中心的发展思想的生动体现。徐州从“一城煤灰半城土”到“一城青山半城湖”，蕴含的正是良好生态环境是最普惠的民生福祉的价值旨归。

■ 启示意义

加强生态文明建设，是直面时代课题、破解发展和环境保护之间矛盾的关键抉择，是适应社会主要矛盾转化、满足人民美好生活需要的关键抉择，是顺应人类文明发展规律、确保中华民族永续发展的关键抉择。党的十九届六中全会通过的《中共中央关于党的百年奋斗重大成就和历史经验的决议》深刻总结新时代中国特色社会主义的伟大成就，其中一个重要方面就是生态文明建设。截至2024年，中国有262个资源型城市，其中资源枯竭型城市有69个，这些城市如果不因地制宜闯出一条转型发展的新路，则必然难逃“资源富城兴、资源竭城衰”以及生态条件恶化、人民生活难以为继的厄运。转型发展意味着摆脱资源依赖，还意味着花更多的财力、物力进行生态修复，转型阵痛难以避免，必须保持战略定力，贯彻绿色发展理念。资源枯竭型城市的转型发展，要修复生态，但不是不要发展，要走生态效益和经济效益共赢的路子，要在探索接续产业上下功夫，要注重产业提质、结构优化，走出一条绿色发展、可持续发展的道路。徐州以持续打响新“淮海战役”的决心和魄力推进转型发展，书写了亮丽的绿色答卷。按下绿色发展快进键，进入生态文明建设快车道，中国式现代化瞄准的是绿水青山和金山银山双赢。

案例
10

从“小作坊”到行业翘楚：比亚迪靠什么惊艳世界？

核心阅读

2023 年 8 月，比亚迪集团宣布第 500 万辆新能源汽车正式下线，成为全球首家达成这一里程碑式目标的车企。这样的“高光时刻”属于比亚迪，更属于中国新能源汽车产业。习近平指出，发展新能源汽车是我国从汽车大国迈向汽车强国的必由之路。党的十八大以来，我国率先确立发展新能源汽车国家战略，有力推动我国车企布局或持续加码新能源汽车赛道。面对激烈竞争，比亚迪从容应对。经过 20 年的深耕，比亚迪正精彩地演绎着从技术、产品到市场的全面爆发。截至 2022 年 7 月，比亚迪新能源汽车的足迹已遍布全球六大洲，70 多个国家和地区，超过 400 个城市，是唯一覆盖欧、美、日、韩等汽车发达市场的中国汽车品牌。2022 年 8 月 3 日，比亚迪首次登上美国《财富》杂志世界 500 强排行榜。2023 年 6 月，谷歌携手凯度发布《凯度 BrandZ2023 中国全球化品牌 50 强》榜单，比亚迪系唯一入榜的中国汽车品牌。从一间名不见经传的“电池制造小作坊”成长为引领新能源汽车行业的龙头企业，比亚迪靠的绝不仅是“幸运”二字这么简单。

2022 年 8 月 3 日，美国《财富》杂志发布了 2022 年世界 500 强排行榜。比亚迪以中国民营企业身份首进 500 强，与华为等中国高端制造一起在 500 强中发出中国制造的声音！众所周知，比亚迪是以生产制造手机电池起家的一家中国民营企业。其何以在汽车企业中脱颖而出、一举跃上全球新能源汽车产业的第一梯队？

从电池大王到新能源车领头羊

比亚迪最初一直从事着电池代加工，为世界各大电子产品商提供质优价廉的镍铬电池。到 2001 年前后，比亚迪的电池业务已做到“世界第二”。但传统电池产业的拓展空间毕竟有限，企业未来的发展空间在哪里？比亚迪开始把目光聚焦到汽车制造行业。当绝大多数车企布局燃油车市场时，2003 年年初，比亚迪凭借其战略思维和超强行动力宣布进军新能源汽车产业。比亚迪的这一决策，是基于其已拥有“电池”这一电动汽车的核心技术。2008 年年底，全球首款混合动力汽车比亚迪 F3DM 在国内上市，比全球同类汽车的商用时间表提前了 3 年。

比亚迪在企业业务上独辟蹊径地采用了产业垂直整合的发展战略。所谓“垂直整合”是一种纵向一体化模式，指将供应链环节一个个分解，纳入自己的体系之中，“自己动手，丰衣足食”，保证在核心技术领域不被外国企业“卡脖子”。“除了汽车轮胎和玻璃，比亚迪具备了几乎所有核心零部件的生产能力”，是业界广为流传并最能体现比亚迪垂直整合模式所达到高度的一句话。回到 2008 年，当比亚迪推出全球第一款量产插电式混合动力汽车 F3DM 的时候，规模很小，电动车也不被人看好，产业缺乏配套。零部件供应商要么不合作，要么报天价，找寻合作伙伴实属不易。比亚迪只能自力更生、垂直整合，以此走过荆棘丛生的新能源车企初创之路。自进入汽车行业以来，垂直整合模式就伴随了比亚迪的发展。但不可否认的是，垂直整合是一个相对封闭的发展模式。近年来，比亚迪迈出了合作开放的步伐。2018 年，比亚迪推出 Dilink 智能网联系统，开放了 341 个传感器和 66 项控制权，首次实现企业业态从封闭走向开放，为全球开发者和中小企业提供创新创业的平台。这也意味着比亚迪一直持续坚守的垂直一体化战略，开始从保守走向开放，从自给自足走向合作共赢。

核心技术牢牢掌握在自己手中

走进坐落于深圳总部的比亚迪展厅，一面巨大的“专利墙”引人注目：近十米高、数十米长的灰色墙体上，3 000 多块专利名牌密集排布，簇拥着当中的八个大字“技术为王、创新为本”。

比亚迪十分重视技术创新。不少企业认为，技术研发投入高、见效慢、回报低。但比亚迪高层认为，中国企业搞研发具有天然优势，可以实施“高科技领域的人海战术”。中国每年有 700 万高校毕业生，这超过了芬兰整个国家的人口，而中国的人工成本也远比欧美发达国家低，通过“人海战术”，中国企业做研发完全可以以相对较低的成本实现后来者居上。截至 2023 年 8 月，比亚迪已拥有 11 个研究院，覆盖材料研究、电子、电池、汽车、新能源、轨道交通、半导体等各个领域；拥有超过 9 万名研发人员，全球累计申请专利约 4 万项，已被授权专利约 2.8 万项，平均每个工作日递交 19 项专利申请，获得 15 项专利授权！比亚迪展厅的“专利墙”只是其所有专利的冰山一角。

比亚迪的技术储备丰富到什么程度？比亚迪将技术比作“大鱼”，并建立起自己的“技术鱼池”。当市场成熟且有市场需求的时候，比亚迪随时可以捞一条出来，投放市场实现产业化。强大的研发实力以及丰富的技术储备，使比亚迪有了“技术狂魔”的称号。现在，比亚迪是全球唯一一家掌握电池、电机、电控等新能源车全产业链核心技术的车企。也正因为如此，在全球供应链遭遇危机、“芯片荒”及上游原材料短缺等一系列问题困扰各地车企的时候，比亚迪凭其深耕多年的垂直一体化优势突破重围、脱颖而出，实现逆势爆发。比亚迪新能源汽车 2021 年产销量超过 100 万辆，成为首个跨入新能源汽车“百万辆俱乐部”的中国品牌。进入 2022 年，比亚迪新能源汽车月产销量更是连续数月站上 10 万大关，领跑业界。2022 年 6 月 10 日，比亚迪总市值一举突破 1 万亿元，不仅成为首个市值破万亿元的中国汽车公司，更是中国企业首次跻身全球车企市值前三名。截至 2022 年 7 月，比亚迪新能源车累计销量超过 230 万辆，新能源车销量连续 9 年位居中国第一。

业务不只在中国

2022年7月21日，国内新能源汽车巨头比亚迪强势官宣，正式进军日本乘用车市场，并于当日在日本东京分部召开了品牌发布会。值得一提的是，这并不是比亚迪品牌第一次登陆日本。比亚迪进入日本市场最早可以追溯到1999年。当年，比亚迪以镍镉电池世界第一、锂电池世界第二的身份开始为日本的产业客户服务。而后2015年2月，比亚迪又以5辆K9电动大巴开始，在日本公共交通市场打开了局面。仅用6年时间，比亚迪纯电大巴便坐上了日本纯电客车的头把交椅。截至2022年7月，比亚迪纯电客车在日本电动巴士市场占有率已达70%，成为日本大巴的主要用车。在燃油车时代，拥有丰田和本田两大品牌的日本汽车在全世界汽车行业内占据优势地位，日本本土品牌汽车在本地的市场份额一度超过了90%。但在新能源汽车领域，日本技术相对较为落后。比亚迪以其新能源汽车技术优势成功打破了日本汽车行业“进口禁地”的神话。

当然，比亚迪不仅涉足日本。在遥远的美国西海岸，南加州小城兰开斯特市郊，有一条被命名为“比亚迪路”的大道，体现了兰开斯特对这家中国企业为当地发展所作巨大贡献的认可。早在2013年，比亚迪就在美国的兰开斯特建设了第一座全资的大巴工厂。2014年，比亚迪电动大巴K9在美国通过了Altoona测试，获得了TVM资质，并拿下了美国长滩运输署60台电动大巴订单。TVM资质对于大巴而言，就如同飞机拿到了“适航证”。技术创新是比亚迪成功打入美国市场的关键。截至2022年7月，比亚迪新能源车的电池、电机和电控技术都是全球领先的。“这些产品技术填补了美国电动大巴技术的空白。”

比亚迪凭借其新能源技术优势一路开疆拓土。2016年，比亚迪进入匈牙利，2017年进入法国，2018年同时进入了韩国济州岛、泰国曼谷和印度的孟买、班加罗尔两大城市。2021年，比亚迪新能源乘用车正式布局欧洲市场，将挪威选为首站；2022年7月，比亚迪宣布与汽车经销商Louwman集团达成合作，挺进荷兰市场。在美洲市场方面，继进入哥伦比亚、乌拉圭、巴哈马、多米尼加共和国和哥斯达黎加后，比亚迪登陆巴西。在澳洲市场，2022年2月，比亚迪的首个电动车展厅在悉尼开业，并在澳大利亚开启预售，据澳媒报道，仅从2月至3月1日即已获得15 000份订单。截至2022年7月，比亚迪新能源汽车的足迹遍布全球六大洲，70多个国家和地区，超过400个城市，是唯一覆盖欧、美、日、韩等汽车发达市场的中国汽车品牌。

现如今，比亚迪已经掌握了电池、电机、电控及车规级芯片等新能源汽车全产业链的核心技术。比亚迪业务横跨汽车、轨道交通、新能源和电子四大产业，且其科技蓝图仍在扩张。正如它在入选世界500强的海报上所说的那样，“产业不只有汽车，业务不只在中国”。

思考讨论

1. 比亚迪从一个电池企业发展成为“新能源汽车引领者”，拥有被誉为“比亚迪速度”的销售业绩。那么，比亚迪为何能够在激烈的市场竞争中脱颖而出成为行业翘楚？

2. 党的十九届六中全会审议通过的《中共中央关于党的百年奋斗重大成就和历史经验的决议》强调，党坚持实施创新驱动发展战略，把科技自立自强作为国家发展的战略支撑。请联系比亚迪的发展事实，谈谈你对国家实施创新驱动发展战略重大意义的认识。

3. 截至 2022 年 7 日，比亚迪新能源汽车的足迹已经遍布全球六大洲，70 多个国家和地区，超过 400 个城市，是唯一覆盖欧、美、日、韩等汽车发达市场的中国汽车品牌。比亚迪凭什么能够成功在海外开疆拓土?

教学建议

本案例主要适用于第六章第一节“完整、准确、全面贯彻新发展理念”和第七章“社会主义现代化建设的教育、科技、人才战略”部分的辅助教学。本案例主要展示的是民营汽车企业比亚迪通过持续推进技术创新脱颖而出，成为新能源汽车领跑者，并成功出海的典型事例。

■ 组织教学建议

第一，要引导学生了解民营企业比亚迪的不俗发展成绩，特别是其跻身《财富》杂志世界 500 强的深层意义。比亚迪强势崛起，其发展事迹能够激发学生的自信心和自豪感；而其 2022 年跻身世界 500 强，更是可用以激发学生爱国心、报国情、强国志的重要素材。众所周知，世界 500 强，从来都是顶流的代名词，能够荣登榜单的企业，都是行业的骄傲。在传统汽车赛道中，强者林立，欧、美、日、韩等地的传统企业不仅竖起了高高的专利壁垒，更有强大的品牌号召力。作为一家只有 20 多年发展历程的中国车企，想要在世界范围内稳定立足，其难度可想而知。截至 2022 年，我国跻身世界 500 强的车企主要是几家大型国有企业，如上汽、东风、广汽、北汽、一汽集团，上述国有企业在一定程度上凭借合资优势获得排名，民营企业过去只有吉利上榜。而比亚迪作为一家多元化发展且独立发展的民营企业，凭借电动化的优势在新能源赛道中领跑行业，成为新晋世界 500 强，其成绩实为可圈可点。比亚迪入选世界 500 强，这给新能源赛道中的中国汽车产业带来了新的希望，也是新时代中国企业自主创新的重要成果。

第二，引导学生分析比亚迪能够在激烈的市场竞争中脱颖而出的重要原因。比亚迪从一家以生产制造手机电池起家的民营企业，发展成为国内唯一一家掌握电池、电机、电控等核心技术的新能源车企以及全球新能源车企的龙头企业，其最重要根源在于其长期重视技术创新，始终将核心技术牢牢掌握在自己手中。从 1995 年年初创业，到成为新能源汽车的领头羊，比亚迪的王者之路只有四个字：自主创新。比亚迪以实际行动践行着国家创新驱动发展战略。通过自主创新，比亚迪从传统制造业走到世界的前沿，成为行业的先锋和翘楚；通过自主创新，比亚迪证明了“中国制造”不是“低端制造”；通过自主创新，比亚迪为中国奠定了“自主、奋发、图强”的企业基因。在教学过程中，教师可以特别强调案例文本中的如下两方面内容：一是比亚迪的技术成员数量和专利数量；二是比亚迪的“技术鱼池”策略。据了解，比亚迪目前在使用的五大核心技术包括：刀片电池、IGBT 芯片、DM-i 混动技术、e 平台 3.0，以及 CTB 电池一体化技术。可以说，比亚迪重视自主创新的自觉行动为我国其他企业实现跨越式发展树立了典范。

第三，要引导学生透过比亚迪成功出海的事例思考全球化时代企业发展的可能路径。同众多国内企业一样，比亚迪成功出海，实属不易，要同时面对市场培育、经营压力、身份偏见这“三座大山”。所谓“身份偏见”，是指国外长期以来对“中国制造”的偏见，将“中国制造”作为“低端制造”的代名词。而无论是纯电动大巴还是乘用车，比亚迪能够成功出海，其海外战略成功的背后，首先有赖于其强大的自主研发能力。做手机电池起家的比亚迪，虽然起步很低，但志向却很高。比亚迪一贯重视技术创新，每年的专利数量都排在国内前沿，技术能力突出使比亚迪在自主创新的道路上阔步向前。其次，比亚迪的成功出海得益于“错位竞争”战略。在汽车领域中的传统燃油车细分领域，无论是美国还是日本，均已处于市场饱和状态，很难脱颖而出。比亚迪则避其锋芒，向汽车行业的电动车这一细分领域发起进攻。如在电动大巴领域，比亚迪无论在美国市场还是日本市场，均没有竞争对手。正是由于这种错位竞争战略，比亚迪才能在激烈竞争的市场大潮中迎来跨越式发展。最后，比亚迪成功出海在一定程度上归功于其“本土化”战略。如在美国，比亚迪在兰开斯特设厂，就是“走出去”实施本土化运营策略的重要表现。2013 年以来，比亚迪美国分公司对自身进行了全盘“美国化改造”：除了少数核心工程师和售后工程师来自中国外，其余全部在当地聘请。比亚迪兰开斯特工厂的工人几乎实现了百分之百当地招收。这为当地新增了大量就业机会，受到劳动者的热烈欢迎。

■ 总结提升建议

第一，创新是引领发展的第一动力，在国家发展全局中居于核心位置。党的十八大以来，以习近平同志为核心的党中央提出了创新、协调、绿色、开放、共享的新发展理念，“创新”位于五大发展理念之首，其地位十分突出。创新发展理念的提出既有我国多年的发展实践的经验基础，也是以马克思主义为指导博采中外关于国家经济发展理论精华的结果。我国的创新发展理念和在创新发展理念指导下的创新发展战略、创新发展政策系统化地构成了新时代中国特色社会主义政治经济学的重要篇章。作为企业，应自觉践行创新发展理念，把创新发展理念贯穿于企业改革发展全过程。比亚迪作为一家民营科技企业，其自觉践行创新发展理念、高度重视自主技术研发的实际行动给国内其他企业树立了发展标杆。

第二，企业是将科技和经济紧密结合的重要力量，是推动创新创造的生力军。近年来，我国企业已经广泛参与到基础研究、技术创新、成果转化、产业化等科技创新活动之中，创新主体地位进一步提升。2021 年国家重点研发计划立项的 860 余项中，企业牵头或参与的有 680 余项，占比高达 79%。科研和经济联系不紧密问题，是我国多年来的一大痼疾，也是我国与发达国家存在较大差距的地方。从国家层面而言，要健全完善企业技术创新政策，正向激励企业创新，反向倒逼企业创新；从企业层面而言，应自觉成为技术创新决策、研发投入、科研组织和成果转化的主体。党的二十大提出“强化企业科技创新主体地位”，这为企业未来更好推进科技创新提供了重要政策支撑。一些国内企业认为，专利、知识产权、研发是投入高、见效慢、回报低的行为。但实际上，中国企业搞研发具有天然的成本优势，中国的人工成本比欧美发达国家低，通过“人海战术”，中国企业做研发完全可以以相对较低的成本实现后来者居上。比亚迪正是利用这一成本优势，实施了“高科技领域的人海战术”，取得了显著的创新发展成效。

第三，实施创新驱动发展战略，是增强综合国力、满足人民群众美好生活需要的必然要求，对于全面建设社会主义现代化国家具有重要战略意义。党的十八大以来，我国深入实施创新驱动发展战略，科技事业发生了历史性、整体性、格局性重大变化。十余年来，我国走出了一条从人才强、科技强，到产业强、经济强、国家强的发展道路。全社会研发投入从 2012 年的 1.03 万亿元增长到 2024 年的 3.61 万亿元，研发投入强度从 1.91%增长到 2.68%；全球创新指数排名中，中国从 2012 年的第三十四位上升到 2024 年的第十二位。中国在全球创新版图中的地位和作用发生了新的变化，既是国际前沿创新的重要参与者，也是共同解决全球性问题的重要贡献者。而上述成绩的取得，与包括比亚迪在内的致力于科技创新的众多中国企业在其中的作用发挥息息相关。按照国家创新驱动发展战略纲要所确定的“三步走”目标，我们将在完成第一步目标即“进入创新型国家行列”之后，还要进一步实现“2030 年跻身创新型国家前列”以及“2050 年建成世界科技创新强国，成为世界主要科学中心和创新高地”。在创新型国家的建设过程中，各类企业应把创新驱动发展战略落实在行动之中，从而有更多担当和更大作为。

第四，关键核心技术是国之重器，必须掌握在自己手中。关键核心技术是要不来、买不来、讨不来的。核心技术受制于人是我们最大的隐患，尤其是在激烈的国际竞争面前，不掌握核心技术，我们就会被“卡脖子”“牵鼻子”。这对于国家发展是如此，对企业发展同样如此。正如比亚迪在企业业务上独辟蹊径地采用产业垂直整合的发展战略，“除了汽车轮胎和玻璃，比亚迪具备了几乎所有核心零部件的生产能力”，究其原因，最初也是迫不得已的选择：零部件供应商要么不合作，要么报天价，比亚迪只能自力更生、垂直整合，保证在核心技术领域不被外国企业“卡脖子”。上升到国家发展全局，在引进高新技术上不能抱任何幻想，不能总是指望依赖他人的科技成果来提高自己的科技水平，更不能做其他国家的技术附庸，永远跟在别人的后面亦步亦趋。只有把最关键最核心的技术掌握在自己手中，才能从根本上保障国家经济安全、国防安全和其他安全。

第五，科技创新是一个国家的核心竞争力所在，是一个民族屹立于世界民族之林坚强有力的保障。世界科学中心曾有五次大转移，从 16 世纪的意大利、17 世纪的英国、18 世纪的法国、19 世纪的德国，再到 20 世纪的美国。现今，中国迫切希望能够抓住第六次机遇，为实现国家强盛、人民幸福，为实现中华民族伟大复兴的中国梦提供强有力的科技支撑。科技创新对于企业发展，同样影响深远。一种产品要在市场上脱颖而出，科技创新的含量越来越重要，这是企业决胜市场的核心竞争力所在。在汽车制造领域，中国汽车经历了从无到有、从模仿到独立研发、从低价抢占市场到以强大实力站稳高端车市的数次变迁，而民营企业比亚迪无疑在中国车企实力逆袭中书写了浓墨重彩的一笔。作为全球唯一一家同时掌握电池、电机、电控等核心技术的新能源汽车企业，比亚迪不断自主探索核心技术，让创新突破成为企业蓬勃发展的“永动机”，以企业之力助力国家在科技创新之路上行稳致远。

■ 启示意义

“察势者明，趋势者智”，要善于运用战略思维开拓发展新局面。如何把科技创新的命脉牢牢掌握在自己手中？唯有审时度势，下好布局“先手棋”，谋好破局“制胜棋”，以战略主动谋取历史主动，以舍我其谁的担当、日拱一卒的韧劲，化压力为动力、积优势为胜势，在苦干实干中跨越艰难险阻。历史和实践反复证明，战略上判断得准确、谋划得科学，就能更好赢得历史主动，创造出更多的人间奇迹。如果说，重视自主创新是比亚迪成功的最深刻根源，那么，善于战略谋划、把握发展大势可谓比亚迪成功的关键所在。众所周知，在传统燃油车市场上，中国品牌并无明显优势。然而，比亚迪成功预见到新能源大势所趋的行业前景，自2003年起比亚迪便“先人一步”，开始进军中国电动汽车市场，在新能源汽车领域集中发力。在20多年的时间里，比亚迪就迅速成长为国内表现最为优秀的新能源汽车企业之一，这生动地印证了拥有战略思维、前瞻性地把握发展趋势，对于成就事业发展何其重要！

案例 11

关停650万吨产能的济钢靠什么实现涅槃重生？

核心阅读

2017年7月，济钢集团关停650万吨钢铁产能，走上一条从“靠钢”到“无钢”的转型发展之路。济钢抢抓国家推进供给侧结构性改革和全省新旧动能转换给企业转型创造的机遇，把目标定位和产业方向与省市规划、需求相融合，立足于区位、资源、技术等优势，加快推动企业转型发展。从停产初期“结构调整、转型升级存续产业，多元主打、培育发展新兴产业”战略目标的确立，到“一个中心、两个基地、三个产业园”产业布局规划的形成，再到“嫁接式跨界融合”工程的实施，以及创新驱动、高端引领、绿色转型、智慧导向、品牌运营、海外战略等战略的全方位布局，济钢一路走来脚步踏实而厚重，硬是闯出了一条传统企业新旧动能转换的蝶变新路。2022年，历经五年历练的济钢以447亿元营收重回“中国企业500强”，在2024年“中国企业500强”榜单中，济钢集团依旧赫然在列，连续三年跻身“中国企业500强”榜单。济钢的涅槃重生是山东深化新旧动能转换、推动绿色低碳高质量发展的一个缩影。

济钢是一家辉煌许久的钢铁厂，但很少有人真正了解它，因为岁月太重，记忆很长。济钢成立于1958年，作为山东济南一个年产钢1 200万吨的特大型钢铁企业，这里记录着一代人的豪情和梦想。

光影流转，接近60年的光辉岁月，起起落落，悲欢交集。2017年3月16日，一张写有“济钢四米三产线，最后一块钢板，爱您济钢”字样的钢板照片刷爆朋友圈，一个打造了大济南城市荣耀半壁江山的传奇就此“落幕”。

在济钢，最令人骄傲的是4 300mm宽厚板。因为那是全国最宽中厚板，是能造航空母舰的钢板。这种结构钢板取得了中国、美国、法国、挪威、德国、印度、韩国、英国、日本、意大利十国船舶制造通行证。

作为深化供给侧结构性改革、落实国家去产能政策、促进钢铁产业转型升级的重要试验场，2017年6—7月，济钢关停了650万吨钢铁产能，踏上了转型发展之路，这对彼时拥有59年历史的老国企而言，是一条不寻常的再创业之路。

关停主业后，济钢产值由300多亿元断崖式下滑到60多亿元，2万多名员工急需安置，济钢遇到了前所未有的困难。济钢人按照国家“转岗不下岗、转业不失业”的要求，坚定“二次创业、重塑济钢”的信心和决心，以新旧动能转换为战略引领，开展顶层设计，不断为济钢实现高质量转型升级注入新动力。

停产初期，济钢就确立了“结构调整、转型升级存续产业，多元主打、培育发展新兴产业”的“两步走”战略目标；规划了一个中心（资本运营管控中心）、两个基地（产业升级基地、环保新材料产业基地）、三个产业园（“四新”产业园、现代物流园、文化产业园）的产业布局。

2018年，济钢紧紧抓住山东省实施新旧动能转换重大工程的有利契机，规划形成“三大类型”“五大板块”多维度产业生态体系。

2019年，济钢基本确立“高端装备制造、新材料、现代城市服务”三大主业定位，实施“嫁接式跨界融合”工程，推动实现中国科学院空天航天系统与济钢现有产业对接。同年4月，《山东省人民政府-中国科学院推进山东新旧动能转换重大工程合作协议》签署。济钢的动作迅捷有效，其与中国科学院空天院从接触到成立产业化项目承接平台济钢防务公司，仅用时140天。该项目是济钢转型发展高端信息技术装备的重大举措。

2020年以来，济钢创新开路、高位对标，积极对接“中国制造2025”和“创新驱动发展”国家战略，深度融入“一带一路”、山东省新旧动能转换综合试验区、济南市现代化大都市建设，着力构建起了以空天航天军工技术为轴心、三大产业辐辏、产研学融合发展的产业生态圈，转型进入“全方位”“快车道”。

创新驱动，提升企业发展的价值创造力。济钢人深谙创新是引领新旧动能转换和培育新动能的“源头活水”，他们把“创新”作为引领企业发展的“核心”动力。转型之初，济钢人就提出了“核心是创新、关键是创造”的价值创造体系，从研发出干熄炉内窥摄像装置、应用于新冠疫情防控的身份识别＋体温检测智能装置的“姜和信工作室”，到从事创业项目孵化济钢创智谷；从聚焦新材料、科技服务创新的“四新”产业园，到依托循环经济的环保产业；从现代物流，到文创服务业……济钢围绕“提升产业的生命力、人员的动力和激发组织的活力”，提高基本业务单元绩效，将价值创造贯穿“动力变革”全过程，提升价值创造创新力，深挖价值创造点。

高端引领，构建高质量发展的产业链。以高端化为战略路径全面发力、多点突破，济钢确定了以冷弯型钢、瑞宝电气、萨博汽车等为代表的高端装备制造产业发展方向。其中，冷弯型钢通过产线功能提升改造，已实现机器人智能化作业，并成功开发和量产高强塔机管、精密管等高端品种，初步实现了装备及产品高端化；瑞宝电气引入高端钣金加工业务，通过采购智能折弯和焊接单元，提升成套业务板块智能化水平；萨博汽车新上自动化设备，基本实现了制造装备高端化。在产学研合作方面，鲁新建材已与济南大学合作成立“济大-鲁新智能材料研究院”，计划在“稀土纳米转光剂”等高端绿色材料研发应用方面展开合作，为打造高端产业链提供了新动能。

绿色转型，从排放型到消纳型的华丽转身。以无废城市为理念、总投资达到1.1亿元、年拆解能力达到5万辆汽车的汽车拆解产业园投入使用；绿色物流运输实现新突破，城市矿产的 22 辆新能源电动汽车投入使用；济钢顺行新能源巡游出租车市场占比达 78.57%，处于行业领先地位。此外，济钢绿色企业创建取得新成绩，萨博汽车荣获济南市“绿色工厂”称号，石灰石公司通过省级绿色矿山验收，鲍德炉料日照公司、鲁新建材日照公司被评为环保绩效 A 级企业。

智慧导向，数字智能经济激发新动能。济钢旗下的众多公司都进行了智慧化转型升级。济钢创智谷以园区运营业务为基点，建立了中小微公共服务平台、孵化业务平台和智慧园区平台，入孵企业突破 150 家。其中，原济钢职工创业企业有 60 余家，高新技术企业有 6 家，实现带动就业 400 余人；济钢顺行出租车智慧化信息管理平台上线运行，研究院标样智能加工中心建成投产，城市矿产成功开发应用“智慧废钢”系统。这些科技智慧化升级项目使济钢“含新量”不断提高，成了济钢新名片。

品牌运营，打造双循环发展新生态。济钢非常注重传承济钢品牌厚重的历史积淀和优秀的文化基因，不断为济钢品牌注入全新内涵，品牌形象得到重塑，品牌价值持续提高、品牌竞争力持续增强：济钢集团荣获山东省企业活力奖；国铭铸管跻身中国铸铁管十大品牌前列；萨博汽车获评山东省高端品牌培育企业、“影响济南”年度领军品牌；飓风牌军用运输车被认定为山东优质品牌；冷弯型钢在塔机、桥梁结构和船舶领域已建立起国内一流品牌优势，其中船管国内市场占有率位居第一；国际工程自主研发的济钢国际牌新型节能焦罐已成为国内知名品牌。

海外战略，拓展国际贸易产业布局。重塑品牌的同时，济钢积极实施国际化战略，将国际贸易作为新济钢的新兴产业，取得诸多突破。其中，济钢物流出口业务收入实现逐年翻番，2020 年实现出口销售收入 17 亿元，在国内同类型企业中实现出口收入排名第一。同时，依托现有境外公司和新设公司，济钢不断延伸、拓展现有海外制造、国际贸易产业布局，将发展的触角延伸到全球，在全球范围内获取更丰富的发展资源，在壮大企业本土实力的同时，扩大在全球的知名度与影响力，吸聚更多的全球资源，形成企业良性发展的跨国生态循环。

转型发展路上，济钢喜报频传：2018 年，营收 147 亿元，实现利润总额 2.19 亿元，基本恢复至停产前一半的水平；2019 年，营收 225 亿元，实现利润总额 3.3 亿元；2020 年，营收 293 亿元，实现利润总额 4.18 亿元，利税 12.67 亿元，基本恢复到停产前水平，实现了“三年再造一个新济钢”的目标；2021 年，营收 377 亿元，产值已超过停产前的水平，职工年收入也从停产时的人均 7.9 万元增至 13.17 万元。2022 年 9 月 6 日，2022 年“中国企业 500 强”发布，历经五年历练的济钢以 447 亿元营收再度跻身。2024 年 9 月 11 日，2024 年“中国企业 500 强”榜单发布，济钢集团位列第 409 位，较上年提升 59 位次，连续三年跻身“中国企业 500 强”榜单。

思考讨论

1. 短短的五年，“济钢”便王者归来，重回“中国企业 500 强”，它是如何一步步实现涅槃重生、开启高质量发展新征程的?

2. 济钢为什么要进行产能调整和新旧动能转换？如何理解新旧动能转换和高质量发展之间的关系？

3. 济钢集团“无钢胜有钢”的转型成功经验对我国经济社会高质量发展有哪些启示？

教学建议

本案例主要适用于第六章第一节“完整、准确、全面贯彻新发展理念”部分的辅助教学。本案例主要展示的是济钢集团通过实践探索传统企业新旧动能转换新模式，成功实现从“靠钢吃饭”到“无钢胜有钢”，焕发新动能，实现华丽转身、涅槃重生的过程。

组织教学建议

第一，引导学生把握济钢新旧动能转换的实践背景及其所肩负的使命。我国经济已由高速增长阶段转向高质量发展阶段，传统高耗能、高污染生产线已经不适应高质量发展要求，且暴露出产能过剩、污染严重、单一产业结构带来的化解市场风险能力弱等弊端，必须深化供给侧结构性改革，积极稳妥化解过剩产能，首当其冲的就是产能严重过剩的煤炭与钢铁行业。在这样的大背景下，山东作为国家落实新旧动能转换综合试验区，济钢作为山东落实新旧动能转换的重要试验场，既肩负着深化供给侧结构性改革、落实国家去产能政策的使命，同时也担负着优化济南城市功能布局的责任。在运用本案例时，授课教师应将济钢新旧动能转换的这一背景和使命跟学生交代清楚，作好铺垫。

第二，引导学生基于推动高质量发展这一我国社会经济发展主题来把握本案例。要使学生通过本案例充分认识到推进新旧动能转换的必要性。我国正处于转变发展方式的关键阶段，劳动力成本上升、资源环境约束增大、粗放的发展方式难以为继，经济循环不畅问题突出，因而必须推动高质量发展，进行新旧动能转换。授课教师应运用本案例将这一问题阐释清楚。

第三，引导学生理解新旧动能转换之于高质量发展的意义。在导入环节，授课教师可以组织学生就济钢集团关停650万吨钢铁产能进行转型升级的原因展开讨论。要使学生明白，在我国经济已经转向高质量发展阶段的大背景下，传统经济动能已然不适应生产力发展要求，其弊病已经成为阻碍行业高质量发展的桎梏，因此，必须遵循社会经济发展的内在规律，进行壮士断腕、彻底切割，这是推动高质量发展的必然选择。

第四，在运用本案例时，可组织学生观看相关视频，更为系统和直观地了解济钢转型发展的全过程。可安排学生课前观看央视新闻频道《朝闻天下》栏目的系列报道《一线调研·济钢的“无钢”转型记》。该报道从《新旧动能转换中的“铁腕”行动》《从“靠钢吃饭”到“无钢发展”》《新动能澎湃 济钢“无钢”胜“有钢”》三个方面对济钢积极进行新旧动能转换的创新举措进行了重点呈现与剖析，全面地反映了我国社会经济高质量发展要求下传统企业进行新旧动能转换的实践过程以及取得的成就。

第五，引导学生把握科技创新在推动新旧动能转换乃至社会经济高质量发展中的重要作用。在组织讨论环节，可以让学生总结济钢在从“有钢”到“无钢”的转变过程中都进行了哪些科技创新实践，在此基础上，进一步启发学生思考这些科技创新实践对济钢集团转型发展的意义。运用本案例，使学生更为具体、清晰、直观地认识科技创新在传统企业转型发展中所起到的关键性作用及其对推动我国社会经济高质量发展的重大意义。

■ 总结提升建议

第一，推动高质量发展，必须以新发展理念为引领，加快转变经济发展方式，调整经济结构，以效率变革、动力变革促进质量变革。经济发展是一个螺旋式上升的过程，量积累到一个阶段，必须转向质的提升，这就要求必须把发展质量问题摆在更为突出的位置，以新发展理念为指挥棒，着力提升发展质量和效益。在推动高质量发展中，如果不注重转方式、调结构，只为短期经济增长实行刺激政策，必然会透支未来增长。在这个意义上，要紧紧抓住经济调整的窗口期，加快产业转型升级，加快新旧动能转换，着力实现有质量、有效益、没水分、可持续的增长。在本案例中，济钢之所以在 2017 年关停高耗能生产线，进行全面的转型改革，根本原因是其旧有的生产方式已经不再适应高质量发展要求，并展现出明显的弊端，例如产能过剩、污染严重、单一产业结构带来的化解市场风险能力弱等。济钢原有的生产模式与追求绿色、低碳、高效、高质量等发展目标相悖，转型发展势在必行。为深化供给侧结构性改革、落实国家去产能政策，促进钢铁产能转型升级，济钢成为国家落实新旧动能转换的重要试验场。

第二，创新是引领发展的第一动力，创新发展注重的是解决发展动力问题，必须坚持创新在我国现代化建设全局中的核心地位。推动高质量发展，首先要转变观念，要从过去主要看增长速度有多快转变为主要看质量和效益有多好，树立质量第一的强烈意识，下大气力抓全面提升发展质量。要实现这一目标，新旧动能转换是其中不可或缺的一环，而完成这一转换的内在推动力正是创新。因此，必须坚定不移地实施创新驱动发展战略，以新技术、新思维构建经济发展新模式，破解经济发展深层次矛盾和问题。在本案例中，济钢在关停 650 万吨钢铁产能后，将动能重塑的核心定于“创新”。经过 5 年的创新发展，济钢研发出干熄炉内窥摄像装置、应用于新冠疫情防控的身份识别＋体温检测智能装置，并以新思路在新材料、科技服务创新、环保产业、现代物流和文创服务业等多个领域实现跨界创新，确立以数字信息、智能制造、现代服务为龙头的新产业体系。不仅如此，济钢集团还以科技智慧化升级不断提升其“含新量”，使智能化成为济钢的新名片。正是这一系列创新举措使济钢获得源源不断的发展动能，进而一步一个脚印地走出发展困境、涅槃重生，真正实现了“无钢胜有钢”。

第三，推动高质量发展，必须坚持以推进供给侧结构性改革为主线，加快经济结构优化升级。推动经济高质量发展，关键在于深化供给侧结构性改革。推进供给侧结构性改革，是在全面分析国内经济阶段性特征的基础上调整经济结构、转变经济发展方式的治本良方，是培育增长新动力、形成先发新优势、实现创新引领发展的必然要求。只有把推进供给侧结构性改革作为当前和今后一个时期经济发展和经济工作的主线，才能消除阻碍高质量发展的障碍，为经济持续健康发展打造新引擎、构建新支撑，才能推动经济高质量发展迈出更大步伐。在本案例中，济钢以高质量发展为引领，切实落实国家推进供给侧结构性改革政策，在新旧动能转换的实践中为自己带来新的发展机遇，实现了涅槃重生。济钢推进供给侧结构性改革，不仅关停了650万吨钢铁产能，更把目标定位和产业方向与省市规划、需求相融合，立足于区位、资源、技术等优势，打出了一套创新驱动、高端引领、绿色转型、智慧导向、品牌运营、海外战略的组合拳。正是济钢始终与国家发展战略保持高度一致，以全局性思维谋划布局，才走出一条传统企业新旧动能转换的蝶变新路，重返“中国企业500强”。

第四，推动产学研深度融合，是聚势赋能高质量发展的重要抓手。传统产业转型、新旧动能转换离不开高新技术的支撑，加快构建产学研相结合的技术创新体系，推动前沿科技创新成果产业化、全面为经济转型发展赋能，是高质量发展的内在要求，也是加速新旧动能转换的重要途径。在本案例中，济钢的成功转型，很大程度上得益于中国科学院推进山东新旧动能转换重大工程合作项目带来的发展机遇。该项目是济钢转型发展高端信息技术装备的重大举措。双方合作，将中国科学院空天院的光电技术、雷达监测等众多核心技术、科研成果转化。济钢首批行波管下线，就刷新了中国科学院项目建设的最快纪录，自动化生产线使产品成品率大幅度提升，并实现首年度即盈利。此后，越来越多的科研院所和重点项目落户济南。产学研的有机融合不仅成就了济钢自身，使其顺利实现新旧动能转换，同时使越来越多的科技创新成果产业化，并有效推动济南新兴产业的高质量发展，实现了多方“共赢”。

第五，坚持以人民为中心的发展思想，是推动高质量发展的内在要求和必然选择。习近平反复强调，“走高质量发展之路，就要坚持以人民为中心的发展思想”。高质量发展关乎我国社会主义现代化建设全局，这不仅是一个经济要求，更是对经济社会发展方方面面的要求。在诸多的要求中，人民的利益、人民的美好生活需要居于首位。也就是说，高质量发展当以人民为先，企业转型发展的前提是保障人民利益，使人民在企业转型中不仅能够就业，而且可以获得新的发展机会，突出人才在企业转型发展中的作用。本案例中，在2017年关停主业时，济钢严格落实国家“转岗不下岗、转业不失业”的要求，不仅平稳分流2万多名员工，而且使济钢人迅速开启“二次创业”。通过发挥济钢人的主观能动性，探索出“产城融合”“跨界融合”的发展新模式，开辟出一条传统企业新旧动能转换的新路，形成以存续产业、新增产业、未来产业为支撑的绿色可持续发展产业架构。可以说，济钢是依靠人民的智慧和力量，才实现了涅槃重生。

■ 启示意义

第一，“善弈者谋势，善治者谋全局”，实现新旧动能转换不仅需要壮士断腕的决心和魄力，更需要善于把握大势、善谋全局，唯有如此，方能在高质量发展中赢得历史主动。在新一轮科技革命和产业变革来临之际，在我国社会主要矛盾已然改变之时，在高质量发展这一我国社会经济发展主题之下，关停高耗能、高污染产能以使传统企业向绿色、环保方向发展，势在必行。然而，去产能不是去企业，加快新旧动能转换才能让企业焕发生机，这就需要加强前瞻性思考、全局性谋划、战略性布局和整体性推进。济钢并没有因产能调整带来的“巨变”而一蹶不振，而是迅速展开新一轮布局。在停产初期，济钢就确立了“结构调整、转型升级存续产业，多元主打、培育发展新兴产业”的“两步走”战略目标，规划了“一个中心、两个基地、三个产业园”的产业布局，在后续的转型中，确立“高端装备制造、新材料、现代城市服务”三大主业定位，大力推动产学研融合，对创新驱动、高端引领、绿色转型、智慧导向、品牌运营、海外战略等进行全方位布局，进而使企业彻底脱胎换骨，在新旧动能转换的战役中大获全胜、赢得历史主动。

第二，必须把科技创新摆在核心位置，厚植创新活力。在以质取胜、以少胜多、以核心竞争力赢得市场的钢铁微利时代，如何实现减量不减效甚至增效的目标成为钢铁企业当前要解决的难题。济钢转型成功的秘诀之一，就在于它把目光紧紧锁定在大兴科技创新、培育核心竞争力上。科技创新是引领新旧动能转换和培育新动能的“源头活水”。坚持创新驱动发展战略，把科技创新摆在高质量转型发展的关键位置，集聚强大的科技创新动能，把科技创新活力充分释放出来，是推动济钢高质量转型发展的重要动力。

案例 12

“中国数谷”渐入佳境：且看贵阳如何实现后发赶超

核心阅读

贵阳，因率先发展大数据而赢得“中国数谷”的美誉。在新一轮科技革命和产业变革来临时，贵阳抢先站上大数据的风口，将其上升至战略高度。借承办数博会的东风，贵阳向数字经济蓝海不懈努力，在打造高水平产业集群、加快构建现代化产业体系、促进数字经济与实体经济深度融合等方面取得积极进展。在“中国数谷”的全面带动下，贵州全省数字经济增速多年位居全国第一；软服业收入增速连续 17 个月保持全国第一；2022 年，贵州产业数字化占比超过 90%。2023 年，贵阳贵安经济总量达到 5 278.04 亿元，同比增长 6.2%；数字经济增加值占地区生产总值的比重超过 52%，数字经济成为贵阳高质量发展的新引擎。2015 年 6 月，习近平在贵阳考察时指出：“贵州发展大数据确实有道理。”站在世界前沿的“中国数谷”，正在逐步将美好蓝图变为现实。

贵阳，一座偏居西南一隅的城市，曾被戏称为“没有存在感的省会”。数字经济在这里经历了从“无中生有”到落地生根，再到风生水起。这座城市成功地实现了一场华丽的逆袭，蝶变为领先全国的“中国数谷”。

抢占先机：凭大数据实现后发赶超的“惊险一跃”

2014 年，贵州先行先试、领先领跑，出台加快大数据产业发展应用的若干政策意见，编制了《大数据产业发展应用规划纲要（2014—2020 年）》，在北京举行贵州·北京大数据产业发展推介会，开启了发展大数据的元年。

在其他城市甚至是发展大数据条件更好的城市还在观望时，贵阳就毅然决然地把大数据上升到战略高度。选择大数据产业不仅是贵阳破除“富饶的贫困”这一悖论的关键一招，也是贵阳后发赶超的“惊险一跃”。

2015 年，举办全球首个以大数据为主题的博览会中国国际大数据专业博览会（简称数博会），建成全国首个大数据交易所。

2016 年，获批全国首个国家大数据工程实验室——提升政府治理能力大数据应用技术国家工程实验室。

2017 年，成为首个国家大数据及网络安全示范试点城市。

2018 年，建成全国首个国家大数据安全靶场，颁布我国大数据安全保护层面首部地方性法规《贵阳市大数据安全管理条例》。

2019 年，贵阳市信息技术服务产业集群被纳入国家首批战略性新兴产业集群。

2020 年，获批国家信息消费示范城市，发布全球首部多语种大数据专业工具书《数典》。

2021 年，建设大数据科创城获批，拉开这座科创之城、未来之城的建设大幕。

2022 年，《关于支持贵州在新时代西部大开发上闯新路的意见》出台，赋予贵州建设“数字经济发展创新区”的战略定位，贵州正式成为“东数西算”工程布局的国家算力枢纽节点之一，贵阳贵安数据中心集群成为重点打造的 10 个国家数据中心集群之一。

2023 年，贵阳大数据交易所成为全国首个数据要素登记 OID（对象识别符）行业节点，上线全国首个“数据产品交易价格计算器”，聚集数据商、数据中介等市场主体达 750 家，上架数据产品达 1 480 个，交易额超过 20 亿元。

截至 2024 年 8 月，贵阳大数据交易所已入驻数据商 885 家、数据中介 210 家，上架交易产品超 2 000 个，累计完成交易超 2 300 笔，交易额突破 52.49 亿元。

“十三五”期间，贵阳市规模以上大数据企业达到 117 家，数字经济增加值达到 1 649 亿元。贵阳市政府数据开放平台在“中国开放数林指数”评估中连续 4 年全国领先，在全球 30 个重要城市开放数据指数中位列第六。以每年一届的数博会为窗口，大数据成为世界认识贵州和贵阳的一张新名片。华为、苹果、阿里巴巴、腾讯、京东、富士康等数百家知名企业项目相继落户贵阳，满帮集团、朗玛信息、易鲸捷、白山云等一批本土大数据企业茁壮成长。

贵阳市还向中高端制造发力，狠抓先进装备制造业、中高端消费品制造业等六大新产业和汽车、生态食品等骨干重点产业链，清晰绘制骨干重点产业链“全景图”“现状图”“招商图”，大力培育新支柱产业和新增长点。同时，持续实施“千企改造”工程和“万企融合”行动，推动传统企业转型升级。

顺势而为：打造高水平产业集群作为数字经济发展的“强引擎”

虽然抢先进入了大数据“蓝海”，但当贵阳与东部发达地区站上同一个赛道，曾经的“抢先机”能否变成持续的“抢新机”？

瞄准制约高质量发展的主要短板和突出问题，贵阳提出加快发展数据中心集聚区、电子信息制造业、软件和信息技术服务业，致力于构建三大千亿级产业集群，以此作为推动数字经济升级突破的重要抓手，全面提升面向全国的算力服务、交易服务、安全服务和人才服务能力。贵阳的目标是，到 2025 年，数字经济增加值占地区生产总值比重超过 45%，大数据与实体经济深度融合发展水平指数达到 60。

2018 年，贵阳建立全国首个国家大数据安全靶场，首创了常态化实战攻防演练机制，助力城市及企事业单位排查网络安全漏洞。这是贵阳大数据产业又一个领先全国的新亮点。同时，贵阳还探索出实网攻防的“贵阳模式”，并依托国家大数据安全靶场建成了全国首个大数据安全产业示范区。

2020 年，面对新冠疫情的冲击，贵阳以创新思路化危为机，举办了“永不落幕的数博会”。从线下转到云端，数博会的吸引力不仅没有减弱，反而给参会者带来了全新的体验，合作交流延伸到了更广的空间和更长的时间。数博会海外传播覆盖11个语种、200多个国家和地区，全网阅读量超过48亿次，成为历时最长、成果最丰硕的一届数博会。

2020年，贵阳市规模以上互联网和相关、软件和信息技术服务业企业营收149.1亿元，同比增长50.1%；累计建设5G基站8 006个，占贵州省建成数的近四成。全市规模以上工业企业上云比例超过85%，大数据与实体经济融合指数达51.1。

2022年，《关于支持贵州在新时代西部大开发上闯新路的意见》提出，要推进国家大数据综合试验区和贵阳大数据科创城建设，加快构建以数字经济为引领的现代产业体系。

贵阳一边建设，一边招商，综合运用重点龙头企业产业链招商、以商招商、资本招商、协会招商、平台招商、领导招商等方式，全力推进大数据科创城的招商引资工作。截至2023年5月，已招引华为、满帮、满运、中软国际、中融信通、美的、慧科教育等重点企业50家，累计完成招引注册企业485家，注册资本210亿元。其中，大数据类企业达317家，占比65%。

围绕华为云生态产业，大数据科创城着力推进华为云（贵阳贵安）数字经济创新中心建设，成功招引中软国际、北京易动纷享、泰博科技、十六进制科技、中融信通等企业，着力打造华为云生态产业。截至2023年5月，华为生态合作伙伴企业已在大数据科创城注册的有15家。其中，中软国际、中融信通、中融软科等企业已入驻。

围绕贵安新区数据中心产业生态，依托全国一体化算力网络国家（贵州）枢纽节点，成功启动算力运营调度中心、算力枢纽中心、贵阳贵安超互联新算力基础设施等一批重大项目建设，成功招引网易云、世纪互联、研祥高科等一批算力资源生态企业。

乘“数”而行：数博大道全面带动城市高质量发展

因数博会而得名的数博大道，是一条连通贵阳、贵安的城市中轴线，也是贵阳、贵安融合发展的新脊梁、数字产业发展的大平台、提升城市品质的新窗口。

数博大道南抵太金线，北至创筑路，延绵20多公里，从规划之初起，就被赋予了贵阳大数据落地生根的重要承载区、贵州大数据融合发展的先行示范区、国家大数据综合试验区的集中展示区、全球大数据产业发展的合作交流区，推动大数据产业可持续发展的重要使命。

数博大道全程与数十条东西向主干道交会，织成便捷的交通路网，贯穿贵阳、贵安的东西南北向，沿线分布着超过3 300家大数据企业，占贵阳、贵安大数据企业的60%。有形的数博大道串联起大数据产业上下游，发挥着数字经济的集聚效应。

数博大道核心区域不仅汇聚有数博万达商圈、世纪城商圈、会展城商圈等知名主力商圈，还坐拥金阳医院、贵州医科大学附属肿瘤医院、观山湖人民医院、金朱医院等优质医疗资源，另有观山湖公园、白鹭湖公园、长坡岭森林公园等优越生态资源点缀。

数博大道是展示贵阳大数据产业成功的综合体，集产业、智慧、生态、创新、体验、文旅七大功能于一体。新经济业态、新消费场景不断涌现，城市生活品质和消费能级不断提升，配套完善、交通便捷、舒适宜居的城市生活轴正在形成。这条南北双向延伸的数博大道，正在撬动沿线人流、物流、资源要素等释放“乘数效应”，在贵阳建设创新型城市的过程中发挥着至关重要的作用。

思考讨论

1. 在其他城市对发展大数据产业持观望态度时，为什么贵阳毅然决然地选择将大数据产业作为其后发赶超的着力点？

2. 在发展数字经济上，贵阳是如何将曾经的“抢先机”变成持续的“抢新机”的？

3. 从“没有存在感的省会”蝶变成为享誉全球的“中国数谷”，贵阳究竟做对了什么？“中国数谷”的崛起之路为我国发展数字经济带来哪些启示？

教学建议

本案例主要适用于第六章第四节“建设现代化经济体系”部分的辅助教学。本案例主要介绍了党的十八大以来，贵阳坚持“一张蓝图绘到底”，坚持一系列创新性探索，以大数据为引领，实现了数字经济从“落地生根”到“集聚成势”的精彩跳跃，走出了一条有别于东部、不同于西部其他省份的后发地区高质量发展新路。

组织教学建议

第一，注意引导学生理解抢抓机遇、抢占先机对于发展数字经济、实现后发赶超的重要性。在大数据产业发展之初，贵阳曾遭遇诸多质疑：不沿江、不沿边、不沿海的城市，凭什么发展最前沿的大数据？即便站上了风口，贵阳的大数据产业能不能可持续发展？事实上，贵阳发展大数据产业是有先天优势的，例如气候宜人、灾害风险低、电力充足等。最为重要的是，贵阳抢先把大数据上升到战略高度，贵在一个“抢”字，重在一个“干”字，贵阳的这一抉择，后来被称为“城市的觉醒”，如今回头看来，这也是“中国数谷”能够崛起的关键。通过本案例，要使学生明白，抓住机遇、抢占先机对于发展数字经济、实现高质量发展的重要意义。

第二，注意引导学生把握贵阳构建数字发展“强引擎”的具体做法。贵阳致力于将数据中心集聚区、电子信息制造业、软件和信息技术服务业打造成为三大千亿级产业集群，以此作为推动数字经济升级突破的重要抓手。授课教师可以通过提问和对话的方式引导学生思考贵阳这么做的原因。虽然贵阳在大数据产业发展上取得了一定的成绩，但在当时，大数据产业规模还需要进一步扩大，大数据与实体经济融合有待进一步强化，数据红利有待进一步释放。在人才供给方面，贵阳高校数量较少，本土人才较为匮乏。因此，只有产业集聚度提高，市场更加活跃，人才的数量和素质才会随之提升。要使学生明白，打造高水平数字产业集群是贵阳因地制宜的选择，是符合数字经济发展规律的做法，更是贵阳主动识变、求变、应变的方法论。

第三，通过本案例，要使学生理解，加强数据安全、构建大数据安全产业的重要性。在组织讨论环节，可以就贵阳建立全国首个国家大数据安全靶场的意义展开讨论。很多企业并不知道自己的数据安全情况。一些不法势力通过技术手段很容易进入企业存储数据库，对企业甚至国家造成难以挽回的损失，数据安全的重要性可想而知。贵阳首创常态化实战攻防演练机制，助力城市及企事业单位排查网络安全漏洞，成为数字经济高质量发展的重要后盾。通过讨论分析，要使学生进一步明确，数据安全不仅是数字经济发展的重要保障，更是国家安全不可或缺的部分。

第四，注意引导学生理解贵阳建设数博大道的重要作用。授课教师可以通过提问的方式让学生尝试回答，数博大道是条路吗？其实这一问题具有双关性，数博大道既是路，又不只是路。准确地说，数博大道聚焦于全球互联网、大数据、人工智能与实体经济深度融合与交流，其主要功能在于拉近大数据产业与城市生活的距离。通过分析讨论，要使学生理解，数博大道不断通过撬动沿线人流、物流、资源要素等释放“乘数效应”，在贵阳建设创新型城市的过程中发挥了至关重要的作用。

■ 总结提升建议

第一，战略性新兴产业具有先导性，代表新一轮科技革命和产业变革的方向，是引领国家未来产业发展的决定性力量。大数据是一种新兴技术、一种理念，更是新质生产力的重要组成部分。它改变着新一轮产业格局，促进消费和互联网经济快速发展，带动经济社会深刻变革，是战略性新兴产业，其应用具有高渗透性和倍增性。因此，大力发展大数据产业，以数字化、信息化提升发展的核心竞争力，是实现后发赶超、弯道超车的明智选择。正是认识到这一点，在其他城市甚至是发展大数据条件更好的城市还在观望时，贵阳就果断把大数据上升到战略高度，完成了贵阳后发赶超的“惊险一跃”。从2015年贵阳举办全球首个以大数据为主题的博览会数博会、建成全国首个大数据交易所，到2022年贵州正式成为“东数西算”工程布局的国家算力枢纽节点之一、贵阳贵安成为重点打造的10个国家数据中心集群之一，在贵阳，大数据的概念早已不是一个技术或产业概念，而是上升成为城市发展的原动力和顶层设计理念，是其后发赶超的制胜法宝。

第二，以数据为关键生产要素，推动大数据与实体经济深度融合，是建设现代化经济体系的必然要求。随着大数据等高新技术的迅猛发展，对传统产业进行全方位、全角度、全链条的数字化、智能化改造升级，不仅能够将大数据战略行动向纵深推进，而且赋予传统产业新的动能和生机。数据是数字经济新的关键生产要素，而融合是新生产、新服务方式产生的前提，在推进数字产业化、产业数字化的过程中，能够不断实现融合创新，催生新业态、新模式，持续构建出更广泛、更多元、更立体的经济体系。在本案例中，贵阳的后发赶超同其选择大数据与实体经济融合的发展路径密不可分。贵阳作为省会城市，实体经济相对薄弱曾是其一大短板，为此，贵阳以大数据引领传统产业转型升级，以大数据与实体经济融合发展为契机，向中高端制造发力，狠抓先进装备制造业、中高端消费品制造业等六大新产业和汽车、生态食品等骨干重点产业链。贵阳大力培育新支柱产业和新增长点，持续实施“千企改造”工程和“万企融合”行动，推动传统企业转型升级，进而推进整个贵阳产业体系的现代化进程。

第三，打造具有国际竞争力的数字产业集群，是持续将发展数字经济的“先机”转化为“新机”的制胜法宝。数字产业是数字经济产业化的集中体现。随着大数据等新兴技术不断释放发展动能、催生新业态，数字产业的发展已成为新一轮全球竞争的焦点。要想在数字经济的角逐中拥有发展的主动权，不仅要提前布局赛道，抢占未来发展的制高点，而且需加快锻造长板、补齐短板，培育具有国际竞争力的大企业和具有产业链控制力的生态主导型企业，构建自主可控产业生态。在本案例中，贵阳将打造高水平产业集群作为数字经济发展的“强引擎”，瞄准制约高质量发展的主要短板和突出问题，将数据中心集聚区、电子信息制造业、软件和信息技术服务业打造成为三大千亿级产业集群，全面提升面向全国的算力服务、交易服务、安全服务和人才服务能力。借助大数据发展优势，贵阳建立全国首个国家大数据安全靶场，并依托国家大数据安全靶场建成了全国首个大数据安全产业示范区，逐渐形成数据安全产业集群。在实施大数据战略中，贵阳数字产业快速增长、势如破竹，为“中国数谷”的崛起持续输入强大动能。

第四，数字化是新的时代特征，以数字经济带动城市全面发展，是推进经济高质量发展的战略要求。数字技术正广泛应用于越来越多的领域，数字产业正在持续释放红利，不断提升人民群众在数字时代的获得感、幸福感和安全感。因此，不断丰富数字化生活场景和体验，激发数字经济的集聚效应，使数字技术更好地满足人民对美好生活的需要，是城市实现高质量发展的内在目标和必要支撑。在本案例中，贵阳的数博大道不仅仅是一条交通干道，更是贵阳建设创新型城市的一条“通天大道”。在这里，大数据产业的发展为贵阳带来人流的汇集，推动沿线商业配套设施逐渐完善。新经济业态、新消费场景不断涌现，城市生活品质和消费能级不断提升。集产业、智慧、生态、创新、体验、文旅等功能于一体的数博大道，既是展示贵阳发展大数据产业成功的综合体，更是展现贵阳城市高质量发展的亮丽名片。

启示意义

发展数字经济，需将先发优势和可持续优势结合起来。在发展机遇来临时，抢抓机遇、抢占先机，便会赢得主动，拥有先发优势。如今，新兴技术发展迅猛、新兴产业方兴未艾，机遇稍纵即逝，发展数字经济、实现高质量发展，必须拿出强大的行动力，快人一步，抢占发展制高点。在占据先发优势之后，也不能故步自封、停滞不前，而是要以强大的行动力不断寻找新的生长点，进而形成可持续优势。500 多年前王阳明曾在贵阳“悟道”，并提出“知行合一”等思想。秉承王阳明知行合一的实干精神，贵阳抓住每一个发展的机遇，敢闯敢拼、后发赶超，准确把握新发展阶段和发展趋势，深入贯彻新发展理念，加快构建新发展格局，在高质量发展统揽经济社会发展的全局中，实现了“中国数谷”的崛起。

案例 13

山西阳泉：从“煤炭之城”到“数智新城”

核心阅读

山西阳泉是中国共产党创建的第一座人民城市。70多年来，阳泉作为能源重化工基地，一直为国家发展贡献力量。近年来，阳泉又肩负起建设“数智新城”的使命，站在创建国家创新型城市的高度，紧抓数字经济风口，加快数字基建，打造智车之城，拓展应用场景，涵养数字生态，科学布局数字经济。2012年，百度云计算中心落户阳泉，服务器总量达到24.5万台；2019年自动驾驶技术进入阳泉，阳泉成为全国首个全域开放自动驾驶的地级市；2020年，全国首个5G煤矿专网在华阳集团落成；2022年，阳泉软件和信息技术服务业营业收入增长27.3%，数字经济核心产业增加值增速达12%；2023年阳泉规模以上数字经济核心企业营收同比增长30%；2024年阳泉数字经济核心产业营收增长13.3%，获评“2023—2024年度中国新型智慧百强城市”。加速奔跑的阳泉正在努力蝶变，走出资源型城市全方位数字化转型新路径。

这里，有驿马关隘古战场的阳刚，更有悠悠石磨听流水的温婉。

这里是“天下第九关”娘子关，据传唐太宗李世民的妹妹平阳公主曾率娘子军在此设防驻守，故而得名。

娘子关下，潺潺桃河水见证着阳泉从历史深处走来，实现着山城的数智蝶变。

算力支撑：山城乘“数”之东风而起

“《三体》的作者是哪里人?”

“如果要续写的话，可以从哪些角度出发?”

百度创始人李彦宏和“文心一言”做了一段有趣的交流，其中“续写《三体》”“百度”“刘慈欣”等关键词，无一不是阳泉的骄傲，而支撑“文心一言”的算力也同样来自阳泉。

2023年3月，百度召开新闻发布会，宣布正式推出基于百度新一代大语言模型的生成式AI产品——“文心一言”。百度的“文心一言”，也成为全球第一个对标ChatGPT的产品。

大语言模型和生成式 AI 的发展和应用是当下最热的风潮，是全球各大相关企业都不愿错过的机会。同时，其相关产品的研发和使用，也都离不开数据中心的底层算力支持。

百度云计算（阳泉）中心，2012 年正式落户阳泉，一期工程总投资 47 亿元，总建筑面积 12 万平方米，是百度自建的第一个大型数据中心项目。中心涵盖 13 个模组，可承载约 28 万台服务器，算力规模达 4EFLOPS（每秒 400 亿亿次浮点运算）。该中心也是亚洲最大单体智算中心之一。

2020 年，山西省首家地市级智慧能源数据中心落户阳泉，进一步实现能源数据汇聚融合、共享交换和挖掘分析，将前沿技术与政务服务、产业融合、民生服务有机结合。2021 年，山西智创城 7 号正式揭牌启动，为阳泉市数字经济产业发展搭建了新的舞台；阳泉市“车城网—车路智行新生态”项目启动实施，在市内开放道路部署车路协同智能基础设施，实现自动驾驶出行服务。2022 年，“车城网—车路智行新生态”项目持续推进，百度“萝卜快跑”自动驾驶商业化出行服务试点落地阳泉，阳泉成为全国首个全域开放自动驾驶的地级市……

从“试水破冰”到“风潮涌动”，数字经济带来的新动能正推动着各行各业的新发展。华阳联创、数字阳泉、领航科技、中谷智能、颐康鑫悦等一批数字智能科技企业如雨后春笋般成长起来，5G 煤矿、自动驾驶、智慧医疗等全新的技术探索走在了全国前列。

锚定赛道：打造高水平产业集群

近年来，阳泉市提出，要实施数字经济优先发展战略，塑造弯道超车、换道领跑的新优势。中电阳泉数字经济产业园项目就是阳泉发展数字经济，培育产业生态、打造产业集群，推动高质量发展的重要“引擎”之一。

中电阳泉数字经济产业园由中国电子旗下公司与阳泉市政府合作共建，是阳泉市聚焦“六新”突破、发展数字经济、培育产业生态的“引擎”之一。项目一期总建筑面积约 15 万平方米，建设内容为 64 栋单体建筑，包括独栋厂房、研发办公楼等。项目建成后，将成为集聚产业企业和服务产业发展的核心“磁极”。

截至 2023 年 6 月，中电阳泉数字经济产业园已对接企业 400 余家，实地考察 80 余家，意向入驻企业 32 家。其中，电子终端制造型企业 8 家、数字经济服务类企业 20 家、配套企业 4 家。

阳泉市把发展数字经济作为引领新旧动能转换的重要抓手，加快传统产业数智升级，进一步挺起阳泉的“产业脊梁”。

围绕煤矿智能建设，全市建成华阳一矿、新景矿两座智能化煤矿和 57 处智能化采掘工作面，并在有序完成结转智能化建设任务基础上，加快推动全市 180 万吨/年以上煤矿智能化项目全部开工。

聚焦于九大产业链，阳泉市实施产业链重大项目攻坚行动，强化“政府＋链主企业＋产业园”作用，政企一体推进补链、延链、强链，重点培育以砂陶、耐火材料、新能源电池、矿用系列材料、富硒农业产业为代表的特色专业镇，提升专业镇主导产业优势。

加快数智新城建设，阳泉市锚定打造数智新城战略部署，重点实施好算力基础设施夯基工程、产业数字化示范工程、数字产业集聚工程、智慧城市应用创新工程、数字人才引育工程、数字生态涵养工程“六大工程”。

栽下梧桐：以人才战略作为破局之道

阳泉是一座典型的煤炭资源型城市。在转型发展的大潮下，阳泉市瞄准数字经济、新能源电池、现代装备制造等产业集群，制定紧贴实际的人才引进政策，在洽谈项目中发掘人才、在考察项目中关注人才，以人才加快带动产业升级步伐。

位于阳泉市高新区的“山西智创城 7 号”，是阳泉实施创新驱动发展战略、打造“双创”升级版的重大举措。“山西智创城 7 号”集聚国内外创新资源，布局完善“双创”服务链条。截至 2023 年 6 月，已入驻企业 75 家，引入和培育高企 13 家、科技型中小企业入库 15 家、创新型中小企业 1 家、高层次人才 6 人。

阳泉按照“政策引导＋资金扶持＋平台孵化＋服务保障”的模式，不断推动“双创”孵化基地规范建设、提档升级，让人才和项目享有全链条、“一站式”便捷服务，打造阳泉“双创”示范新引擎。同时，山西省首个科技领军人才创新驱动中心也落户阳泉市高新区，持续开展的“科技领军人才阳泉行”活动，建立起了人才引进、智力支持、项目评审、培训交流等多元化常态化的支持与服务机制，形成智力与人才支撑。

围绕打造数字经济产业集群，阳泉还以“数智新城”建设为牵引，依托百度、清研（阳泉）等创新资源，成立以科技创新为主线的招商小组，推动人才、技术等集聚。同时，用好科技部企业创新积分制试点，建设集科技成果转化、知识产权服务、“双创”金融服务、人才引育四大功能于一体的“数智管理平台”，形成人才引育的良好环境。

服务民生：让数字智能技术助力实现美好生活

步入北山公园，智能垃圾桶、人脸智能识别储物柜等智能设备依托百度人工智能技术，将大数据、物联网等贯穿其中，游客在尽享生态之美的同时，也可体验到人工智能带来的便利。

走在城市街头，个头小、肚量大的邮政无人配送车穿梭其间，在自动驾驶公交车、安防车、售卖车、清扫车相继亮相后，无人配送车也正式“上岗”，为阳泉带来了与众不同的“智慧体验”，使城市有了“科技温度”。

通过交通特征分析研判、全域信控优化、公交优先等多类型智慧交通应用场景，在大幅提升居民出行效率、改善居民出行体验的同时，也能有效实现节能降碳。例如，信控优化系统上线后，路口平均排队长度减少了 20 米到 30 米，停车次数减少了 20%，整体通行效率提升 40%以上。

2021 年，阳泉被确定为山西省第一批省级新型智慧城市试点市之一。阳泉用足用好首批省级新型智慧城市试点政策，启动了以“城市大脑”为牵引的新型智慧城市建设。当年 12 月 31 日，阳泉市“城市大脑”测试运行，城市治理、应急处置、群众服务等领域多场景初步上线，全市数据资源整合开发取得实质性突破。

“城市大脑”作为实现城市治理现代化的重要手段，通过采用多级联动、协调处置及全流程监督方式，助力破解社会治理难题。它是进一步提升城市应急处理能力的必要保障，通过统筹城市资源，统一指挥、科学决策，实现高效联动应急响应，提升城市应对自然灾害和突发事件的自救能力；它更是提高人民群众对城市服务满意度的重要途径，通过实现政务服务“一网通办”、政府运行“一网协同”、城市运行“一网统管”、城市服务“一键直达”，为群众提供普惠、便利、快捷、精准的公共服务。

思考讨论

1. 百度云计算（阳泉）中心落户阳泉后给阳泉城市发展带来了哪些变化？你认为产生这些变化的原因是什么？

2. 为什么阳泉在发展数字经济的过程中大力培育产业生态、打造产业集群？这么做的意义是什么？

3. 阳泉经验对资源型城市转型有哪些启示？

教学建议

本案例主要适用于第六章第四节中“建设现代化产业体系”部分的辅助教学。本案例主要介绍了山城阳泉勇担建设“数智新城”的重大使命，抓住机遇，在发展数字经济领域主动闯、大胆试，充分发挥数据中心算力优势，不断丰富数据产品和场景应用，促进数字经济与实体经济深度融合，在推动高质量发展中奋力前行的生动实践。

组织教学建议

第一，注意引导学生理解算力对于数字经济乃至整个国家经济高质量发展的支撑作用。授课教师可以从对标 ChatGPT 的“文心一言”AI 产品的开发和投入入手，让学生先谈谈自己对百度云计算的了解，引导学生思考为何对我们智算中心的投入如此之大、发展节奏如此之快，进而使其主动认识到算力资源对于数字经济发展的重要支撑作用。结合本案例来看，算力可谓阳泉崛起之东风，不仅为其催生新业态，而且为其传统企业的转型发展赋能，极大地推进了阳泉数字经济与实体经济的深度融合。

第二，在案例导入环节，为了吸引学生的注意力，可以通过播放视频等多元化方式使学生了解阳泉的自动驾驶车。视频《“中共创建第一城”成“智车之城”》较好地展示了阳泉自动驾驶车路协同智能基础设施建设和服务状况。2022 年以来，不少阳泉市民出行时喜欢叫一辆自动驾驶出租车，“萝卜快评”刚开始运营，订单就多得令其应接不暇。除了自动驾驶出租车，包括自动驾驶公交车、无人新零售车、智能巡检车、无人清扫车等十余种车型在内的全场景自动驾驶都出现在阳泉。通过本案例，要使学生看到，城市的数字化、智能化发展给民生事业带来的实实在在的改变，“科技改变生活”不仅仅是一句口号，发展数字经济是通向美好生活的金钥匙。

第三，注意引导学生把握阳泉打造高水平产业集群的具体做法和原因。通过本案例，要使学生明白，产业布局不能仅靠单一的产业或者单一的大项目，这么做不仅满足不了当前需要，而且可能造成社会经济发展后期乏力的状况，把产业长板拉得更长、规模做得更大，才能保持长久的竞争力。阳泉看到了数字化、智能化发展的无限潜力，瞄准新赛道、聚焦新兴产业，确立了集群式发展的路径。阳泉一方面让数字经济东风劲吹，推进数字产业化，打造数字产业集群；另一方面，传统产业也不落人后，把数字化、智能化发展作为引领新旧动能转换的重要抓手，加快传统产业数智升级。授课教师在案例分析的过程中需把阳泉构建产业集群的发展思路和具体做法跟学生讲清楚。

第四，要引导学生理解引才育才对发展数字经济的重要性，使学生深刻把握“人才是第一资源”的观点。在组织讨论环节，授课教师可以引导学生理解阳泉的人才引进政策以及扶持创新创业项目的具体做法，并进一步追问其原因，使学生切实认识到，在转型发展的大潮下，只有大力引才育才才能为转型发展积聚动能，抓好人才工作乃推进数字经济高质量发展的“破局之道”。

总结提升建议

第一，基础设施是经济社会发展的重要支撑，智能互联是数字经济新型基础设施的主要特征，新型基础设施建设先行是数字经济健康发展的重要保障。当前，数字经济发展速度之快、辐射范围之广、影响程度之深前所未有，数字变革正在对生产力、生产关系产生全方位、深层次的影响。数字经济底层架构的核心是连接，因而发展数字经济必须高度重视信息、融合、创新和数据等新型基础设施建设。在本案例中，阳泉能够在数字化、智能化发展浪潮中突围，实现弯道超车，很大程度上得益于其数字经济新基础设施的提前布局和建设。2012年落户阳泉的百度云计算（阳泉）中心是亚洲最大单体智算中心之一，在其带动下，山西省首家地市级智慧能源数据中心落户阳泉，这对于能源数据汇聚融合、共享交换和挖掘分析具有不可替代的作用。阳泉“车城网—车路智行新生态”项目的启动实施、持续推进，使阳泉成为全国首个全域开放自动驾驶的地级市，这同样离不开智能基础设施的支撑。从“试水破冰”到“风潮涌动”，数字经济新基础设施正在打通阳泉各行各业融合发展的“大动脉”。

第二，促进数字经济和实体经济深度融合，不断推进数字产业化和产业数字化，是实现经济高质量发展的重要战略举措。数字产业化是发展数字经济的“先手棋”，通过电子信息制造业、信息通信业、软件服务业、互联网业等数字经济核心产业的发展与融合创新，以多种技术的集成形成乘数效应，进而不断做大做强做实数字产业。产业数字化是在数字世界中实现生产、分配、流通、消费、投资等生产经营活动全生命周期的数字化呈现，在这一进程中持续构建新的产业协作体系、资源配置体系、价值共创体系，能为新发展格局的形成提供有效助力。在本案例中，阳泉大力布局数字经济，培育产业生态、打造产业集群，抢占未来先机。中国电子旗下公司与阳泉市政府合作共建中电阳泉数字经济产业园，正是阳泉发展数字经济、培育产业生态的“引擎”之一。阳泉把发展数字经济作为引领新旧动能转换的重要抓手，加快传统产业数智升级，锚定工业育新，发展支柱产业，开展煤矿智能建设，夯实转型基础，推动数字技术与实体经济深度融合，着力打造数字经济新引擎，加快构建现代化产业体系。阳泉使数字经济与传统产业融合发展、并驾齐驱。

第三，人才是第一资源，发掘人才、引进人才、培育人才是破解发展难题、推动数字经济高质量发展的首要战略。促进数字经济和实体经济融合发展是数智时代我国主动识变、应变、求变的重要战略举措。在这一过程中，既需要掌握前沿高新技术、投身关键核心技术攻坚战的“技术达人”，又缺少不了熟知传统行业经济特征和发展规律、懂得先进管理方法的复合型人才。因此，必须以合理的人才战略引进和培育同数字经济发展需要相匹配的高水平、复合型、技能型人才，打造数字人才高地，才能保障数字经济高质量发展的可持续性。在本案例中，阳泉是一座典型的煤炭资源型城市，对人才的吸引力不如沿海地区，做好人才工作成为阳泉的破局之道。阳泉在数字经济发展机遇面前做了充分而细致的人才工作，瞄准数字经济、新能源电池、现代装备制造等产业集群，制定紧贴实际的人才引进政策，在洽谈项目中发掘人才、在考察项目中关注人才。“山西智创城 7 号”是阳泉实施创新驱动发展战略、打造“双创”升级版的重大举措；按照“政策引导＋资金扶持＋平台孵化＋服务保障”的模式，阳泉大力推动“双创”孵化基地规范建设、提档升级，让人才和项目享有全链条、“一站式”便捷服务，打造阳泉“双创”示范新引擎。种下梧桐树，凤凰自然来，人才的聚集让阳泉的数字经济发展拥有了更大的底气和动力。

第四，发展数字经济，应当以满足人民美好生活需要为目标，通过不断拓展数字智能技术应用惠及民生。无论是数字技术的发展还是数字经济的发展，归根结底都是为了人民、为了满足人民美好生活的需要。让数字经济“随风潜入夜”，并“润物细无声”地便利人民生活、提升人民生活品质，乃我国数字经济高质量发展的题中应有之义。因此，发展数字经济当以人民为中心、以惠及民生为导向，通过不断拓展技术应用场景，推动解决民生领域中的堵点、难点，使人民在“数字生活”中拥有更多、更实在、更有温度的获得感。在本案例中，阳泉在推进数字经济迅猛发展的同时，也十分强调让数字经济惠及民生，使越来越多的人享受到智慧服务。阳泉通过多类型智慧交通应用场景，大幅提升了居民的出行效率、改善了居民的出行体验，并有效实现了节能降碳。阳泉启动以“城市大脑”为牵引的新型智慧城市建设，采用多级联动、协调处置及全流程监督方式，助力破解社会治理难题；通过实现政务服务“一网通办”、政府运行“一网协同”、城市运行“一网统管”、城市服务“一键直达”，为群众提供普惠、便利、快捷、精准的公共服务，使人民在数字经济的发展中切实拥有获得感和幸福感。

■ 启示意义

在数字化发展的大势中，资源型城市要实现弯道超车，必须立足于新业态打造，聚力推进数字化、智能化改革。在数字经济发展浪潮来临之际，想要异军突进，必须根据自身的优势和劣势，选对方向、抢抓机遇、拓宽视野、提前布局、谋划实招，才能赢得发展数字经济的主动，走出一条具有自身特色的高质量发展之路。“来而不可失者，时也；蹈而不可失者，机也。”山城阳泉是一座典型的煤炭资源型城市，综合各方面硬件条件，其在数字经济发展上并不具有天然优势，还面临着资源枯竭的发展困境。正是因为抓准新一轮科技革命和产业变革的时机，充分发挥和运用数据中心算力优势，催生新业态，赋能传统行业转型升级，阳泉才借“数智”之东风驶入发展数字经济的“快车道”，在“数字新城”的蝶变之路上大步向前。

案例 14

沈阳铁西：在全面振兴新突破中谱写高质量发展“协奏曲”

核心阅读

步入新时代，沈阳铁西完整、准确、全面贯彻新发展理念，全力打造新型工业化示范区的核心区，在全面振兴新突破中谱写了高质量发展的“协奏曲”。截至 2023 年上半年，铁西已累计建设 5G 基站超 4 000 座，建成 13 个数字化车间、9 个高标准智能工厂，培育数字化应用场景项目 30 个；共获批国家和省级首台（套）重大技术装备项目 38 个，龙门式五轴铣镗加工中心等 25 个产品达到世界先进水平；共改造老旧小区 51 个，改造背街小巷 16 条，改造老旧管网 70 余千米，家庭医生进社区实现全覆盖；空气质量改善率位居全市前列，空气优良天数达到 309 天……“新时代、新铁西”，高质量发展的火热实践正在这里如火如荼地开展。

以“铁西”为名的区县不止一个，但最为人们熟知的，还是辽宁省沈阳市铁西区。

走过辉煌，一度困顿。20 世纪末，铁西 90％的国有企业处于停产或半停产状态，有 13 万产业工人下岗。2003 年 10 月，东北地区等老工业基地实施振兴战略，铁西通过“东搬西建”等方式解决了“钱从哪里来”“人往哪里去”等问题，基本完成了老工业区调整改造任务。凤凰涅槃，铁西用了十年时间又站上了振兴新起点。

党的十八大以来，习近平多次到东北考察调研，多次主持召开专题座谈会，谋划推进东北全面振兴、全方位振兴。“我一直关注着东北老工业基地”，“作为‘共和国长子’，这里有过辉煌，也有过低迷，现在又扛起国家重担、焕发青春，我很欣慰。要好好总结经验，推动东北老工业基地进一步发展。”“我们对东北振兴充满信心、充满期待。”

好风凭借力，腾飞正此时。步入新时代，铁西坚定不移贯彻新发展理念，推动高质量发展，努力以“新时代、新铁西”建设的火热实践，在新时代东北振兴、辽宁振兴中展现更大担当和作为。

作为国家重要的装备制造业基地，铁西聚焦于建设现代化产业体系，扎实做好结构调整“三篇大文章”（改造升级“老字号”、深度开发“原字号”、培育壮大“新字号”），加快产业转型升级步伐，着力推动装备制造业向产业链中高端迈进。

镜头一：产业转型升级

在三一重型装备有限公司，通过利用人机协同技术，产能提升 110%，产品生产周期缩短 27%。得益于 300 台智能机器人的协同工作，工厂全工序自动化率达到 80%以上，1 小时即可生产 1 台宽体车和 1 台液压支架。

2022 年，铁西获批国家先进制造业和现代服务业融合发展试点区域。铁西通过发挥重矿、输变电和能源等成套装备领域优势，支持装备制造龙头企业服务化转型。全区累计培育近 20 家系统解决方案供应商，沈阳铸造研究所等 8 家企业获批国家级服务型制造示范平台、示范企业。

以新技术、新业态、新理念为引领，铁西加速推进制造业数字化、服务化、绿色化转型。截至 2023 年上半年，铁西已累计建设 5G 基站超 4 000 座，实现 5G 网络全域全覆盖；同时，累计建成 13 个数字化车间、9 个高标准智能工厂，培育数字化应用场景项目 30 个。

曾经的铁西创造了新中国工业史上的几百项第一；新时代，铁西把创新作为引领发展的第一动力，仍在继续书写“第一”的故事。

粗细不同的笔直钢柱、大小不一的套管圆环，组成了约十层楼高的试验塔，两名科研人员正在塔下进行参数测试。这里是特变电工沈阳变压器集团有限公司（简称沈变公司）的特高压套管研发制造基地，2023 年 3 月开始陆续投产。

特高压套管的研制，是特高压输变电装备国产化的一道技术难关。在铁西区政府相关部门的协调下，沈变公司与高校等科研机构在绝缘特性研究、温度场仿真计算分析等方面开展合作，研制出拥有自主知识产权的±800 千伏特高压干式直流套管，并顺利挂网运行。

镜头二：推进科技自立自强

推进科技自立自强，必须打赢关键核心技术攻坚战。面向高端装备、智能制造、生物医药等重点产业链，铁西瞄准科技领军企业及配套企业关键核心技术需求，解决产业共性“卡脖子”难题。

沈鼓集团股份有限公司透平公司转子车间里，伴随着机器的轰鸣声，天车吊运着各种零部件来回穿梭，工人紧盯数控机床的各项参数，各型号压缩机零部件正在紧锣密鼓生产中。2023 年，由沈鼓集团研制的我国首台（套）9 兆瓦级大型海上平台压缩机顺利通过 72 小时负荷运行考核，标志着我国海上天然气生产摆脱了对进口压缩机组的依赖，填补了海上油气平台用压缩机的国产化空白。沈鼓集团承担了我国能源与化工领域所有大型压缩机组国产化首台（套）的研制任务并全部获得成功，研制成功近百种重大技术装备，有力保障了我国压缩机产业链供应链的安全、自主、可控。

截至 2023 年上半年，铁西全区共获批国家和省级首台（套）重大技术装备项目 38 个，龙门式五轴铣镗加工中心等 25 个产品达到世界先进水平，为维护国家产业安全贡献了铁西力量。

镜头三：主动激活开放动能

走进华晨宝马汽车有限公司铁西工厂车身车间，一个个封闭的操作空间里，机器手臂灵活翻转、精准定位，按照事先输入的程序自动完成各项焊接任务，绽出焊花朵朵。2023年2月20日，第500万辆国产宝马汽车在铁西工厂下线。2010年以来，华晨宝马在华总投资累计已超950亿元，创造超过2.6万个工作岗位。经过多年的发展，宝马沈阳生产基地集研发、采购、生产于一体，年产能超过80万辆，已经成为宝马集团全球最大规模的生产基地和最重要的新能源汽车中心之一。

以华晨宝马等龙头企业为牵引，铁西着力实施对外开放提标行动，打造国际化产业工程，构建连通国内国际双循环重要节点。2022年，铁西完成进出口总额460亿元，占全市的1/3；实际利用外资总额占全市的43%。

2023年3月，德国铁西日暨中德（沈阳）高端装备制造产业园产业合作交流会在德国慕尼黑成功举办，现场共促成中欧数字联盟数字化改造提升项目、德国开元周游集团文旅合作项目等11个项目成功签约。

早在2015年12月，中德（沈阳）高端装备制造产业园（简称中德园）建设方案获国务院批复，这是全国首个以中德高端装备制造产业合作为主题的战略性平台。作为中国制造与德国工业4.0对接战略合作试验区，中德园立志于建设国际化、智能化、绿色化高端装备制造产业园区，吸引了众多外资企业，成为沈阳对外开放的新高地。从成立之初，中德园就坚持市场化改革方向，提高园区发展建设效率和水平，创新“管委会＋平台公司”管理体制，组建3家国有全资公司分别负责园区的开发建设、产业运营和金融服务，充分发挥市场在资源配置中的决定性作用。

中德园全力建设国际化营商环境。园区建设了“一站式”德企（外企）服务平台，集政务服务、企业服务和社会服务于一体，为企业投资发展提供从市场咨询、法律服务、翻译谈判到行政审批等全方位服务。

铁西在全市率先实施产业项目“标准地供应＋带方案出让＋拿地即开工”审批模式，工程项目审批缩短至35个工作日内。同时深入推进“全程网办”“一网通办”改革，扩大“一件事一次办”“只提交一次材料”事项覆盖范围，让数据多跑路、让企业少跑腿。

服务有温度，投资有热度。截至2023年上半年，中德园累计引进高质量项目400多个，总投资达3 200亿元，其中外资项目占比达36%。自成立以来（截至2023年），中德园经济总量翻一番，规模以上工业总产值年均增长19%，进出口总额年均增长23%。

镜头四：关注和保障民生

走进铁西区工人村街道工人新村三社区，路面干净整洁，两旁红花绿树随风摇曳，凉亭、健身器材点缀在居民楼前后。工人村始建于20世纪50年代，曾有沈阳冶炼厂、沈阳电缆厂等40多家国有企业在此设立职工宿舍。岁月流转，到20世纪末，这里逐渐成了居住条件落后的代表：一间屋挤着一家人，楼梯沉降，水电管线跑冒滴漏……

2002年，在“东搬西建”中，沈阳将工业企业搬迁到开发区，老城区建设商业和住宅区，发展第三产业。原先杂乱、拥挤的宿舍区经过改造，变成了商场、写字楼和现代化住宅小区。依托全面建成小康社会的战略契机，工人村又进行老旧小区改造，旧貌换新颜，居民幸福感指数越来越高。

工人村的嬗变，是铁西坚定践行以人民为中心的发展思想的一个缩影。立足于新时代新征程，铁西坚持把提高人民生活品质作为落脚点，着力在发展中保障和改善民生，实施舒心就业、幸福教育、健康铁西、品质养老等民生工程，让发展成果更多更好更公平地惠及人民群众。截至 2023 年上半年，全区共改造老旧小区 51 个，惠及居民 1.6 万户；改造背街小巷 16 条，改造老旧管网 70 余千米；新建养老服务设施 8 500 平方米，家庭医生进社区实现全覆盖……

良好的生态环境是最普惠的民生福祉。铁西深入打好蓝天碧水净土保卫战，打造天蓝地绿水清的宜居家园，坚持以绿荫城、以园美城，2022 年新增绿化面积 1 000 万平方米，新建口袋公园 270 个，努力让出门见绿成为生活标配；同时，深化大气污染防治，空气质量改善率位居全市前列，空气优良天数达到 309 天。

不断涌现的一处处文化新地标，承载着工业文化的丰富记忆。铁西对“东搬西建”留下的百年工业遗产倍加珍惜，划定 70 万平方米工业遗存保护区，截至 2022 年已建成文化产业园区和基地 7 家。

思考讨论

1. 党的二十大报告指出，高质量发展是全面建设社会主义现代化国家的首要任务。结合你的学习体会，谈一谈你对高质量发展的理解。

2. 结合案例思考，作为东北老工业基地的铁西区在推动经济高质量发展方面展现出哪些新作为？

3. 结合案例讨论，推动实现经济高质量发展的关键是什么？

教学建议

本案例主要适用于第六章第四节中“建设现代化产业体系”部分的辅助教学。本案例主要展示沈阳铁西区积极抢抓国家重大发展战略机遇，加快产业转型升级，推动科技自立自强，着力提升开放能级，努力提高生活品质，在全面振兴新突破中谱写高质量发展“协奏曲”的生动实践。

组织教学建议

第一，教师可让学生在课前自主学习党的十九大报告、二十大报告中与高质量发展相关的内容，对高质量发展的形成背景、重要内涵和重大意义进行初步了解。在课堂教学过程中，教师要结合学生的理解和存在的问题进行适当拓展。党的十八大以来，我们党对经济发展阶段性特征的认识不断深化。2013 年，党中央提出高速增长转向中高速增长的新常态。2014 年，党中央强调适应把握引领新常态是我国经济发展的大逻辑，我国经济正在向形态更高级、分工更复杂、结构更合理的阶段演化。2017 年，党的十九大提出我国经济已由高速增长阶段转向高质量发展阶段。2020 年，党的十九届五中全会提出，“十四五”时期经济社会发展要以推动高质量发展为主题。2022 年，党的二十大明确实现高质量发展是中国式现代化的本质要求之一。习近平指出，“新时代中国经济发展的重要特征是，由高速增长转向高质量发展、从量的扩张转向质的提升”。基于唯物史观审视高质量发展的重要意义，不难发现其是保持经济持续健康发展的必然要求，是适应我国社会主要矛盾变化、全面建设社会主义现代化国家的必然要求，是遵循经济发展规律的必然要求。

第二，教师应着重引导学生理清案例的叙述逻辑，把握铁西区在新时代东北振兴、辽宁振兴中展现出的大担当和新作为。本案例系统展示沈阳市铁西区紧紧抓住东北老工业基地振兴的战略契机，坚定不移贯彻新发展理念，努力以“新时代、新铁西”建设的火热实践，立足新起点、展现新作为。具体来说，主要包括以下方面：一是推动产业转型升级，夯实高质量发展之基；二是推进科技自立自强，打磨高质量发展之钥；三是着力提升开放能级，舒展高质量发展之翼；四是努力提高人民生活品质，共享高质量发展之果。

第三，教师应着重引导学生讨论：铁西区得以站上新起点、展现新作为的时代背景和基本遵循是什么？党的十八大以来，以习近平同志为核心的党中央针对关系全局、事关长远的问题作出系统谋划和战略部署，实施了包括推动东北地区等老工业基地振兴战略在内的一系列重大发展战略，对我国经济发展变革产生深远影响，这是铁西区站上新起点、谋求高质量发展的重要时代背景。在案例教学过程中，教师还要引导学生将讨论的内容同习近平总书记关于东北地区振兴的重要论述有机结合起来。习近平强调：“新时代东北振兴，是全面振兴、全方位振兴，要从统筹推进‘五位一体’总体布局、协调推进‘四个全面’战略布局的角度去把握，瞄准方向、保持定力，扬长避短、发挥优势，一以贯之、久久为功，撸起袖子加油干，重塑环境、重振雄风，形成对国家重大战略的坚强支撑。”习近平的重要讲话为铁西区实现经济高质量发展指明了基本方向、提供了基本遵循，这是学生把握铁西区推动实现经济高质量发展方法论原则的重要抓手。

总结提升建议

第一，推动经济高质量发展，必须加快构建现代化产业体系。现代化产业体系是实现经济高质量发展的重要基础。当前，产业体系和产业链供应链已然呈现多元化布局、区域化合作、绿色化转型、数字化加速的态势，反映了经济发展规律和历史大趋势不以人的意志为转移。这就要求我们顺应产业发展大势，统筹抓好产业升级和产业转移，打造自主可控、安全可靠、竞争力强的现代化产业体系。作为国家重要的装备制造业基地，铁西区聚焦于建设现代化产业体系，扎实做好结构调整“三篇大文章”，加快产业转型升级步伐，着力推动装备制造业向产业链中高端迈进，为实现高质量发展奠定了坚实的产业基础。铁西区的实践表明，实现高质量转型发展，必须牢牢把握“实体经济”和“制造业”两个关键词，在此基础上不断优化产业链供应链，促进数字经济和实体经济的深度融合，推进数字产业化和产业数字化，赋能传统产业转型升级，不断催生新产业、新业态、新模式。

第二，推动经济高质量发展，必须以创新驱动高水平科技自立自强。科技是第一生产力、第一竞争力，是全面建设社会主义现代化国家的基础性、战略性支撑。老工业基地工业基础坚实、产业链完整，想要展现大担当大作为，就一定要突出自身优势，加快实施创新驱动发展战略，为建设世界科技强国贡献力量。步入新时代，铁西区坚持走创新驱动发展之路，面向高端装备、智能制造、生物医药等重点产业链，瞄准科技领军企业及配套企业关键核心技术需求，解决产业共性“卡脖子”难题，努力实现关键核心技术自主可控，找到了推动经济高质量发展的钥匙。经验表明，实现经济高质量发展必须以创新发展理念为引领，寻找关键共性技术、前沿引领技术、现代工程技术、颠覆性技术突破口，积聚力量进行原创性引领性科技攻关，敢于走前人没走过的路。

第三，推动经济高质量发展，必须持续扩大高水平对外开放。我国经济已经深度融入世界经济，同全球很多国家的产业关联和相互依赖程度都比较高，内外需市场本身是相互依存、相互促进的。在新发展格局下，中国市场的潜力将充分激发，中国开放的大门将进一步敞开，同世界各国共享发展机遇、实现互利共赢。以华晨宝马等龙头企业为牵引，铁西区着力实施对外开放提标行动，打造国际化产业工程，构建连通国内国际双循环的重要节点。加快建设以中德高端装备制造产业合作为主题的战略性平台，坚持市场化改革方向，不断提高园区发展建设效率和水平。高水平开放能级的不断提升，为铁西区的高质量转型发展插上了翅膀。实践证明，实现经济高质量发展，要积极融入新发展格局，通过参与国际市场竞争，更好地利用国内国际两个市场、两种资源，使国内市场和国际市场更好联通，提高在全球配置资源能力，不断增强自身在全球产业链、供应链、创新链中的影响力。

第四，推动经济高质量发展，必须着力保障民生、改善民生，增进民生福祉。民生是人民幸福之基、社会和谐之本。增进民生福祉是发展的根本目的。如果发展不能回应人民的期待，不能让群众得到实际利益，这样的发展就会失去意义，也不可能持续。铁西区坚持把提高人民生活品质作为落脚点，着力在发展中保障和改善民生，实施舒心就业、幸福教育、健康铁西、品质养老等民生工程，让发展成果更多更好更公平地惠及人民群众。实践表明，民生连着内需、连着发展。持续不断改善民生，既能有效解决群众后顾之忧，调动人们发展生产的积极性，又可以增进社会消费预期，扩大内需，催生新的经济增长点，为经济发展、转型升级提供强大内生动力。实现经济高质量发展必须以共享发展理念为引领，把握民生和发展相互牵动、互为条件的关系，为经济发展创造更多有效需求，使民生改善和经济发展有效对接、良性循环、相得益彰。

■ 启示意义

推动经济高质量发展，必须充分把握习近平新时代中国特色社会主义思想所蕴含的世界观和方法论，处理好“协奏”与“变奏”的关系。随着国家重大发展战略的相继实施，我国老工业地区的转型发展已经取得了阶段性成果，产生了包括沈阳市铁西区在内的诸多成功样板。一方面，要充分借鉴这些先行地区的发展经验，充分认识到推动经济高质量发展是一项系统工程，要从根本上转变思维，完整、准确、全面贯彻新发展理念，真正做到崇尚创新、注重协调、倡导绿色、厚植开放、推进共享，学会用“十根手指”弹好高质量发展的“协奏曲”。另一方面，也必须清醒地认识到，世界上没有任何经验和模板是万能的，必须用全面的、联系的、发展的辩证思维来认识、看待和处理问题。在推进高质量发展的过程中，要充分结合自身发展实际，因时制宜、因地制宜、因势制宜，弹好高质量发展的“变奏曲”。

案例 15

立足特色优势塑造新动能
——且看山西如何因地制宜构建现代化产业体系

核心阅读

山西，是曾经“点亮全国一半灯，暖热华北一半炕”的“煤老大”。在享受“一煤独大”带来的红利的同时，山西也遭遇了产业结构失衡、生态破坏严重、经济一度断崖式下跌的切肤之痛。习近平于2017年、2020年和2022年3次到山西考察，勉励山西在高质量发展上不断取得新突破，要求山西在转型发展上率先蹚出一条新路来。知之愈明，行之愈笃。山西牢记习近平总书记的殷殷嘱托，立足自身实际和比较优势，积极把握新发展格局带来的重塑性机遇，把高质量发展理念贯彻到经济社会发展的全过程和各领域。电力外送、煤层气开采全国排名前列，“新三样”出口屡创新高，数字经济加快发展，“晋创谷”里激情奔涌……奋进强国路、阔步新征程，喜看山西省现代化产业体系建设花开绚烂，中国式现代化山西篇章书写有力。

晋者，进也！之于山西，取“进”之道在转型。

且看今日之山西，转型的齿轮加速转动，发展的蓝图愈加清晰——绿色动能澎湃强劲，制造业振兴升级足音铿锵，数字经济赋能千行百业，营商环境持续创优，招商引资果实丰硕，对外开放不断深化……历经蜕变，迎来盛放！三晋大地，吐故纳新，生机无限。

镜头一：产业升级蝶变

煤炭和陈醋，是山西的两个醒目的标签。然而，面对全球化石能源消费减缓的大趋势和实现“双碳”目标的大背景，山西正力图破解“一煤独大”发展瓶颈，以产业焕新蝶变为代表，加快推动煤、焦、冶、电等传统产业加速向智能化、绿色化方向发展，锚定实体经济发展重心，推动高端制造产业链补链强链，前瞻布局新兴产业、未来产业，推动产业结构调整升级。

在传统优势产业升级方面，山西省作为煤炭资源大省，积极推进煤炭产业智能化、绿色化发展，采用先进设备和技术，提高煤炭开采效率；发展煤与相关产业一体化项目，提高煤炭就地转化效率，降低运输成本和能源损耗。截至2024年，山西省煤炭先进产能占比已达80%以上。钢铁、焦化等传统产业努力提升产品质量和附加值，向高端化、智能化、绿色化迈进。全省炼钢先进装备产能占比已提升至 57.3%，焦化行业先进产能占比达到 96.6%。

在传统高端装备制造业方面，山西省坚持围绕产业链布局创新链，梯次推动制造业创新中心、企业技术中心、新型研发机构等创新载体建设。在山西转型综改示范区潇河新兴产业园区，2024 年山西省重点工程项目——太重中大型工程起重机智能制造项目建设现场，钢柱林立，工程设备轰鸣运转，大型吊车将钢柱钢梁吊运到指定位置，工人们有条不紊地将其固定。该项目是山西省高端装备制造产业链补链强链的重要组成部分，填补了山西省工程起重机制造基地的空白。

在新兴产业培育方面，山西省以高端装备制造、新材料、新能源汽车、节能环保、现代煤化工、现代医药、通用航空等产业为重点，积极引进培育龙头企业，瞄准行业高端，开发高质量技术、产品和服务，积极拓展市场，加快壮大产业规模。全省新能源产业实现跃升发展，为构筑新型能源体系注入强劲动力；碳纤维、特种钢生产取得更多突破，为高端制造业提供了关键材料支撑；轨道交通装备、煤机装备等制造创新步履扎实，提升了山西制造业整体水平。以高速飞车、碳基芯片、量子信息、生物技术等为重点的未来产业，也积极布局科研力量、转化平台、应用场景，努力开辟新的赛道。

镜头二：新质生产力壮大

在现代化产业体系建设进程中，山西锚定发展新质生产力这一根本任务，在科技创新、新型工业化、新型能源体系等方面下功夫、求突破。一个个以节能降碳、绿色智能、集约循环为特征的新业态、新场景，正在三晋大地不断涌现。充分发挥创新在发展新质生产力中的牵引作用，山西省加快锻造绿色增长新引擎，着力推动以“创新、绿色、智能”为特征的各类产业加速发展。

在生物经济方面，山西锦波生物相当耀眼。作为国家级专精特新“小巨人”企业，锦波生物已发展成为国内功能蛋白领域的领军企业。随着锦波合成生物产业园的建成，其业务体系涵盖了从上游功能蛋白核心原料到医疗器械、功能性护肤品等终端产品的全产业链。2023 年 7 月，锦波生物登陆北交所，成为山西第三家北交所上市公司。锦波生物围绕医疗和生活护理等大健康领域，提供涵盖体表、体腔、体内器官修复再生的完整解决方案。

在数字经济方面，山西数据流量谷别具特色。其抢抓国家战略机遇，全力推动流量谷总部基地建设，为先进制造业、智算服务、软件信息、人工智能、数据应用等多种业态提供全方位生态服务。2024 年，入驻流量谷企业已达 790 余家，园区数据要素流通交易规模突破 49 亿元，带动就业 1 万余人。流量谷作为山西数字经济发展的示范样本，正在充分释放数字产业集群优势，助力推进山西新型工业化发展，加快培育和发展新质生产力。

在文旅经济方面，山西智慧＋旅游模式涌现新气象。山西文旅数字体验馆，是由山西文旅集团投资建设的国内首座省级文化旅游融合的数字化综合体验展馆。展馆以文化为纲、以设计为体、以科技为用，通过人工智能、大数据、边缘计算、CAVE（洞穴式自动虚拟环境）空间等先进的数字技术创造独特视角，再现山西丰富的文旅资源和悠久的历史文明。在这里探寻西侯度遗址，与180万年前的第一堆圣火相遇，与4 000多年前的陶寺遗址重逢，在永乐宫壁画前赞叹壁画艺术的精彩绝伦，在应县木塔中探索榫卯结构的奇迹。新质生产力为山西省文旅行业带来了新的增长点，正显示出强大的市场活力。

镜头三：营商环境优化

一个地区的发展，短期靠项目，中期靠政策，长期靠环境。优化营商环境是推动高质量发展、提升区域竞争力的必然选择。山西省出台支持民营经济发展的一揽子政策，全面开展市场主体倍增、市场主体提升年活动，持之以恒打造“无差别、无障碍、无后顾之忧”“可预期、可信赖、可发展”的“三无”“三可”营商环境，全面优化发展环境、拓展发展空间。民营经济数量稳步增长、创新活力持续增强、规模质量不断提升。

牢记习近平总书记“以营造良好营商环境推动经济转型发展”的嘱托，2023年以来，山西综改示范区“不当裱糊匠，要做耕耘者”，在全省率先推行“招落一体”新机制，招商、落地变“交接棒”为“齐步走”，各项审批手续交叉办理，项目签约到开工周期不断缩短。2023年全国工商联发布的“万家民营企业评营商环境调查结果”显示，山西是优化营商环境进步最明显的5个省份之一。

在优化营商环境方面，山西积极探索“一枚印章管审批”等综合改革，行政效能得到大力提升；推出“惠商保”项目，为全省各级工商户企业提供免费的保险保障，占全省经营主体的68%，为全国首创。“7×24小时不打烊”政务服务超市已覆盖省市两级及30%左右的县（市、区），截至2024年，“一站式”综合服务平台共发布各类涉企政策2 703条，上架可申报、可享受奖补事项406项。

印发营商环境领域“啄木鸟”工作机制，通过建立营商环境体验官、“12345”营商环境专席、经营主体畅谈日、“办不成事”窗口反映问题等6条渠道和问题处置4项机制，推动营商环境持续提升……在前期不断优化的基础上，2022年7月，山西又出台了《山西省营商环境创新提升行动方案》，提出119条惠及面更广的改革事项，着力打造“三无”“三可”营商环境。

思考讨论

1. 党的十八大以来，习近平在不同场合多次深入阐述关于现代化产业体系建设的新思想、新观点、新要求。结合案例谈一谈，党中央为何如此重视构建现代化产业体系？

2. 作为资源大省，山西在构建现代化产业体系过程中实施了哪些举措，成效如何？

3. “山西实践”为构建现代化产业体系，推动经济高质量发展提供了哪些启示？

教学建议

本案例适用于第六章第四节“建设现代化经济体系”部分的辅助教学。本案例主要展示了山西立足于省情实际，主动服务和融入新发展格局，推动产业结构调整升级，以科技创新培育塑造新质生产力，以营造良好营商环境推动经济转型发展，加快构建现代化产业体系的生动实践。

■ 组织教学建议

第一，在开展案例教学前，教师应引导学生对建设现代化产业体系的内涵和实质进行把握。现代化产业体系是适应中国式现代化需要的产业体系，既遵循一般意义上的现代产业发展的规律，又符合中国式现代化的本质要求。我们必须准确理解现代化产业体系应具备的基本特性，把握其发展方向和建设重点。2023 年 7 月，习近平在江苏考察时强调："要把坚守实体经济、构建现代化产业体系作为强省之要，巩固传统产业领先地位，加快打造具有国际竞争力的战略性新兴产业集群，推动数字经济与先进制造业、现代服务业深度融合，全面提升产业基础高级化和产业链现代化水平，加快构建以先进制造业为骨干的现代化产业体系。"这为构建现代化产业体系指明了具体方向、凝练了基本内涵。二十届中央财经委员会第一次会议强调，"推进产业智能化、绿色化、融合化，建设具有完整性、先进性、安全性的现代化产业体系"，进一步明确了现代化产业体系的实质。

第二，教师要引导学生弄清山西因地制宜构建现代化产业体系的举措和成绩，进而对本案例的叙述逻辑进行把握。近年来，山西在新发展理念的引领下，以前所未有的决心和力度，充分发挥资源禀赋、地理区位、发展潜力等独特优势，大力改造提升传统优势产业，持续支持制造业发展，发展壮大战略性新兴产业，积极谋划未来产业，不断推动新质生产力发展；因地制宜推动实现经济高质量发展的体制机制建设，打造优质营商环境，持续推动转型发展走深走实，逐步发挥出现代化产业体系主引擎作用。

第三，在案例教学和讨论过程中，教师要注重将教学案例和教学主题进行有效链接。要着重引导学生把握，建设现代化产业体系是贯彻落实新发展理念的具体实践，是建设现代化经济体系，实现经济高质量发展的必要举措。要充分结合山西在产业升级蝶变、发展壮大新质生产力、优化营商环境等方面的具体做法，充分展现出新发展理念的引领作用，充分阐释出构建现代化产业体系的逻辑依据、重点任务、方法原则和实践要求，进而实现以案例促教学的教学目标。

■ 总结提升建议

第一，现代化产业体系是现代化国家的物质技术基础，必须把发展经济的着力点放在实体经济上，为实现第二个百年奋斗目标提供坚强物质支撑。实体经济是一国经济的立身之本，是财富创造的根本源泉，是国家强盛的重要支柱。我国改革开放 40 多年来的实践充分证明，加快建设以实体经济为支撑的现代化产业体系，有利于提升产业发展质量、促进产业结构升级，增强产业发展的接续性和竞争力；有利于发展壮大实体经济，为实现民族复兴提供坚强物质支撑；有利于维护我国产业链供应链安全稳定，确保我国在未来发展和国际竞争中赢得战略主动。新时代新征程，想要进一步推动实现经济高质量发展，为中国式现代化凝聚力量，就必须深入贯彻新发展理念，坚持把发展经济的着力点放在实体经济上，补齐产业发展短板弱项，建设具有完整性、先进性、安全性的现代化产业体系。

第二，建设现代化产业体系，需要因地制宜改造升级传统产业、巩固延伸优势产业。

建设现代化产业体系，关键着力点在于“产业”，核心目标在于实现“现代化”。新时代新征程，面对全球化石能源消费减缓的大趋势和实现“双碳”目标的大背景，山西锚定实体经济发展重心，牢牢抓住传统产业转型的“牛鼻子”，加快推动煤、焦、冶、电等传统产业加速向智能化、绿色化方向发展，推动高端制造产业链补链强链，推动产业结构调整升级，为有效破解资源大省“一煤独大”的发展瓶颈奠定了坚实基础。实践表明，建设现代化产业体系不仅是经济发展的基石，也是推动经济社会全面转型发展的重要引擎。而要构建一个强健而富有竞争力的现代化产业体系，我们必须结合传统产业发展实际，因地制宜地巩固优势产业的领先地位，不遗余力地将“短板”补长，让“长板”更加熠熠生辉。

第三，建设现代化产业体系，要坚持以绿色发展理念为牵引，因地制宜发展壮大新质生产力。绿色化是现代化产业体系的基本特征，建设现代化产业体系必须坚持绿色发展理念。目前，我国正在探索将绿色转型的要求融入经济社会发展全局，规划实现经济发展与生态环境保护协同的最优经济增长路径，全方位、全领域、全地域地推进产业体系的绿色转型。山西省以绿色发展理念为引领，多措并举推动新质生产力发展：一是以科技创新推动产业创新，加快发展绿色低碳的生物经济、数字经济，促进新质生产力发展壮大；二是以新型生产要素赋能产业蝶变，加快推动数字技术赋能文旅产业，以新质生产力为着力点培育文旅经济新增长点。实践表明，建设现代化产业体系，一方面要大力布局前沿技术和颠覆性技术，以科技创新推动产业创新；另一方面，要加速新型生产要素与产业深度融合，以新技术新模式赋能产业升级。

第四，建设现代化产业体系，必须不断拓展完善相关体制机制，因地制宜用活用好有利条件。制度的生命力在于执行，有了制度却无法执行，就会形成“破窗效应”。必须通过体制机制建设，通过打造良好营商环境赋能经济转型发展。近年来，山西出台支持经济发展的一揽子政策，全面开展市场主体倍增、市场主体提升年活动，持之以恒打造“三无”“三可”营商环境，全面优化发展环境、拓展发展空间。市场经营主体数量稳步增长、创新活力持续增强、规模质量不断提升。经验表明，当前新产业、新模式、新业态的发展急需与之相适应的体制机制保驾护航，必须进一步全面深化体制机制改革，打破制度执行过程中的堵点、卡点，为经济发展提供良好的营商环境，以加快推动现代化产业体系的构建。

■ 启示意义

建设现代化产业体系，推动实现高质量发展，必须坚持用好因地制宜的方法论。“事必有法，然后可成”。建设现代化产业体系作为推进经济高质量发展的重要一环，既不是一人之力，也远非一日之功，而是要在遵循经济社会发展一般规律的基础上因地制宜地开展。山西在建设现代化产业体系的过程中，切实做到了不光盯着“新三样”，不搞大呼隆、一哄而起、一哄而散，而是依托自身优势产业铸长板、补短板、增亮板，究其实质还是在于用好了因地制宜的方法论。实践充分证明，建设现代化产业体系，必须顺应生产力的发展规律，坚持以实事求是、分类指导、先立后破、统筹兼顾和与时俱进的马克思主义科学方法论为指导，以辩证思维协调处理好这一过程中的多重复杂关系，更好推动我国经济发展焕发新活力、迈上新台阶。

案例 16

中原逐鹿展新姿
——中部地区崛起 20 年的回望与前瞻

核心阅读

中原腹地，九省通衢。山西、河南、安徽、湖北、湖南、江西六省，犹如我国国土的一道“脊梁”，承东启西，连南接北，战略意义举足轻重。“中部地区发展势头能不能持续下去？能不能在先进技术、重点领域、关键环节有更大突破？能不能在高质量发展和加快新旧动能转换的道路上越走越好？”2019 年 5 月 21 日，习近平在推动中部地区崛起工作座谈会上强调，中部地区这个“脊梁”要更硬一点，“补补钙”，发挥更大的支撑作用。中部地区崛起战略实施以来，中部地区以 10.7%的国土面积承接了全国近 30%的常住人口、30%以上的粮食产量；截至 2023 年，中部六省地区生产总值达到 269 897.75 亿元，占全国 GDP 的 23%。广袤中部呈现出蓬勃发展、竞相崛起的火热局面。2024 年 3 月 20 日，习近平在湖南省长沙市主持召开新时代推动中部地区崛起座谈会并发表重要讲话，为新时代推动中部地区崛起指明了方向。

“得中原者得天下”。长期以来，中部地区一直是我国重要的工农业和能源基地，广袤的华夏腹地更是全国重要的交通枢纽和物流中心。曾经，三晋大地丰厚的地下矿产资源撑起了我国能源的半壁江山；洞庭湖平原的稻香鱼肥诠释着“湖广熟、天下足”的千古谣谚；武汉三镇的钢花铁水映红了珞珈山下的长江两岸；景德镇的熊熊窑火延续着赣江儿女的希望与梦想……

地处内陆腹地的河南、山西、安徽、江西、湖南、湖北六省在我国广袤的土地上勾勒出一条南北贯通的大国“脊梁”。改革开放以来，我国东部、西部相继领政策之先，经过 40 多年的发展，向国家交出了一份令人满意的成绩单。但是地处内陆腹地的中部地区，土地面积约 102.8 万平方千米，占全国土地面积的 10.7%；人口总数约 3.6 亿，占全国人口的近 30%，各方面发展情况却略显“失色”。在中部地区崛起战略实施前，中部地区生产总值还不及广东一个省。

党的十八大以来，以习近平同志为核心的党中央高度重视中部地区崛起。“中部地区发展势头能不能持续下去？能不能在先进技术、重点领域、关键环节有更大突破？能不能在高质量发展和加快新旧动能转换的道路上越走越好?”2019年5月21日，习近平在推动中部地区崛起工作座谈会上强调，中部地区这个“脊梁”要更硬一点，“补补钙”，发挥更大的支撑作用。

镜头一：打好粮食优势牌

农业是国民经济的基础，也是中部地区的独特优势。中部地区致力于打好粮食优势这张牌，积极在农业转型方面下功夫，深入实施藏粮于地、藏粮于技战略，在提高粮食生产能力上另辟蹊径，以巩固中部地区作为全国粮食生产基地的地位。

安徽大力调整优化粮食结构，持续开展小麦“单种、单收、单储和专用”的产销加一体化生产模式，打造商品性一致、品质一流的原粮基地，将单品种规模种植小麦单元制成电子地图，实现按图索“麦”。在河南省开封市高标准农田高效节水灌溉示范区，一排排节水灌溉喷头整齐排列，气象站、环境监测、农业植保防控系统等现代化设备齐全，农田不“土”反而“科技范”十足。在江西省南昌县的一个“智慧农场”，无人驾驶农机、田间传感器、大数据智慧平台等“黑科技”，让农民种田从“靠经验”变为“靠数据”“靠科技”。2023年，河南粮食播种面积为16 177.9万亩，比上年增加10.4万亩，全年粮食产量持续稳定在1 300亿斤以上，达到1 324.9亿斤；安徽粮食产量、播种面积再创历史新高，总产量约830.16亿斤，较上年增产10.14亿斤，居全国第五位。

镜头二：走好产业转型路

中部地区不仅拥有广袤无垠的农田，还拥有丰富的煤炭、有色金属等资源，中部地区崛起战略实施以来，中部地区大力进行能源产业结构调整转型，优化产业结构，打造国家重要能源原材料基地。

娄底是湖南省最年轻的地级市，也是全省“老牌”能源原材料基地。这里曾以“千万吨煤”“千万吨钢”“千万吨水泥”等闪亮名片傲立湖湘。但是受资源枯竭等因素的影响，娄底的资源优势逐步丧失。对此，娄底及时调整能源产业结构，致力于建设中部地区“材料谷”，发挥钢铁新材和工程机械两大产业的引擎作用，统筹推进先进陶瓷、电子信息材料等八条工业新兴优势产业链协同发展，构建先进基础材料、关键战略材料、前沿新材料、重要原材料“四轮驱动”产业发展模式。通过一系列的结构调整，娄底蓄势待发，力争到2026年建成全球领先的中高端汽车板基地、世界一流的液压油缸智能制造产业基地、亚洲最大的高强钢基地、全国最大的硅钢基板生产基地、国内领先的高水平先进金属材料制造基地、全国高强度紧固件生产基地，“材料谷”年产值突破3 000亿元。

自国家提出中部地区崛起战略以来，制造业一直在其中扮演着重要角色。从“现代装备制造及高技术产业基地”到“全国重要先进制造业中心”，再到“着力打造重要先进制造业基地、提高关键领域自主创新能力”，国家对中部地区制造业发展的定位和要求不断提高。中部六省纷纷打出“特色牌”，形成各自的制造业发展图谱。

镜头三：种好创新策源地

湖北致力于发挥自身科教资源富集优势，强化科技创新策源功能，建设成为具有全国影响力的科技创新中心，推进制造业转型升级；安徽坚持打造高能级“大国重器”，将服务保障国家实验室建设作为全省科技创新“一号工程”，高水平推进国家大科学装置集中区建设，催生更多重大原始创新成果；河南通过技术嫁接、技术改造、新技术赋能和智能化改造，让传统制造、食品加工、轻纺、化工、汽车等传统产业脱胎换骨、迭代升级，迈进产业链的中高端和关键环节；湖南着力打造 5 个万亿行业、20 个千亿产业、5 个千亿企业、1 000 个重大技术创新产品、提升 100 个园区创新能力，打造国家重要先进制造业高地；江西持续推进“2+6+N”产业高质量跨越式发展的产业行动计划，重点发展航空、电子信息、装备制造、中医药、新能源、新材料，重塑江西制造的辉煌；山西则以碳达峰碳中和为牵引，深入推进能源革命综合改革试点。

镜头四：用好交通助推器

通达则地盛，地盛则繁华。交通是城市发展的命脉，更是区域发展的助推器。“中部通，全国通”。中部地区承东启西、连南接北，是服务国内国际经济循环的重要枢纽。伴随着中部地区现代化交通体系的建设，中部地区承东启西、接南转北的区位优势得到充分发挥，现代化交通体系建设成效显著。

2023 年，长沙黄花机场完成旅客吞吐量 2 724.83 万人次；长沙火车南站到发旅客 9 815.49 万人次，日均 26.89 万人次。2016 年，郑州入选首批国家和地方共建枢纽示范城市，“米”字形高速铁路网初步建成，中欧班列（郑州）获批建设中东部地区唯一中欧班列集结中心；武汉作为国家物流枢纽承载城市，长江航运中心地位显著提升，天河机场国际门户作用持续增强。合肥、太原、长沙、南昌等 18 个全国性综合交通枢纽城市区域辐射功能加快完善，各种运输方式间深化协调衔接，中转设施和集疏运网络进一步优化。

中部地区崛起战略实施以来，中部地区以 10.7%的国土面积承接了全国近 30%的常住人口；截至 2023 年，中部六省地区生产总值达到 269 897.75 亿元，占全国 GDP 的 23%，占比逐步扩大。其中河南地区生产总值达到 5.9 万亿元，是中部第一经济大省；湖北首次突破 5.5 万亿元；湖南突破 5 万亿元；安徽达到 4.7 万亿元；山西、江西的增长势头正劲。

思考讨论

1. 结合案例思考，我国实施中部地区崛起战略以来尤其是党的十八大以来，中部地区在推动实现高质量发展方面取得了哪些成绩？

2. 中部地区崛起战略是区域协调发展战略的重要组成部分。结合我国中部地区的崛起，谈谈你对区域协调发展战略内涵和意义的理解。

3. 实施中部地区崛起战略是践行新发展理念的必然要求和具体举措。结合案例，谈一谈如何正确理解和践行新发展理念。

教学建议

本案例主要适用于第六章第四节“建设现代化经济体系”部分的辅助教学。本案例主要展示的是中部六省依托中部地区崛起战略的良好契机，坚决贯彻新发展理念，奋力推动区域经济高质量发展的生动实践。

■ 组织教学建议

第一，在案例研讨前，应引导学生对中部地区崛起战略的内涵进行把握。中部地区崛起战略是指促进我国中部经济区——河南、湖北、湖南、江西、安徽和山西六省共同崛起的一项中央政策。中部地区崛起战略的内涵可从四个方面进行把握：一是中部地区崛起是经济全球化和区域经济一体化背景下不断加快发展的崛起，而不是就中部谈中部的发展。二是中部地区崛起是以对外开放和区域竞争与合作为动力来加快中部地区的发展，主要依靠自身的努力，但中央政策的倾斜具有重要的“启动”和促进作用。三是中部地区崛起战略是我国区域经济协调发展战略的重要组成部分，其不再是过去以省、市的地方性崛起为目标，而是以中部六省和谐社会的如期实现和逐步成为国家经济发展的增长极为目标。

第二，引导学生结合案例分析中部地区发展的障碍因素及中部地区崛起战略实施以来取得的实践成效。从第一产业看，农业转型发展问题是影响中部地区总体发展水平的一个重要因素。中部各省份基本都是农业大省，农民脱贫致富压力较大，贫富差距扩大造成的社会矛盾巨大。从第二产业看，中部地区工业发展方式粗放，产业层次比较低，制造业、能源、原材料等重工业和初加工产品比重大，缺乏带动力强、产业链延伸度大的高加工度、高技术含量产品与最终消费品，工业增长主要依赖生产要素高投入和资源高消耗。此外，中部地区由于对各类运输方式、各种运力缺少整体规划设计而造成的薄弱的交通体系，也成为中部地区崛起的主要障碍因素。中部地区崛起战略实施以来，大力推动农业现代化转型、能源结构优化调整和原材料基地高标准建设，强力推进制造业转型升级，协调建设现代化交通体系，经济社会发展取得重大成就，粮食生产基地、能源原材料基地、装备制造及高技术产业基地和综合交通枢纽地位更加巩固，尤其是在承接东部地区产业转移和扩大开放方面，成效十分明显。

第三，教师要引导学生将对中部地区崛起战略依据的分析，上升到对于新发展理念的贯彻中去。帮助学生将中部地区崛起的实践逻辑与习近平经济思想的理论逻辑有机结合起来，深刻理解实施中部地区崛起战略是立足新发展阶段、贯彻新发展理念、构建新发展格局的必然要求和具体举措，使学生充分把握习近平经济思想的丰富内涵和重要价值，拥护和支持党和国家推动区域协调发展的重大决策。

■ 总结提升建议

第一，实施区域协调发展战略是推动实现经济高质量发展的重要抓手。2017年10月，习近平在党的十九大报告中对新时代区域协调发展战略的内涵进行了概括，即加大力度支持革命老区、民族地区、边疆地区、贫困地区加快发展，强化举措推进西部大开发形成新格局，深化改革加快东北等老工业基地振兴，发挥优势推动中部地区崛起，创新引领率先实现东部地区优化发展，建立更加有效的区域协调发展新机制。推动中部地区崛起是贯彻落实区域协调发展战略的内在要求和重要举措。在中部地区崛起战略实施前，中部地区生产总值还不及广东一个省。中部地区崛起战略实施以来，中部地区以10.7%的国土面积承接了全国近 30%的常住人口、30%以上的粮食产量；截至 2023 年，中部六省地区生产总值达到 269 897.75 亿元，占全国 GDP 的 23%。广袤的中部地区呈现出蓬勃发展、竞相崛起的火热局面，为推动我国实现经济高质量发展奠定了坚实的基础。中部地区的成功崛起表明，深入实施区域协调发展战略，对于增强我国区域发展协同性、拓展区域发展新空间、推动建设现代化经济体系、实现“两个一百年”奋斗目标具有重大战略意义。

第二，实施区域协调发展战略，必须以新发展理念为指导。发展理念是发展行动的先导，是管全局、管根本、管方向、管长远的东西，是发展思路、发展方向、发展着力点的集中体现。中国特色社会主义进入了新时代，我国经济发展也进入了新时代，以创新、协调、绿色、开放、共享为内涵的新发展理念，是我国经济由高速增长阶段转向高质量发展阶段的重要指导理念，更是解决区域不平衡不充分发展问题的基本方法和首要原则。习近平主持召开推动中部地区崛起工作座谈会时强调，要“贯彻新发展理念，在供给侧结构性改革上下更大功夫，在实施创新驱动发展战略、发展战略性新兴产业上下更大功夫，积极主动融入国家战略，推动高质量发展，不断增强中部地区综合实力和竞争力，奋力开创中部地区崛起新局面”。在习近平亲自谋划、亲自部署、亲自推动下，中部地区始终坚持创新发展，构建以先进制造业为支撑的现代产业体系；始终坚持协调发展，重视农业，增强城乡区域发展协同性；始终坚持绿色发展，推动产业转型，打造人与自然和谐共生的美丽中部；始终坚持开放发展，打造现代化交通体系，形成内陆高水平开放新体制；始终坚持共享发展，提升公共服务保障水平。中部地区以实际行动践行了新发展理念，中部地区的高质量发展实践也充分证明新发展理念的科学伟力和时代价值。

第三，践行新发展理念，推动区域协调发展，必须在实践中做到因势制宜、因时制宜、因地制宜。中部地区崛起战略实施以来，中部各省因势制宜地融入区域协调发展战略，抢抓经济新常态的历史性机遇，被赋予了新的战略定位、新的使命担当，迎来了新的发展机遇；因时制宜地抢抓科技变革先机，提高关键领域自主创新能力，以科技创新引领中部制造业转型升级，进一步优化了产业结构，提高了中部地区的经济质量和核心竞争力，打造国家现代化经济增长新动能区域成效显著；因地制宜地精准把握地区产业特色和发展实际，在强化优势、补齐短板方面各有特色、各有抓手。中部地区的发展实践表明，推进区域协调发展、解决不平衡不充分发展问题，必须以新发展理念的科学方法论为指导，始终坚持实事求是、与时俱进，始终保持协调均衡、永续发展、与时代共进步的良好态势，充分发挥自身优势、补齐短板，只有这样才能为各项工作提供生生不息的动力源泉，才能在高质量发展的道路上走深走实。

■ 启示意义

立足于中国式现代化新征程，要在更高层次上持续推进区域协调发展。党的十八大以来，我国东西南北中纵横联动，区域板块发展平衡性持续增强。东北，现代化产业体系建设取得扎实成果；东部，创新引领活力蓬勃；西部，增长潜力持续释放；中部，崛起动能愈发强劲。然而，在看到区域协调发展成绩的同时，我们还应该清醒地认识到，我国区域之间发展差距依然较大，区域分化、极化现象仍然存在，区域发展不平衡不充分问题还比较突出。党的二十届三中全会对完善实施区域协调发展战略机制作出了新的重要部署，强调构建优势互补的区域经济布局和国土空间体系。推进区域协调发展，既是推动高质量发展的必然要求，也是实现中国式现代化的重要支撑。新征程上，增强区域间发展的平衡性和协调性，要求我们继续锚定中国式现代化目标，围绕高质量发展这个首要任务和构建新发展格局这个战略任务持续发力，着眼于全国“一盘棋”，形成各区域之间优势互补、协同发展的生动局面。

案例
17

遨探苍穹：从航天大国迈向航天强国

核心阅读

党的十八大以来，我国航天事业进入创新发展“快车道”，一系列航天重大工程成就举世瞩目。通过嫦娥五号带回的月壤，我们发现了月球上的新矿物“嫦娥石”；借助天问一号和“祝融号”火星车，我们发现火星上真的有水；有了中国空间站，我们的航天员不仅完成了多次出舱活动，还在太空进行“种菜”等科学实验。历经十载，中国航天人不仅将“太空家园”变为现实，而且让航天技术服务民生，与全世界共享航天发展成果。在党中央的领导下，中国航天人胸怀航天强国梦想，瞄准战略性、基础性、前沿性领域，坚持科技自立自强，砥砺奋进，实现关键核心技术重大突破，不断增强科技实力和创新能力，使得我国航天科技实现跨越式发展。我国已从航天大国向航天强国迈进。

由蔚蓝星球飞向浩瀚星空，中国人漫步太空的脚步自信从容。一个个航天器穿梭太空的轨迹，一次次航天员飞向太空的身影，书写着中国航天人的自立自强。

步履铿锵，中国航天人矢志不渝遨探苍穹

党的十八大以来，航天领域国家科技重大专项和重大工程取得一系列重大成就，不断刷新攀登航天科技高峰的中国高度。

嫦娥三号首次实现我国航天器在地外天体软着陆，嫦娥四号首次实现人类航天器在月球背面软着陆和巡视探测，嫦娥五号首次实现我国地外天体采样返回。

天问一号首次火星探测任务一次实现“绕、着、巡”目标，成功实现我国深空探测事业从地月系到行星际探测的跨越。

“羲和号”使我国正式步入“探日”时代，仅一年时间探测成果就创下了 5 个国际“首次”。

“悟空”“慧眼”等科学卫星，在暗物质粒子探测、黑洞和天文观测等领域取得重大科学发现。

高分辨率对地观测系统建设如期完成，形成高时间分辨率、高空间分辨率、高光谱分辨率全球观测能力。

北斗三号全球卫星导航系统全面建成并开通服务，我国成为世界上第三个独立拥有全球卫星导航系统的国家。

“天链”卫星搭起“信息天路”，实现中、低轨航天器100%轨道覆盖；新一代飞天舱外航天服护航航天员安全出舱，成为世界上在轨使用的3种舱外服技术体系之一。

载人航天，让中国人的“太空家园”成为现实

载人航天是世界上高新技术发展水平的集中体现，也是衡量一个国家综合国力的重要标志。我国载人航天关键技术历经十年发展，终将中国人的“太空家园”从理想变为现实。

2013年6月，航天员聂海胜、张晓光、王亚平搭乘神舟十号飞船进入太空，先后完成了1次自动、1次手控交会对接，开展了太空授课，圆满完成我国载人天地往返运输系统首次应用性飞行。

2016年11月，航天员景海鹏、陈冬在太空完成33天中期驻留，为后续的中国空间站建造运营奠定了更坚实的基础。

2017年4月，我国第一艘货运飞船天舟一号发射升空，与在轨运行的天宫二号空间实验室完成首次“太空加油”，我国成为世界上第三个独立掌握这一关键技术的国家。

2020—2022年，我国先后成功实施长征五号B运载火箭首飞，中国空间站天和核心舱、问天实验舱，神舟十二号、神舟十三号、神舟十四号载人飞船，天舟二号、天舟三号、天舟四号货运飞船发射等9次飞行任务，构建了一整套具有中国特色的空间站在轨飞控管理体系。

2021年6月，神舟十二号航天员聂海胜、刘伯明、汤洪波进入天和核心舱，中国人首次进入自己的空间站。

2022年4月，神舟十三号载人飞船返回舱成功着陆，航天员翟志刚、王亚平、叶光富完成在轨驻留半年的太空飞行任务。

2022年6月，随着神舟十四号载人飞船发射成功，航天员刘洋、陈冬、蔡旭哲进入天和核心舱，中国空间站任务全面转入建造阶段，建成中国人自己的“太空家园”的梦想正在一步步成为现实。

2022年12月，神舟十四号航天员乘组向神舟十五号航天员乘组移交中国空间站的钥匙，中国空间站正式开启长期有人驻留模式。

2023年4月，神舟十五号航天员乘组进行了第四次出舱活动，刷新了中国航天员单个乘组出舱活动纪录。

“如果按照别人的老路走，我们将永远落后于人。”中国工程院院士、中国载人航天工程总设计师周建平说。建造中国空间站、建成国家太空实验室是载人航天工程“三步走”战略的重要目标，也是建设航天强国、科技强国的重要标志。未来，中国载人航天将会从近地空间走向地月空间，进而迈向深空。

青春无悔，中国航天人将热情与汗水挥洒在逐梦太空的道路上

2013年，吴华是酒泉卫星发射中心最年轻的科技人员之一。多年来，他在一次次跨岗位、跨专业、跨领域的锤炼中，成长为中国载人航天史上最年轻的“0号”指挥员，担负着飞船发射航区“发令官”的重要职责。

执行神舟十三号任务过程中，吴华第一次从幕后走到聚光灯下，担负“0 号”指挥员的使命。他每天吃住在现场，对千余套设施设备进行巡查，11 层的发射塔架不知爬了多少趟。

“点火！”吴华清晰洪亮的口令声响起，尽显中国航天人的自信。

火箭加注系统箭地连接器连接着火箭箭体和地面加注设备，要在加注燃料时“抓得紧”，确保不漏，也要“放得下”，严格按照指令分秒不差脱落。

空间站任务阶段，文昌航天发射场成为中国空间站建造母港。

廖国瑞负责搭建“天宫”。他先后担任天和核心舱、问天实验舱、梦天实验舱发射任务的“01”指挥员，为中国空间站在轨组装发出响亮口令；王宇亮负责为“天宫”送货，担任天舟货运飞船发射任务的“01”指挥员，带领团队确保了按时、精准地将物资送到太空；作为发射场有史以来最年轻的女性分系统指挥员，“95 后”土家族女孩周承钰被称为“火箭少女”……

有这样一个年轻的团队奋斗在文昌发射场：平均年龄 33.1 岁，其中拥有博士学位者占比 3.4%，拥有硕士学位者占比 32.6%……伴随着一枚枚长征火箭点火升空，在建设航天强国的伟大征程上，他们将个人梦想融进航天梦、中国梦。

队伍里，工作了 30 年以上的“老航天”热情不减，“70 后”“80 后”研制人员扛起自主创新大旗，“90 后”“95 后”不怕吃苦，有新视野、新技术，在攻克更多航天关键技术的道路上，他们共同奔赴。

服务社会，让航天技术之光照进百姓生活

无论身在何处，“北斗”帮你导航定位；足不出户，“风云”为你预知天象；地处偏远，通信卫星助你联网无忧……中国航天空间应用全面发展，推动牵引卫星通信、卫星导航和卫星遥感全面服务国计民生。

截至 2022 年 6 月 30 日，我国共实施 283 次发射任务，将 625 颗航天器送入太空，我国在轨工作航天器约 600 颗，位居世界第二。它们在国土、测绘、环保、通信、应急救援等领域发挥重要作用，服务美丽中国建设和乡村振兴。

通信卫星累计为国内偏远地区 1.4 亿户家庭提供直播卫星电视以及远程教育、远程医疗、农村电商等服务，并在多次灾害救援中提供高效应急通信服务。

北斗导航为超过 700 万辆道路运营车辆提供安全保障服务，为超过 4 万艘海洋渔船提供定位和短报及通信服务，还为新冠疫情防控提供精准定位导航服务。

卫星遥感为国内数万家用户和全球 100 多个国家提供服务，累计分发数据超亿景，有力保障了国内外重特大自然灾害应急监测。

超过 2 000 项航天技术成果实现移植深耕，助力智慧城市、智慧能源、智能机器人等智慧产业加速发展，还孕育了太空制药、太空育种、太空农业等新业态。

和平利用，与全世界共享航天发展成果

基于和平利用原则，中国与全世界共享航天发展成果。无论是中国空间站，还是人类首次月背着陆的嫦娥四号探测器，抑或天问一号火星探测任务，以及风云、高分、北斗等一批航天基础设施，这些航天技术成果为全球提供全天候服务。

2012年至2022年，我国与34个国家的航天机构和4个国际组织签署了84项空间合作协定或谅解备忘录，与9个国家的航天机构签署了航天合作大纲，深度参与联合国外空委等18个国际组织工作。围绕嫦娥四号、天问一号等开展深度合作，与国际科学家共同分析研究月球与火星的探测数据。中国空间站向所有联合国会员国开放，17个国家、23个实体的9个项目成为中国空间站科学实验首批入选项目。全球开放共享高分卫星16米遥感数据，为“一带一路”建设及全球150多个国家提供高分数据产品和空间信息支撑。牵头发起“一带一路”空间信息走廊、亚太空间合作组织多任务小卫星、金砖国家遥感卫星星座等多边合作项目，与巴西联合研制中巴资源卫星，与俄罗斯联合开展国际月球科研站研制建设……

国家航天局表示，中国将始终秉持“共商、共建、共享”理念，着力在外空领域推动构建人类命运共同体，提高人类对宇宙的科学认知，扩展和延伸人类活动空间，推动人类文明可持续发展。

思考讨论

1. 党的十八大以来，我国航天事业取得了哪些举世瞩目的成就？这些成就的取得依靠的是什么？

2. 我国载人航天事业经历了怎样的发展历程？中国人的“太空家园”是如何从理想变为现实的？这说明了什么？

3. 在航天发展成果的使用上，我国秉持怎样的原则和态度？体现在哪些方面？这说明了什么？

教学建议

本案例主要适用于第七章第三节“加快建设科技强国”部分的辅助教学。本案例主要介绍了党的十八大以来中国航天坚持科技自立自强，行稳致远、创新发展，不断刷新攀登航天科技高峰的高度，不断拓展航天科技应用服务的广度，实现了我国航天科技的跨越式发展，使我国从航天大国迈向航天强国的生动实践。

■ 组织教学建议

第一，通过本案例，要使学生理解建设科技强国与建设航天强国之间的内在联系，引导学生把握我国从航天大国迈向航天强国的重大意义。在导入案例时，教师可以对相关理论知识进行铺垫，进而引出我国建设航天强国的必然性和必要性。要让学生知道，航天科技是世界上高新技术发展水平的集中体现，航天科技成就展现了一个国家的科技能力和创新能力，是衡量一个国家综合国力的重要标志，也是一个国家科技自立自强最好的证明。正因为如此，发展航天事业，建设航天强国，不仅是中国人共同追求的航天梦，也是国家重大发展战略的组成部分。

第二，为了使学生更为系统和全面地了解我国航天事业的发展历程，教师可以采用多种呈现方式对内容进行一定的延伸和拓展。在使用本案例时，可以组织学生观看《筑梦太空》《撼天记》《探索无垠》等航天纪录片，使其更为具象化地把握我国在空间科学探测和月球探测、火星探测、载人航天等航天工程上取得的巨大成就。在增进学生民族自信心和自豪感的同时，也使其认识到，建设航天强国是一个从量变到质变的过程，需要一代又一代人的不懈奋斗。

第三，注意通过本案例使学生深入理解坚持科技自立自强、自力更生对于我国建设科技强国的重要性和必要性。在组织讨论的过程中，教师需让学生特别关注，党的十八大以来，随着我国航天科技的飞速发展，我们对宇宙、太阳、月球和火星的演化，以及太阳活动对地球的影响等问题有了更多、更深的认识，并取得了很多科学成果，而获得这些科学发现和创新成果的前提是我们必须坚持科技自立自强。要使学生明白，我国航天加速建立自主可控的关键核心基础产品体系、实现重点装备和重大工程关键核心基础产品自主保障对于我国建设科技强国的重要性。

第四，在使用本案例时，不仅要以理服人，还要以情感人，用中国航天人的事迹和精神激励和鼓舞当代大学生，使其坚定理想信念，坚定报国之志。教师在分析案例细节时，注意突出从天宫、北斗、嫦娥到天和、天问、羲和，中国航天人坚持科技自立自强、艰苦奋斗，不断创造航天新历史，一大批航天青年挑大梁、担重任，在逐梦太空的征途上发出青春夺目光彩，将自我价值实现深深嵌入我国建设航天强国的伟大事业中。通过本案例，启发学生深入思考青春应有的样子，帮助其树立正确的世界观、人生观和价值观，培育和激励他们勇攀科技高峰，将自我价值实现同建设中国特色社会主义伟大实践紧密地结合起来。

■ 总结提升建议

第一，坚持科技自立自强，牢牢把握创新发展的主动权，是我国由科技大国迈向科技强国的必由之路。航天是一个国家科学技术综合发展水平的重要体现，是一个国家是否成为科技强国的重要指标。正因为如此，每一次航天科技取得创新成果，都能够极大鼓舞中国人民，为全社会创新创造提供强大激励；每一次航天发射、每一次航天科技成果的发布，都能引起全社会的广泛关注。实践证明，只有坚持创新，才能一步步加深我们对浩瀚宇宙的认识；只有坚持创新，中华民族才能更好地走向未来；只有坚持创新，才能实现关键核心技术的重大突破；只有坚持创新，才能使航天科技成果更好地服务于人；只有坚持创新，才能实现我们不懈追求的航天梦。在本案例中，探月工程“三步走”圆满收官；天问一号实现从地月系到行星际探测的跨越；中国空间站建设全面开始实施，并开启有人长期驻留时代；运载火箭加快更新换代，形成陆地、海上多样化发射能力；通信、导航、遥感等空间基础设施进一步完善；高分辨率对地观测系统形成体系能力……中国航天正是始终坚持自主创新发展，坚持关键核心技术攻坚，才为航天强国的建设打下坚实基础，才能使我们步履铿锵地从航天大国迈向航天强国。正如周建平院士所说：“如果按照别人的老路走，我们将永远落后于人。”我国航天科技对核心和关键技术的不断突破，彰显了我们从科技大国迈向科技强国的实力和底气。

第二，建设科技强国，发挥新型举国体制优势开展科技攻关，必须坚持党的领导，坚持以人民为中心。中国共产党是为中国人民谋幸福、为中华民族谋复兴的党，也是为人类谋进步、为世界谋大同的党。党的十八大以来，以习近平同志为核心的党中央高度重视和关心航天事业发展，高瞻远瞩作出建设航天强国的重大战略部署，并取得了举世瞩目的成就。通过本案例可以看到，在党的领导下，我国航天重大工程圆满实施，航天事业取得历史性成就、实现跨越式发展。中国航天始终与国家发展战略保持高度一致，坚持以人民为中心，在实现科学探索和突破的同时，赋能社会，改善民生，不断提升发展效益效能。卫星应用与行业区域发展深度融合，空间信息和大数据、云计算、物联网等信息技术深度融合，航天成果转化和技术转移助力传统产业升级换代和提质增效，为国民经济各领域和大众生活提供更加优质、便利的服务。航天应用广泛用于国土资源调查、环境保护、农业发展、防灾减灾、气象预报、交通运输、教育医疗、城乡建设等经济社会各个领域，使人民在生产生活中切实感受到科技创新所带来的美好。

第三，青年一代应胸怀报国之志，坚定强国信念，立志为祖国实现高水平科技自立自强而不懈奋斗。中国航天的魅力不仅在于在科技创新上取得的成就，还在于深厚博大的航天精神，培养造就了一批科技创新人才，一支能够站在世界航天科技前沿、勇于开拓创新、有坚定理想信念及高昂爱国热情的航天人才队伍。中国航天青年挑大梁、担重任，发扬特别能吃苦、特别能战斗、特别能攻关、特别能奉献的航天精神，将青春无私地献给了祖国的航天事业，展现了新时代中国青年奋发进取的精神风貌，是当代年轻人学习的楷模。在本案例中，无论是酒泉卫星发射中心的吴华，还是奋斗在文昌发射场的那群有志之士，以及千千万万为祖国航天事业默默付出的中国航天人，他们把美好的青春留在我国建设航天强国的伟大征程上，将个人梦想深深融入中国人的航天梦中，融入实现中华民族伟大复兴中国梦的实践中。坚守和求实是中国航天人的内在品格，严谨和细致是中国航天人的一贯作风，创新和超越展现了中国航天人的不变追求，一代又一代的中国航天人不忘初心、砥砺前行，不仅为中国航天事业书写出壮美的篇章，而且用实际行动诠释了何为守正创新、何为自立自强、何为报国之志、何为责任担当，是青年一代当之无愧的榜样。

第四，科技创新成果应当用于造福全人类，推动构建人类命运共同体，弘扬全人类共同价值。让科技创新成果增进人类福祉，是植根于中国航天的格局与担当。我国一直坚持平等互利、和平利用、包容发展的原则，积极推动构建人类命运共同体，推动航天高质量发展，让中国航天事业为创造人类更加美好的未来贡献力量。通过本案例不难发现，无论对于航天科学探测发现还是航天技术成果，我国并没有手握航天科技成就而独善其身，而是在遵循和平利用原则的基础上，与全世界共享航天发展成果。中国空间站、嫦娥四号探测器，天问一号火星探测器以及风云、高分、北斗等一批航天基础设施，不仅服务中国，而且为全球提供全天候服务。基于“共商、共建、共享”理念，中国航天不仅在科技上自立自强，牢牢掌握创新发展的主动权，而且具有航天强国的格局和担当，将航天作为全人类的共同事业，着力在外空领域推动构建人类命运共同体，加深人类对宇宙太空的认识，扩展和延伸人类活动空间，让科技真正服务于人。

启示意义

发挥新型举国体制优势，完善国家创新体系，加快关键核心技术攻关，实现高水平科技自立自强，是建设科技强国的内在要求。宝剑锋从磨砺出，梅花香自苦寒来。从科技大国迈向科技强国并非朝夕之事，而是凝聚了几代中国人的青春、梦想、奉献、传承与坚守。航天科技是衡量国家科技、国防力量的重要指标。以航天强国目标推动高质量发展，是一项长期性、系统性的“大工程”，有着许多新挑战、新任务，我们应坚定不移地走中国特色创新发展之路，聚焦于航天工程、科技创新的重点领域和关键环节，不断提升基础研究和关键核心技术创新能力，坚决打赢关键核心技术攻坚战。在世界百年未有之大变局中，只有始终自主掌握科技创新这一“关键变量”，围绕航天长远发展、核心竞争力提升和国家重大需求，才能抢占未来科技发展制高点。

案例 18

昆山：标定全过程人民民主的“新路标”

核心阅读

截至2024年，江苏昆山已20年蝉联全国百强县榜首。创造这一成就的“昆山之路”凝结着顺民心、聚民力、创民富的民主基因和密码。如今，奋进新征程，昆山锚定社会主义现代化建设标杆城市目标，致力于打造全过程人民民主的典型样板。昆山市人大常委会以获评全国人大常委会法工委基层立法联系点为契机，广泛成立立法信息联络站，以“吃讲茶”形式搭建议事平台，实现群众事群众说、群众议、群众定；昆山市政府坚持“开门问策”，起草《政府工作报告》等重要事项面向市民征求意见，一个个“金点子”助推政府科学决策；昆山市政协通过民主评议融媒体直播督促民生事项推进落实，促进服务型政府建设。昆山坚持“以人民为中心”的民主实践彰显出我国民主的烟火气，也展现出发展全过程人民民主推进社会主义现代化建设的实效和生机。

昆山地处江苏东大门，山清水秀、人杰地灵，截至2024年，经济上已连续20年位居全国百强县首位。早在2009年，习近平就指出：“像昆山这样的地方，……现代化应该是一个可以去勾画的目标。”分析“昆山之路”取得成功的原因，除了产业基础、区位优势、营商环境之外，人民民主也是不可或缺的基因和密码。下面我们就通过几个镜头一睹昆山践行全过程人民民主的风采，也通过昆山的生动实践领略中国特色社会主义民主政治的烟火气。

镜头一：“吃讲茶”里的民主

“吃讲茶”是江南水乡地区特有的传统文化习俗，昆山人习惯把“喝”茶叫作“吃”茶，是因为民众在喝茶的同时一般佐以时令腌菜、瓜果等茶点。“吃讲茶”本来是以吃茶为名调解纠纷、化解矛盾，如今在当地已成为民主议事的常见方式。2020年7月，昆山市人大常委会被全国人大常委会法工委确立为基层立法联系点。随后，昆山基层立法联系点又在全市设立了20个立法信息联络站，周庄镇“人大代表之家”就是其中之一。“人大代表之家”设在小河边，当地人常去这里“吃讲茶”。2022年2月10日这天下午，十来个人来到这里“吃讲茶”，开的是《中华人民共和国妇女权益保障法（修订草案）》意见征求会。该法自 1992 年 10 月起施行，正迎来一次大修。

“修订草案有很多亮点，比如第七章规定，在离婚诉讼中，夫妻双方都享有共同财产的调查权，这很有前瞻性。是不是还应该加上：夫妻之间对于共同财产享有平等的知情权。”

“如果草案要设立夫妻财产调查权利，就要细化程序和适用情形，防止该权利被滥用。”

“草案规定保护女性生育权益，但规范过于笼统，下一步应细化具体的措施。”

“这些规定像我们经济发达地区可以做到，别的一些地方可能还做不到。不过法律的眼光要再往后推 30 年，要起到引领作用。”

…………

门外小河流水潺潺，门内讨论热火朝天，大家建真言、献良策，讨论了快 3 个小时。不知不觉，早春的太阳已经向西斜去。“吃讲茶”议事结束后，昆山市人大工作人员把大家的意见整理成了立法建议，通过昆山基层立法联系点进行了报送。昆山基层立法联系点挂牌四周年来，已经有 48 部法律草案在此完成立法征询任务，累计上报意见建议 2 485 条，多篇调研报告为国家立法工作提供了有益参考。基层群众“原汁原味”的意见建议，搭上这趟民意“直通车”，直达国家最高立法机关。

镜头二：普通市民也可以参与起草《政府工作报告》

除了给全国性的法律提意见建议，昆山人民的声音也越来越多地出现在家乡治理中。过去，昆山市《政府工作报告》起草的惯例一般是先由报告起草小组形成初稿，然后在小范围征求意见，最后在人代会上提请代表审议。结果在老百姓眼里，起草《政府工作报告》是一件神秘陌生的事。2021 年 12 月，昆山市《政府工作报告》起草组根据市长的部署，组织开展了为期近一个月的“开门写报告，开门议报告”系列活动。一方面“迈开步子”，市政府分管领导深入企业、社区实地调研座谈；另一方面“广开言路”，线上征集市民意见。

在昆山市周市镇社区卫生服务中心工作的吴医生，自 2018 年参加工作以来，深深感受到基层医疗卫生工作“人少事杂难发展”的痛点，建议市委、市政府加快推进协调全市社区卫生服务机构建设，在人才引进、待遇保障等方面加强顶层设计，努力保障基层医务人员和基层社区卫生服务工作人员能够扎根基层。这一建议被《政府工作报告》所采纳，还被评为 10 个“金点子”之一。上海居民许先生经常来昆山旅游，他发现昆山的停车难问题比较严重，尤其是居民小区周边“一位难求”，见缝插针式的停车更加剧了市民出行难。他一口气提了 10 条建议：医院、名校、商业核心区等重点区域设置电子实时车流及车库车位指示牌；有条件的单位拿出一定的车位共享，错时开放；张贴罚单同时附上泊车导示图；为减少占地，多建设地下停车场和立体停车场……这些建议也被评为“金点子”。《政府工作报告》写道，2022 年将新增公共停车位 2 000 个，逐步推动全市所有停车位纳入“牡丹停”智慧停车系统，建设更多“玲珑”筒仓式智能车库，有效应对停车难题。

镜头三：政协邀您来监督

起草《政府工作报告》需要汇聚民智，政府工作做得好不好更需要接受人民群众的监督。2020年6月，昆山市政协围绕市民普遍关注的食品安全问题，在全省政协系统首次举办民主评议融媒体直播活动。台上，6名政协委员坐成一排，市政府各相关职能部门5名负责人则在对面坐成一排，接受政协委员和台下市民代表的问询。有政协委员问道："蔬菜，尤其是夏天的叶菜，容易发生农药残留超标的问题，昆山本地产的蔬菜有没有这方面问题?"农业农村局负责人答道："农产品质量安全的核心问题在于化肥、农药等投入品，自2012年以来，我市实施主要农作物的价格补贴政策，鼓励大家使用高效低残留的农药，从源头上保障农产品的质量安全。同时我们也要求生产者建立农事操作台账，做到可查询可追溯。昆山的农产品是安全的，请大家放心食用。"有现场市民代表问道："学校是如何在做好疫情防控的同时又保障食品安全的?"教育局负责人答道："我们对所有食堂从业人员严格执行岗前健康检查，并根据分时、错峰就餐的需要，对食材进行分段烹饪，避免食物因为留存时间过长导致变质，还强化对就餐空间和餐具的消毒工作。我们不少学校还把体育场馆改造成方舱食堂，也是为了进一步减少人员的聚集。"监督问询结束后，昆山市政协主席表示，接下来要针对评议中一些群众关心程度高、社会各界反映强烈的问题，继续做好跟踪问效、形成闭环，真正使民主评议成果"落下去"。食品安全只是国计民生的一个方面，分布在昆山各个角落的廉勤监督员就像"活探头"，时刻紧盯社区的大事小情，确保社区民生工程、专项经费、物业管理、基础设施建设等各环节规范运作，发现问题及时通过廉勤监督平台上报。他们与昆山1 654个网格立法信息采集点的工作人员一起，共同疏通了昆山全过程人民民主网络的毛细血管，保障民主不被阻塞。

"保天下者，匹夫之贱，与有责焉耳矣。"明末清初思想家顾炎武是昆山人，他在《日知录》中所提出的这句话深深镌刻在每一个昆山人的心中。回望发展历程，昆山坚持人民至上，充分调动人民群众参与建设的积极性，成功打造县域经济领头羊。奋进新征程，昆山将进一步践行全过程人民民主理念，汇民智、聚民心，全力打造社会主义现代化建设标杆城市。

思考讨论

1. 人民民主是社会主义的生命，请问本案例中昆山各机构的哪些做法体现了人民当家作主这一民主实质?

2. 全过程人民民主不仅有完整的制度程序，而且有完整的参与实践。请问，全过程人民民主的制度载体有哪些? 参与实践如何体现?

3. 什么是中国特色社会主义政治发展道路? 我们该如何不断拓展丰富以人民为中心的民主政治实现方式?

教学建议

本案例主要适用于第八章第二节"全过程人民民主是社会主义民主政治的本质属性"部分的辅助教学，主要展示的是昆山市坚持"人民至上"，打造全过程人民民主县域典范的事迹：昆山市基层立法联系点以“吃讲茶”形式搭建议事平台，实现群众事群众说、群众议、群众定；昆山市政府坚持“开门问策”，起草《政府工作报告》等重要事项面向市民征求意见，一个个“金点子”助推政府科学决策；昆山市政协通过融媒体问政形式督促民生事项推进落实，促进服务型政府建设等。

■ 组织教学建议

第一，概念界定。从国家权力的二重性即阶级性与公共性回答“到底什么是民主”这一重要问题。美西方民主以天赋人权和社会契约论为理论基础，通过民众投票制造出自愿将自己的“天赋人权”交给国家权力争夺者的假象，从而使当选者合理合法地占有公共权力来为其背后所代表的权势集团谋取利益。我国民主的本质是人民当家作主，人民的权益是不可能转让给谁的，它永远属于人民。中国特色社会主义用中国共产党领导下的全过程人民民主解决了“如何建立真正代表人民根本利益的国家权力”这一政治领域的千古难题，从而揭穿并化解了资本主义国家政权表面上的“公共性”与本质上的“阶级性”之间的矛盾。

第二，介绍背景。通过翔实的数据展现昆山取得的县域经济领头羊的发展成就，通过回顾历史说明“昆山之路”的民主基因和密码，以此激发学生的兴趣并体现案例的典型性。在这一环节可以提前给学生布置任务，以团队形式搜集资料、制作 PPT 并讲述相关内容。使学生通过探究式学习深入理解民主对推动经济社会发展的意义，为其准确理解“全过程人民民主”的核心要义和实践路径作好铺垫。

第三，梳理案例。引导学生从“全”“过程”“人民”三个关键词中把握案例和理解“全过程人民民主”的含义。首先，案例涉及人大、政府、政协等主要机构，充分体现为人民服务的宗旨，说明全过程人民民主的“人民”属性。其次，案例涉及民主立法（人大修改法律征求意见）、民主决策（起草政府工作报告）、民主监督（政协问政）等民主实践环节，说明全过程人民民主的“过程”属性；最后，案例涉及妇女权益保护、看病难、停车难、食品安全等诸多老百姓关心关注的热门问题，说明全过程人民民主的“全覆盖”属性。当然“全”“过程”“人民”三个方面都有非常丰富的含义，教师可以通过三个方面的中西比较帮助学生认识全过程人民民主的优越性。

第四，明确主题。突出强调“发展全过程人民民主”是习近平新时代中国特色社会主义思想“十个明确”的重要内容之一。“发展全过程人民民主”是为了切实体现以人民为中心的发展思想，让民主在中国更好地运转，让人民群众有更多的获得感、幸福感。“发展全过程人民民主”必须坚持“人民至上”，把人民当家作主具体地、现实地体现到党治国理政的政策措施上来，具体地、现实地体现到党和国家机关各个方面各个层级的工作上来，具体地、现实地体现到满足人民对美好生活向往的工作上来。建议教师向学生强调指出“昆山之路”的成功实践是“以人民为中心”发展逻辑优越性的生动证明，昆山打造社会主义现代化建设标杆城市更需要坚持“人民至上”，践行全过程人民民主，为经济社会发展提供充足动力。

■ 总结提升建议

第一，“人民至上”是提挈全过程人民民主的核心理念。人民是历史的创造者，是决定一个国家前途命运的根本力量。我国全过程人民民主始终坚持人民至上，一切为了人民、一切依靠人民，成果由人民共享。首先，尊重民意是全过程人民民主的首要含义。在我国，制定法律法规和解决公共问题都会广泛征集人民群众的意见。比如昆山市人大常委会被全国人大常委会法工委评选为第二批基层立法联系点，全国人大在修改《妇女权益保障法》等法律的过程中都会通过立法联系点征求人民群众的意见。而昆山基层立法联系点在全市设立了22个立法信息联络站，联络站通过“吃讲茶”这种人民群众喜闻乐见的形式征求民意，促进了多部法律法规的修订完善。其次，回应民声是全过程人民民主的鲜明特点。正是通过对人民群众需求的及时精准回应，实现对人民群众权益的切实保障。比如有居民针对停车难问题，一口气提出设置电子实时车流指示牌、车位共享、建设地下和立体停车场等10条建议。这些建议被评为“金点子”，其合理内容也被纳入了《政府工作报告》。最后，汇集民智是全过程人民民主的重要功能。我国一贯坚持“调动人民积极性是最大的民主”。比如，人大开门立法、政府开门问策都是汇集民智的有效方式。昆山市政协举办民主评议融媒体直播活动更是调动了人民群众参政议政的积极性。人大、政府、政协坚持人民至上，促进了服务型政府建设，创造了良好的营商环境，也为“昆山之路”的持续发展提供了动力和保障。

第二，“过程性”是全过程人民民主的显著特征。全过程人民民主的本质是人民当家作主，主体是全体中国人民，特点和优势在于“全过程”。“全过程”是人民民主的内在属性，人民因为具体地参与民主各过程而感知到当家作主的力量，我国民主也因为具有具体落实机制而充满真实烟火气。其一，选举是全过程人民民主的基础环节，关涉人民如何组织国家政权。我国国家机构选举、村（居）委会选举、企事业单位职工代表大会选举等广泛真实，不受金钱操控。其二，协商贯穿民主政治生活全过程，展现了“有事好商量，众人的事情由众人商量，找到全社会意愿和要求最大公约数”这一人民民主的真谛。其三，决策是全过程人民民主的关键环节，关涉国家政权的执政取向和运行方式。其四，管理是全过程人民民主实践的具体表现，通过“人民的事人民管、人民的事人民办”保障人民的知情权、参与权、表达权、监督权。其五，监督是守护全过程人民民主的最后红线，关乎人民民主的实现是否全过程都真实可靠。广大人民通过全方位、多元化、综合性的党和国家监督体系，行使法定监督权。案例中，昆山基层立法联系点以“吃讲茶”形式征求各界对《中华人民共和国妇女权益保障法（修订草案）》的意见是人民参与民主协商的体现；昆山市起草《政府工作报告》“开门问策”体现了人民参与民主决策；政协举行民主评议并通过融媒体直播使人民群众的监督权得到保障；除此之外，案例中所涉及的看病难、停车难、食品安全等问题与人民群众利益息息相关，党政机构针对这些事务问政于民，是人民参与民主管理的体现。正是在参与民主选举、民主协商、民主决策、民主管理、民主监督的过程中，昆山人民的民主权利得到充分保障，也生动说明全过程人民民主深深扎根于人民生活，具有真实烟火气。

第三，全过程人民民主是社会主义民主政治的本质属性，是最广泛、最真实、最管用的民主。首先，全过程人民民主是最广泛的民主。在中国共产党的领导和社会主义制度的保障下，我国最广大人民的意愿得到了充分反映，最广大人民当家作主的权利得到了充分实现，最广大人民的合法权益得到了充分保障。其次，全过程人民民主是最真实的民主。全过程人民民主不仅有完整的制度程序，而且有完整的参与实践，人民依法实行民主选举、民主协商、民主决策、民主管理、民主监督，各个环节环环相扣、彼此贯通，充分保障人民的知情权、参与权、表达权、监督权。最后，全过程人民民主是最管用的民主。世界上没有定于一尊的民主形式，评判一种民主形式，关键要看它是否适应本国历史文化，是否符合本国现实国情，能否带来政治稳定、社会进步、民生改善，能否得到人民的支持和拥护，能否为人类进步事业作出贡献。评判一种民主形式好不好，实践最有说服力，人民最有发言权，归根到底要看能不能让人民过上好日子。全过程人民民主保障最广大人民权益的广泛性和拥有完整参与实践的真实性已在案例中有所论述，下面着重对其管用和有效加以阐述。昆山由早年苏州下辖县中排名最末的“小六子”，到 2024 年经济上已经连续 20 年位居全国百强县首位，民主是“昆山之路”不可或缺的基因和密码。正是民主凝聚起谋发展的改革共识，激发了促进发展的无穷力量。“昆山之路”的成功实践充分说明中国民主是能够推动经济社会发展、保障人民权利的管用民主。

第四，全过程人民民主具有强大的生命力。与西方民主相比，我国全过程人民民主是一种新型民主制度。首先，全过程人民民主建立在公有制经济基础、人民当家作主的国家政权之上，从而确保个体利益和整体利益方向一致，这种利益一致性正是全过程人民民主优越性和生命力的根源。其次，全过程人民民主是近代以来党团结带领人民长期奋斗的历史逻辑、理论逻辑、实践逻辑的必然结果，在文化基础、理论基础、实践基础、制度基础等各方面都深深扎根于中国社会土壤，这正是其具有强大生命力的重要原因。最后，全过程人民民主把党的主张、国家意志、人民意愿紧密融合在一起，使全体人民在党的领导下成为目标相同、利益一致、相互交融、同心同向的整体，形成集中力量办大事的制度优势，这正是其强大生命力的表现和功效。总之，我国基于国情发展全过程人民民主，不仅推动了自身发展，也为人类民主事业发展探索了新路径，丰富了人类政治文明形态。我们要坚定不移地走符合国情的民主发展道路，展现全过程人民民主的生命力和其推动社会发展的进步作用。比如，改革开放以来，昆山市坚持以人民为中心的发展思想，创新民主机制，提升民主效能，使民主成为人们的生活方式，也为昆山发展提供了磅礴动力。在新的历史征程上，昆山市各级党政机构坚持“人民至上”，进一步健全民主制度、丰富民主形式、拓宽民主渠道，一定能推动昆山成为社会主义现代化建设标杆城市和全过程人民民主的典型样板。

启示意义

第一，不断拓展和创新以人民为中心的全过程人民民主实现方式。“履不必同，期于适足；治不必同，期于利民。”全过程人民民主坚持以人民为中心，扎根中国社会土壤，创造了人类政治文明新形态。深入推进和践行全过程人民民主也必须坚持“人民至上”，因地制宜，不断拓展和创新全过程人民民主实现方式。昆山以“吃讲茶”、网络征集意见、融媒体直播等当地老百姓喜闻乐见的方式促进了民主协商、民主决策和民主监督，拓展了人民在城市发展中发挥主体作用的空间，提升了人民群众的民主获得感，有助于打造社会主义现代化建设标杆城市和全过程人民民主县域典范。以昆山为借鉴，全国各地也要坚持一切为了人民、一切依靠人民，充分发挥人民群众的创造性，促进富有地方特色、时代特征的创新性民主实践经验不断涌现。

第二，积极探索有生气、接地气、聚人气的民主实践形式。从基层声音被写入国家法律到网友建言被纳入“十四五”规划，从城乡社区里的村（居）民议事会、村（居）民论坛、民主恳谈会、民主听证会到党代表、人大代表、政协委员走进社区，从“小院议事厅”到“协商议事室”，中国人民在火热的基层生活中，摸索创造了一个又一个充满烟火气的民主形式。人们通过这些有生气、接地气、聚人气的民主实践，发表意见建议，进行广泛协商，利益得到协调，矛盾有效化解。实践证明，不断丰富的民主实践形式创新，不仅增强了基层群众的民主意识和民主能力，培养了基层群众的民主习惯，也充分彰显了中国民主的广泛性和真实性。

案例 19

宁德人大代表约见制：见人见事见成效

核心阅读

1989年11月，时任宁德地委书记的习近平在《摆脱贫困》中提出："闽东的发展，离不开人大工作"，"发挥人民代表作用，是搞好人大工作的关键所在"。宁德市人大常委会牢记习近平的嘱托，为更好发挥人大代表作用，成功打造了"有规可依、有事可约、有章可循、有责可追"的代表约见制度，极大地加强了人大代表与群众的联系，实现了人大代表约见从"纸上建议"到"直面交锋"再到"持续跟踪落实"的形式创新。"见人见事见成效"的代表约见制为宁德经济社会高质量发展贡献了人大力量，也为全过程人民民主理论的丰富发展提供了宁德智慧。如今，宁德人大代表约见制的成功实践已在福建乃至全国人大系统产生了积极示范效应，推进了人民代表大会制度和全过程人民民主理论的发展和完善。

宁德，俗称闽东，曾是全国18个集中连片贫困地区之一。1989年11月，时任宁德地委书记的习近平在《摆脱贫困》中写道："闽东的发展，离不开人大工作"，"发挥人民代表作用，是搞好人大工作的关键所在"。如今经过30多年的发展，闽东人民以"滴水穿石、久久为功"的精神，彻底改变了贫穷落后面貌。而宁德市人大常委会也始终牢记习近平总书记在宁德工作期间的殷切嘱托，积极探索更好发挥人大代表作用的有效途径，成功打造了"有规可依、有事可约、有章可循、有责可追"的代表约见制度。通过开展约见活动，人大代表就本行政区域内的一些重大事项或是人民群众关心的热点、难点问题向地方国家机关负责人提出建议、批评、意见，既增加了人大代表反映民情的渠道，也进一步增强了人大监督工作的实效，为宁德经济社会高质量发展贡献了人大力量。

着眼于"有规可依"，完善代表约见制度

《中华人民共和国全国人民代表大会和地方各级人民代表大会代表法》第29条规定，人大代表进行视察时，"可以提出约见本级或者下级有关国家机关负责人。被约见的有关国家机关负责人或者由他委托的负责人员应当听取代表的建议、批评和意见"。尽管法律有明确规定，但很长一段时间以来人大代表约见权仅仅停留在纸面上，"休眠"在条款里。

2019年10月，宁德市人大常委会在福建全省率先出台了《宁德市人民代表大会代表约见政府工作部门主要负责人暂行办法》（以下简称《约见暂行办法》），从约见对象、内容、程序和办理时限等方面对代表约见活动的开展作出了具体规定。相比于调研、专题询问等监督方式，人大代表约见政府部门负责人，更直接、更具针对性。人大代表约见制的创新实践实现了代表约见从“纸上建议”到“直面交锋”再到“持续跟踪落实”的发展转变，让代表履职实效产生了质的飞跃，让代表履职劲头更足。

着眼于“有事可约”，拓宽代表约见渠道

为了将人大代表约见权落到实处，宁德市人大常委会在《约见暂行办法》中拓宽了代表约见渠道，明确规定在参加视察、调研、执法检查、代表小组活动以外，人大代表在联系人民群众的履职活动中发现重要问题时，也可以以个人或者联名的方式申请约见。《约见暂行办法》还明确了约见事由，包括：“宪法、法律和法规在贯彻执行中存在的问题；省、市人大及其常委会的决议、决定在执行中存在的问题；涉及全市改革、发展、稳定的重大问题；人民群众普遍关注的热点、难点问题；市人大代表建议、批评和意见在办理中存在的突出问题；市人大代表认为确有必要且属于代表履职范围的重大问题。”同时对不宜约见的事项也进行了明确，包括：涉及市人大代表本人或者亲属个人利益的问题；按照法律、法规规定应当由司法机关处理，或者已经进入司法程序、行政复议程序、仲裁程序的问题；不属于市人大代表履职范围的问题；可以通过其他途径协商解决的问题。这些规定，为人大代表提出约见申请提供了依据。

着眼于“有章可循”，规范代表约见程序

宁德市人大常委会按照《约见暂行办法》的有关规定，严格审批，规范流程，确保约见活动有序进行。一是规范申请程序。市人大代表以个人或者联名的方式，向市人大常委会人事代表工作室提出书面申请，要求主题明确、简明扼要，写明约见的对象、理由和主要内容。二是严格审批程序。市人大常委会人事代表工作室负责代表约见申请的统筹安排，根据约见内容，会同市人大常委会相关工作机构研究处理。可以安排约见的，及时制定约见方案，开展约见活动；不宜安排约见的，及时向代表做好解释说明工作；非联名提出约见的多位代表对同一政府工作部门主要负责人提出约见申请的，合并安排约见。三是明确时限要求。约见时，要求政府工作部门尽量当场办理答复，不能当场办理答复的，限时三个月办理答复。市人大代表对办理情况不满意的，政府工作部门重新办理答复，时限为一个月。四是指定参加对象。根据约见内容，由市人大常委会人事代表工作室或相关工作机构负责人主持会议，提出约见申请的市人大代表和被约见的政府工作部门主要负责人参加，视具体情况邀请有关单位和新闻媒体参加。

着眼于“有责可追”，增强代表约见刚性

为了增强约见制度的刚性约束，达到“见人见效”的目的，宁德市人大常委会对政府工作部门主要负责人提出明确要求：一要做好会前准备。应当根据约见内容做好充分准备，按时参加约见活动。因特殊原因不能参加约见活动的，应当以书面形式向市人大常委会提出申请，经同意后可以委托其他负责人参加。二要积极回应问题。约见时应当认真听取代表的建议、批评和意见，积极回应代表提出的问题。三要强化保密意识。约见内容如果涉及国家秘密或者依照有关规定不宜公开的事项，应当严格遵守有关国家保密规定。四要限时办理答复。应当在约见活动结束后三个月内，将办理情况书面答复代表。如果代表对办理情况不满意，政府工作部门应重新办理，并在一个月内再次书面答复代表。

助推民生改善成效显著

2020 年以来，宁德市人大常委会相关委室对代表约见意见的落实情况进行持续跟踪督促，确保代表约见活动取得实实在在的成效。2020 年 4 月，宁德市 7 名市人大代表围绕城乡特困人员“先诊疗后付费”问题，约见了市卫健委、民政局、医保局主要负责人，推动出台了《宁德市城乡特困人员“先诊疗后付费”救治工作实施方案》，该项政策惠及全市万余名城乡特困人员。2020 年 11 月，宁德市 6 名市人大代表约见市住建局、自然资源局、市场监督管理局等部门主要负责人，督促职能部门加强监管，健全完善全装修商品房监管机制，提高装修质量。推动出台《关于加强商品住房全装修项目监管工作的通知》，促进了房地产市场健康持续发展。2021 年 4 月，宁德市部分市人大代表约见市民政、医保、卫健部门主要负责人，督促有关部门明确职能分工，建立联动机制，有效解决养老机构医保刷卡难、乡镇卫生院慢性病取药难、长期卧床老人护理难、养老服务专业人才缺乏等问题，促进了养老相关政策措施的出台。2022 年 8 月 10 日起，宁德市中心城区管道天然气居民用气价格上调，市民反映较为强烈。市人大常委会就此开展人大代表约见政府工作部门主要负责人活动。约见过程中，代表们直入主题、直面问题、直言不讳，接连提出多个群众普遍关心的问题，将“民声”不断传递。市发展改革委主要负责人表示，将悉心采纳代表们的意见建议，及时给予代表们满意答复，真正把好事办好、实事办实。

通过多年的实践探索，人大代表约见政府工作部门主要负责人制度在宁德逐步得到认可，约见制不仅推动了群众关注的热点、难点问题的解决，还促进了代表履职责任感的强化，促进了政府部门作风转变。如今，宁德人大代表约见制的成功实践已在福建乃至全国人大系统产生了积极示范效应，推进了人民代表大会制度和全过程人民民主理论的发展和完善。

思考讨论

1. 宁德人大代表约见制有哪些具体流程，对于发展和完善人民代表大会制度有什么作用？

2. 我国人民代表大会制度的性质和内涵是什么？人大与“一府一委两院”是什么关系？

3. 发展全过程人民民主对于推动我国国家治理现代化有何作用？

教学建议

本案例主要适用于第八章第二节“全过程人民民主是社会主义民主政治的本质属性”部分的辅助教学，主要展示的是福建宁德探索人大代表约见制，形成了“有规可依、有事可约、有章可循、有责可追”的典型经验。“见人见事见成效”的代表约见制为宁德经济社会高质量发展贡献了人大力量，也为全过程人民民主理论的丰富发展贡献了宁德智慧。

■ 组织教学建议

第一，梳理案例，向学生讲清楚“约见制”的法律依据，总结宁德人大代表约见制的具体经验做法，突出宁德人大代表约见制的特点是“见人见事见成效”。在梳理案例的基础上，向学生说明人民代表大会制度的性质以及人大与“一府一委两院”的关系。突出强调人民代表大会制度是我国人民民主专政的政权组织形式，是我国的根本政治制度。人民代表大会拥有立法权、决定权、任免权、监督权，人大代表拥有审议权、提案权、表决权、询问权和质询权、选举权、罢免权、建议权、批评权、人大代表在闭会期间活动的权利。

第二，组织学生对民主的概念及其内涵加以讨论。强调指出民主的本质就是人民当家作主，人民是物质文化财富的创造者，因此应当拥有以支配社会公共物质文化财富为基础的国家权力。在讨论界定民主的概念的基础上，对案例中人大代表约见制保障人民主体地位的作用加以总结，以案论理使学生明确人民代表大会制度是能够保障人民当家作主地位的好制度。

第三，建议教师以人大代表约见制为切入口递进分析人民代表大会制度与全过程人民民主的辩证关系。首先，全面分析“约见制”对于发展完善人民代表大会制度所具有的意义，包括丰富人大代表履职方式、调动人大代表的履职积极性、增强人大监督的刚性等。其次，深入阐述坚持和发展人民代表大会制度对于推进全过程人民民主的载体意义，包括拓宽民意反映渠道、提升人民群众素质与能力、强化国家机关工作人员的公仆意识、切实增进民生福祉等。最后，突出强调需要以全过程人民民主理念引领人大制度发展完善，将人民当家作主具体落实在制度、实践和人民生活中。通过剖析全过程人民民主与人民代表大会制度间的相互关系，凸显中国特色社会主义民主政治的显著优势和强大生命力。

第四，建议教师由案例引申，简要讲述习近平在宁德工作时“三进下党”“四下基层”等攻坚克难故事，着重学习《摆脱贫困》一书中的《发挥人大作用，把闽东的事业推向前进》这篇文章。以此说明习近平总书记关于坚持和完善人民代表大会制度的重要思想具有深远的历史渊源，全过程人民民主理论有着坚实的实践基础。通过故事讲述、文章阅读，引导学生学习习近平坚定的制度自信、深厚的为民情怀、久久为功的实干精神、顽强拼搏的奋进意识。

■ 总结提升建议

第一，人民代表大会制度是符合我国国情和实际、体现社会主义国家性质、保证人民当家作主、保障实现中华民族伟大复兴的好制度。人民代表大会制度，坚持中国共产党领导，坚持马克思主义国家学说的基本原则，适应人民民主专政的国体，有效保证国家沿着社会主义道路前进。人民代表大会制度，坚持国家一切权力属于人民，最大限度保障人民当家作主，把党的领导、人民当家作主、依法治国有机统一起来，有效保证国家治理跳出治乱兴衰的历史周期率。人民代表大会制度，正确处理事关国家前途命运的一系列重大政治关系，实现国家统一高效组织各项事业，维护国家统一和民族团结，有效保证国家政治生活既充满活力又安定有序。在 2021 年中央人大工作会议上，习近平提出推进人民代表大会制度理论和实践创新，需要完成六项任务，包括：全面贯彻实施宪法，维护宪法权威和尊严；加快完善中国特色社会主义法律体系，以良法促进发展、保障善治；用好宪法赋予人大的监督权，实行正确监督、有效监督、依法监督；充分发挥人大代表作用，做到民有所呼、我有所应；强化政治机关意识，加强人大自身建设；加强党对人大工作的全面领导。从案例中可以看出，这六项任务要求与习近平在《发挥人大作用，把闽东的事业推向前进》一文中表达的诸多观点有相同之处。而宁德市人大常委会也始终牢记习近平总书记在宁德工作期间的殷切嘱托，积极探索更好发挥人大以及人大代表作用的有效途径，为宁德经济社会高质量发展贡献了人大力量。宁德人大代表约见制的成功实践充分说明人民代表大会制度是符合我国国情、保证人民当家作主、推动事业发展的好制度。

第二，人民代表大会制度是实现全过程人民民主的重要制度载体。全过程人民民主是中国共产党团结带领中国人民追求民主、发展民主、实现民主的伟大创造，是社会主义民主政治的本质属性。全过程人民民主不是一句空话和口号，而是有完整的制度程序和完整的参与实践。人民代表大会制度作为我国根本政治制度，一方面为全过程人民民主的完整制度程序提供支撑，另一方面为全过程人民民主的完整参与实践提供平台。从制度支撑方面讲，人民代表大会的制度设计理念、制度运行机制有力有效地保障了人民通过各级人民代表大会行使国家权力，依法管理国家事务、经济和文化事业、社会事务。从参与实践平台方面讲，人大工作将民主选举、民主协商、民主决策、民主管理、民主监督的各个环节有效贯通，能够充分保证人民的知情权、参与权、表达权、监督权得以实现。比如案例中“约见制”以强化人大监督权推动政府部门转变作风、增强公仆意识，切实保障了人民当家作主这一民主实质的实现。同时“约见制”通过改变人大代表履职方式，密切人大代表与人民群众的联系，提升了人民群众对公共事务的参与性，为全过程人民民主提供了实践平台。

第三，以全过程人民民主理念引领人民代表大会制度发展完善。人民代表大会制度具有显著优势，并不意味着它已经完美无缺，而是需要适应时代发展和人民要求不断完善、不断健全。在 2021 年中央人大工作会议上，习近平提出推进人民代表大会制度理论和实践创新的六项任务，并着重强调要继续推进全过程人民民主建设，把人民当家作主具体地、现实地体现到党和国家机关各个方面各个层级工作上来。从“人民民主”到“全过程人民民主”是我们党百年来为实现和保证人民当家作主所开创形成的宝贵经验，也为人民代表大会制度的发展完善指明了方向。具体来说，就是要坚持全过程人民民主理念，保证人民通过人民代表大会行使国家权力，依法落实民主选举权利，拓宽有序政治参与渠道，完善人大的民主民意表达平台和载体，加强理论研究和宣传阐释。比如案例中人大代表约见制正是以全过程人民民主理念为引领推动了人民代表大会制度的发展完善。“约见制”是代表履职的好平台，有效提升了代表履职能力和公众信誉度；“约见制”是刚性监督的好方式，切实增强了人大监督的权威性、实效性；“约见制”是建议办理的好途径，能够有效地解决代表建议久拖未决的问题，树立人大有为有位有威的良好形象；“约见制”是政府工作的好推手，强化了政府工作部门的人大意识，真正做到权为民所用。

第四，全过程人民民主有助于完善国家治理体系、提升治理能力，推进国家治理体系和治理能力现代化。首先，制度是治理的依据，推进国家治理体系和治理能力现代化需要构建系统完备、科学规范、运行有效的制度体系。对此，全过程人民民主贯通于政治、经济、社会、文化等诸领域，其广泛性有助于国家各层级各领域制度体系的发展完善。其次，推进国家治理体系和治理能力现代化，还要在提高制度执行力和治理能力上下功夫。对此，全过程人民民主落实在民主选举、民主协商、民主决策、民主管理、民主监督等不同环节，其全链条属性有助于推动国家制度优势向治理效能转化。最后，国家治理并不只是国家的“独奏”，而是国家与社会的“合奏”。我国坚持全过程人民民主的重大理念，不断拓展以人民为中心的民主政治实现方式，实现了最广大人民的最广泛参与，激发起人民群众参与社会治理的内生动力，从而有效凝聚社会共识，形成强大的国家治理合力。案例中“约见制”促进了人大制度的发展完善；通过强化人大监督职能，促进了政府执行能力和服务意识的提升；同时在约见对象、约见事项、约见主体、约见协调等方面实现了党委、人大、政府、人民各主体的有效互动，以协同整合推动宁德经济社会发展和治理现代化进程。

■ 启示意义

要自觉坚定对中国特色社会主义政治制度的自信，尤其是坚定对人民代表大会制度这个根本政治制度的自信，进一步增强走中国特色社会主义政治发展道路的信心和决心。经国序民，正其制度。人民代表大会制度是实现我国全过程人民民主的重要制度载体，必须以坚定的制度自信不断发展具有强大生命力的全过程人民民主。宁德人大代表约见制的成功实践充分说明，只要我们坚定制度自信，并不断推动政治制度发展完善，制度优势就会源源不断地转化为实实在在的治理效能，就一定能够将全过程人民民主真正落到实处，续写以“中国之制”推动“中国之治”、创造“中国奇迹”的精彩篇章。宁德人大代表约见制的成功实践也充分证明，人民代表大会制度是符合我国国情和实际、体现社会主义国家性质、保证人民当家作主的好制度，我们要坚持和完善人民代表大会制度以落实全过程人民民主，同时以全过程人民民主理念引领人民代表大会制度发展完善。

案例
20

江苏淮安“码”上议：指尖上的协商民主

核心阅读

江苏淮安是周恩来总理的故里，当地牢记习近平总书记“把周总理的家乡建设好”的嘱托，积极探索将数字技术与协商民主相结合的有效方式，以“码”上议推动线上线下融合、“码”上“码”下聚合、场内场外结合、上级下级联合，实现了“有事好商量”协商议事工作与“数字政协”建设的有机统一。“码”上议打造了永不闭幕的网上会议室，产生了助发展、惠民生、聚共识、促和谐的广泛社会影响。江苏淮安也以创新数字协商民主，成为推动社会主义民主政治建设的市域样板。

淮安，是一代伟人周恩来总理的故里。2013 年全国两会期间，习近平在与来自淮安的人大代表交流时嘱咐：“把周总理的家乡建设好，很有象征意义。”多年来，淮安市各界牢记嘱托，大力弘扬周恩来精神，不断探索全过程人民民主和全心全意为人民服务的新形式，推动中国式现代化建设各项事业蓬勃发展。其中，淮安市政协借助互联网信息技术，创新开展“码”上议工作，通过线上线下融合、“码”上“码”下聚合、场内场外结合、上级下级联合等方式，实现了“有事好商量”协商议事工作与“数字政协”建设的有机统一，产生了助发展、惠民生、聚共识、促和谐的广泛社会影响。《新华日报》曾经头版刊发文章《淮安搭建“有事好商量——‘码’上议”平台 打造永不落幕的协商议事室》，《人民政协报》也曾发表文章《“一码连八方 有事好商量”——江苏省淮安市政协打造“码”上议新型协商平台》。“码”上议已成为弘扬周恩来精神，以数字协商民主践行全过程人民民主的新典范。

“码”上参与：打破时空局限

2020 年，江苏省政协在全省推进“有事好商量”协商议事工作，通过建立“有事好商量”协商议事室，把涉及群众切身利益的协商送到了农村、社区、企事业单位。协商民主的逻辑起点是政策对象在政治参与过程中关于自身利益和偏好的初始表达，但是市场经济高流动性导致不在场困境，使不同空间的利益主体难以同时参与协商过程，这成为制约协商民主有效开展的主要难题。截至 2024 年年底，淮安市共有 4 区 3 县，38 个街道，

1 380个行政村，户籍人口544万多人。随着市场经济的发展，淮安市每年大约有160万人外出务工、经商，其中，农村外出人员达120万人。“码”上议是淮安市政协在全市镇村“有事好商量”协商议事室全覆盖的基础上，依托市“智慧政协”系统，为全市1 700多个基层协商议事室建立的网上协商议事平台。每个网上协商议事室各自建立专属二维码，群众可以通过扫码参与协商议事工作。“码”上议以协商议事室为主体，以二维码为纽带，打破时间和空间的限制，突破协商身份壁垒，把党政领导、人大代表和政协委员、在外乡贤、专家学者、人民群众紧密联系在一起，构筑起“一码连八方，有事好商量”议事新模式，实现了民主治理的广泛有序参与。

“码”上征题：扎根基层所需

议题选择是协商成败的关键之一。为拓宽基层群众主动出题的渠道，淮安市政协先后在全市建立起1 724个网上协商议事室，确保每个村庄社区都有各自专属的协商议事室和二维码，各协商议事室二维码按照区域划分都显示在“智慧政协”的“码”上征题栏目中。基层群众扫描专属二维码，点击“有事好商量，我来出题”模块，系统便会自动引导对应的协商议事征题模板，填写姓名、电话、信息分类、议题内容等相关信息后，点击“发布”按钮便完成出题。广大群众只要动动手指便可主动出题，将与群众切身利益相关的操心事、烦心事、揪心事进行传达。比如淮安市洪泽区三河镇的很多年轻父母外出务工，导致留守儿童数量较多。有村民网上提议要积极开展对困难学生的帮扶工作，镇党委统战委员就“如何更好地帮扶困难学生”召开协商议事会，在外务工的群众纷纷通过“码”上议平台参与留言讨论，推动了相关政策的出台。截至2023年9月，淮安市通过“码”上征题方式累计征集各类初审议题18.3万个，开展协商议事活动4.52万场次，推动解决群众急难愁盼事项3.65万余个，群众参与跟帖建议和互动点赞人数超过千万人次，引起广泛共鸣。

“码”上协商：开放议事空间

“码”上议的核心环节是线上线下相结合的协商议事，即“码”上协商。在数字技术的支持下，以实体协商议事室和线上视频会议建设为依托，不管是市内市外、城市乡村、线上线下，政策相关方都可以扫码参与协商，实时与党委、政府、政协委员、基层社区、街坊邻里等开展对话和讨论。“码”上协商板块的推出，为淮安市的协商民主提供了一个开放的协商议事空间。对“码”上协商板块中显示为“协商中”的议题，通过点击“我要参加”这一按钮，填写手机号码、短信验证码进行身份核验后，会获得参与该议题的会议号码。打开“天翼云会议”App，点击“加入会议”，输入会议号码，便可远程参会。开放的议事空间，推动形成了党委、政府、议事主体、政协组织、政协委员、在外乡贤、党代表、人大代表、专家智囊团和人民群众等多方主体线上线下同步、同时的协商议事新模式。比如，远在浙江务工的淮安市双井村村民孙先生，通过“码”上议平台以视频连线方式发表意见：“以前村里许多人家小孩周岁、10岁、20岁都大操大办，像我们长年在外的人，每年回老家过年也就6天左右假期，出人情礼有时却超过8次，根本没有时间陪伴家人。所以建议村里修改村规民约，明确少办礼，尽量不办礼。”线上的积极发言带动了线下与会代表的热情，经过热烈讨论，双井村新的村规民约“井十条”在线上线下的掌声中诞生。

“码”上查情：倒逼成果落实转化

为确保协商议事成果的全面转化，淮安市推进“码”上查情，倒逼成果落实转化。基层群众可以浏览“码”上查情板块，就自身感兴趣的议题，点击查看议题开展情况，还可就公示的协商议事成果，输入手机号码后提出意见或者关注点赞，实现对协商议事全过程情况的实时监管。对于协商一致的事项，由协商议事室管理员填写成果转化完成的时间范围，记录推进落实的时间节点、任务进度和完成情况等。对落实不到位的事情及时分析原因，再次进行协商议事，探寻新的解决思路并跟踪监督落实成效。对于协商过程中持不同意见的群众、协商过程中不能答复的，相关人员会做好解释说明。对于超过本级组织治权范围而急需解决回应的建设性意见，协商议事室管理员则通过系统及时进行反馈。拟开展的协商议事工作信息、远程协商信息和已完成的协商议事成果均可在相关门户网站进行查询，还可对议题成果进行点赞、留言评价。除了线上监督之外，淮安市还建立“码”上议工作月公示、季通报制度，镇（街道）、村（社区）两级党组织于每月初，将上月派单议题协商过程、协商结果和办理进展情况在线上进行公示，每月 10 日在村（社区）党群议事会上进行现场宣读，接受党员群众监督和网民点评、打分、提意见。推动广大群众遇事找“码”、有事扫“码”、议事用“码”，切实打通联系服务群众的“最后一米”。

党的二十大报告强调，要全面发展协商民主，推进协商民主广泛多层制度化发展。2023 年 7 月，习近平在江苏考察时指出：“江苏必须在保障和改善民生、推进社会治理现代化上走在前列。”江苏省政协恪守人民政协为人民的价值取向，通过先进数字技术，构建了“政协＋互联网＋基层治理”的新方法和新路径，实现了叠加放大效应，大大提升了基层社会治理的质量和水平。“码”上议将技术、制度与人民群众相联系，围绕群众的操心事、烦心事、揪心事，精准选题、积极破题、深入议题、有效解题，以实实在在的成效打通了基层群众与政协委员、党委、政府联系的“最后一米”，真正实现了群众有所盼、委员有所呼，党政有所应，办好群众最在乎的事、最牵挂的事、最期盼的事，充分释放了基层协商民主的潜力和效能。

思考讨论

1. 什么是协商民主？江苏淮安“码”上议协商民主模式在实现人民当家作主方面具有哪些优势？

2. 结合案例谈一谈，为什么说全过程人民民主是全链条、全方位、全覆盖的民主？

3. 结合案例深入思考，信息技术发展对民主政治发展的影响有哪些？

教学建议

本案例主要适用于第八章第二节“全过程人民民主是社会主义民主政治的本质属性”，以及第三节“健全人民当家作主的制度体系”部分的辅助教学。本案例主要展示的是江苏淮安利用数字技术开展民主协商，发展全过程人民民主的做法和经验，体现了协商民主是全过程人民民主的重要形式，全过程人民民主是全链条、全方位、全覆盖的民主。

组织教学建议

第一，案例梳理。本案例体现了协商民主、基层民主、人民当家作主、数字民主等多方面内容。建议教师通过提问等方式引导学生梳理案例，突出全过程人民民主是全链条、全方位、全覆盖的民主这一教学主题。其中，全链条是指程序层面，将民主选举、民主协商、民主决策、民主管理、民主监督贯通起来；全覆盖是指客体层面，将民主涵盖经济、政治、文化、社会、生态文明各个方面；全方位是指主体层面，既包括了人民主体，也包括了民主在党委、人大、政府、政协等主要机构中的体现，分别对应党委领导、人大决定、政府治理、政协协商四个关键环节，以多主体协同将全过程人民民主贯穿于国家政治生活和社会生活各层面各维度。

第二，概念界定。协商民主是实践全过程人民民主的重要形式，教材对协商民主概念有明确界定，但为准确理解其含义，还需要厘清相关概念之间的关系，比如协商民主与民主协商、民主协商与政治协商、政治协商与社会协商等。就“协商民主”和“民主协商”来说，协商民主是我国人民民主的重要形式，民主协商则是协商民主的一种具体表现形式；协商民主是我国民主政体中的一种制度安排，民主协商则是这种民主制度下的工作方式和作风；协商民主是相对于选举民主而言的，更多强调民主的实质，民主协商则是针对非民主的做法而言的，更多强调民主的过程。在我国社会主义协商民主架构中，人大协商、政府协商、政协协商、党派团体协商、基层民主协商，共同构成了中国特色的协商民主。

第三，澄清误解。协商民主在西方也有着广泛影响，要通过比较，帮助学生认识中西方协商民主的区别。其一，理论基础不同。西方协商民主是在自由民主政治基础上复兴的一种民主理论范式和政治实践，是为了应对多元社会中广泛的政治冷漠以及少数群体参与不平等问题而提出的。从性质上看，它更多的是一种为减少或克服代议制民主的弊端而设计的一种“补充”民主模式。而中国特色的协商民主是在马克思主义理论的指导下，践行人民当家作主的集中表现。其二，文化传统相异。西方政治文化传统倾向于个人主义、自由主义，公民倾向于竞争、相互制约等。在这些文化传统背景下，协商民主表面上恢复了表达的权威，但在实际上是要让人民为民主治理中的失败承担责任，即由于人民没有达成共识而导致治理失效。以反对精英民主姿态出现的协商民主理论最终走向了替精英民主辩护的结果。我国的协商民主植根于中华民族长期形成的“兼听则明、和而不同、有容乃大”等优秀政治文化，是中国共产党领导人民进行革命、建设、改革的一种工作方法和形式，它在经过地方性和全国性的长期实践后，逐步从局部的政治领域扩展到经济、社会等各个领域，并最终作为制度层面的建设任务被提出来。其三，发展进程不一样。西方在 20 世纪后期，提出了“协商民主”的理论，但受原有的制度框架和深厚的文化的影响，这一理论至今还流于一种价值追求，仍是缺乏现实基础的民主想象。而在中国，协商民主早已是一种实际存在，我们已经走出了中国独特的协商民主之路。

第四，组织讨论。随着信息技术的迅猛发展，信息技术数据量大、数据传播速度快、影响范围广、互动性强等特点对民主发展产生深远影响。可以组织学习围绕数字技术与协商民主的关系展开讨论或辩论，加深对数字协商民主的认识和理解。一方面，技术乐观主义认为，数字技术不仅具有推动协商民主的潜在力量，而且能够为协商民主的实质性发展提供支撑。数字协商民主可以将日常生活中分散的、孤立的、边缘的话语表达在数据平台上汇聚成整体性力量，进而融入民主治理的每一个环节，为越来越多的普通民众提供政治表达的渠道。另一方面，技术谨慎主义则更多关注技术对于协商民主的逆向功能，认为算法替代了民意形成过程，民众获取的大多数信息仅具有个体特征，数字协商民主存在侵蚀公共参与精神的风险。也就是说，技术作为工具，既能够与普通民众相结合，也能够与特殊利益集团相结合，前者可以推动广泛的协商参与，而后者则可能巩固狭隘的政治利益。数字技术的两面性既给民主理论的发展带来困惑，同时也为协商民主的践行提供了广阔空间。

■ 总结提升建议

第一，全过程人民民主是社会主义民主政治的本质属性。中国共产党在发展社会主义的历史进程中，根据经济发展的现实水平和社会的具体情况，将社会主义民主具体化为人民民主，人民民主就是中国共产党对中国社会主义民主的第一个认识阶段。人民民主的核心内容是要将人民主权落实为人民当家作主，人民不仅要行使主权，而且要同时行使治权，这种内在的动力必然在实践上推动人民民主发展到全过程人民民主。全过程人民民主是人民民主的升级版，它是中国共产党对于中国社会主义民主的第二个认识阶段。从社会主义民主到全过程人民民主的演进，既是当代中国民主政治深入发展的集中体现，又是当代中国民主理论走向成熟的基本标志。由于全过程人民民主与社会主义之间存在着这样的实质联系，因而“全过程人民民主是社会主义民主政治的本质属性”。江苏淮安利用数字技术创新开展“码”上议工作，通过参与、征题、协商、查情四个环节，广泛吸引各方主体参与协商议事，以便捷方式打通基层群众与政协委员、党委、政府联系的“最后一米”，努力办好群众最在乎、最牵挂和最期盼的事。淮安市洪泽区三河镇针对留守儿童问题召开协商议事会，在外务工的群众纷纷通过“码”上议平台参与留言讨论，推动了相关政策的出台。“码”上议真正体现了全过程人民民主的人民性、政治性、真实性、全面性、有效性，充分证明了全过程人民民主是社会主义民主政治的本质属性，也是最广泛、最真实、最管用的民主。

第二，协商民主是全过程人民民主的重要形式。社会主义协商民主，是在中国共产党领导下，人民内部各方面围绕改革发展稳定重大问题和涉及群众切身利益的实际问题，在决策之前和决策实施之中开展广泛协商，努力形成共识的重要民主形式。协商民主是拓展公民参与的重要渠道和形式，对于我国社会主义政治文明建设具有重要的意义。其一，协商民主能够使人民群众有合法的、规范的渠道表达自身的利益诉求，增进不同行为主体对于社会问题的相互理解和共识，更好地维护群众的利益诉求，促进社会的发展进步，为社会主义市场经济发展和现代化建设创造良好的制度环境和基础；其二，协商民主能够有效改善立法和决策的质量；其三，协商民主有利于实现和维护社会政治的活力与稳定；其四，协商民主能够制约行政权的膨胀；其五，协商民主有助于在参与过程中培养和提高公民的公共意识、参政意识和权利意识。比如案例中，双井村通过“码”上议就农村办礼多、负担重的问题展开讨论，推动了新的村规民约“井十条”的制定，体现了数字协商民主在整合民意、达成共识、增强认同感、疏导社会矛盾、化解利益冲突、促进政治稳定和谐方面的重要作用。

第三，基层民主是全过程人民民主的重要体现。从场域来看，基层民主是落实全过程人民民主的基础。我国14亿多人的生产生活主要集中在基层，党的执政根基在基层，国家治理的“最后一公里”在基层，人民对美好生活的感知在基层。随着时代的不断发展，只有不断摸索和创新更具有实用性、更切实的基层民主形式，让更多的人参与民主政治，积极表达自身观点，推动基层民主更加活跃，才能使人民当家作主具体化，真正实现人民民主的真谛。从关系来看，城乡基层民主能够为人民民主注入源源不断的新动力。只有当人民群众的利益要求能够顺畅表达，社会各方面能够积极有效地参与国家政治生活，各领域、各方面人才能够通过公平竞争进入国家领导和管理体系，才能使民主政治建设真正体现人民意志、保障人民权益、激发人民创造力。发展基层民主既是全过程人民民主的基本价值诉求，也是我们党在基层一线凝聚民心的重要方式。从案例来看，淮安市“有事好商量——‘码’上议”平台在1 700多个协商议事室建立专属二维码，实现镇（街道）和村（社区）的全覆盖，广大群众通过扫码可以随时随地参与出题、发表建议、远程协商、查看议事详情，大大增强了协商议事的互动性，提高了协商议事的全面性，提升了协商议事的质量。“码”上议借助互联网技术搭建“永不落幕的议事室”，体现了政协协商的鲜明特色，又与基层协商相衔接融合，营造出相互支撑、相互促进的良性互动格局，有效解决了市县政协基础工作薄弱、人员力量薄弱的问题。我们要在全面把握基层民主与全过程人民民主内在逻辑与发展机理的基础上，积极发展基层民主，不断提升全过程人民民主的质量，真正实现发展为了人民、发展依靠人民、发展成果由人民共享。

第四，全过程人民民主是程序民主与实质民主的统一。程序民主和实质民主是民主政治发展的两个重要维度。程序民主在政治建设中强调民主政治的制度、规则和方法；实质民主强调民主的目标、内容、主体与价值，旨在确立人民当家作主的地位。程序民主以实现实质民主为最终目标，而实质民主只有通过程序民主的保障才能变成现实，程序民主与实质民主相辅相成，共同推动我国政治现代化的进程。相对于西方民主，全过程人民民主更加注重实质民主，不仅保障人民的投票权而且确保人民拥有广泛参与权，不仅重视对人民的政治承诺而且确保这些承诺得到实现，不仅完善权力运行规则和程序而且确保权力真正受到人民监督和制约，使民主从价值理念变成扎根中国大地的制度形态、治理机制和人民的生活方式。比如，案例中的“有事好商量——‘码’上议”，适应专门协商机构建设要求和互联网发展趋势，以创新协商载体平台推动政协协商从“面对面”向“键对键”“端对端”的远程协商、网络议政拓展，从程序性的会议协商向共享时空的履职平台延伸，解决了大量基层实际问题。淮安市还建立了“码”上议工作月公示、季通报制度，接受党员群众监督和网民点评、打分、提意见，推动广大群众遇事找“码”、有事扫“码”、议事用“码”，切实提升了协商民主为民解忧的实效。“码”上议，议出了人民民主的真谛。

启示意义

推进中国特色社会主义民主政治发展必须坚持“守正创新”。从人民民主经协商民主到全过程人民民主是中国特色社会主义民主整体上的“守正创新”，而从协商民主到数字协商民主是协商民主本身实现形式的“守正创新”。社会主义民主开创了人类民主的新纪元，是最高类型的民主，但社会主义民主本身也需要经历一个不断创新发展的过程。江苏淮安以数字技术推动政协协商，体现了民主原则性与创造性的辩证统一，为淮安现代化建设提供了精神动力，充分证明了全过程人民民主是最广泛、最真实、最管用的民主，也以生动实践证明了“必须坚持守正创新”这一习近平新时代中国特色社会主义思想方法论的科学性和实效性。

案例
21

法治中国建设：你看这非凡的十余年

核心阅读

党的十八大以来的十余年，是全面依法治国思想领航、举旗定向的十余年，是谋篇布局、立柱架梁的十余年，是踔厉奋发、成就辉煌的十余年。以习近平同志为核心的党中央明确提出全面依法治国的战略部署，将习近平法治思想确立为全面依法治国的指导思想，推动我国社会主义法治建设发生历史性变革、取得历史性成就：截至2024年年末，我国现行有效法律共计306件，中国特色社会主义法律体系日趋科学完善；坚持以人民为中心深化行政体制改革，法治政府建设扎实推进；深化司法体制改革，科学审理“昆山反杀案”等多个热点案件，有效增进了人民群众法治获得感；普法规划全面落实，全社会法治观念明显提升。步履铿锵，法治中国建设正在迈向良法善治的更高境界，也为实现中华民族伟大复兴提供了强大的法治保障。

奉法者强则国强。党的十八大以来，以习近平同志为核心的党中央从坚持和发展中国特色社会主义的全局和战略高度定位法治、布局法治、厉行法治，开辟了全面依法治国的新境界，法治中国建设进入了新时代。

谋篇布局 立柱架梁

2014年10月，党的十八届四中全会首次以中央全会形式专题研究全面推进依法治国重大问题，提出了180多项重大改革举措，全面依法治国顶层设计和战略部署全面展现在世人面前。

2018年组建的中国共产党中央全面依法治国委员会，是我们党历史上第一次设立这样的机构。作为党中央决策议事协调机构，委员会由习近平亲自担任主任，负责全面依法治国的顶层设计、总体布局、统筹协调、整体推进、督促落实。

2020年11月，党的历史上首次召开中央全面依法治国工作会议，正式提出习近平法治思想，并将其确立为全面依法治国的指导思想和根本遵循，强调要切实把习近平法治思想贯彻落实到全面依法治国全过程。

2021年年初，中共中央印发《法治中国建设规划（2020—2025年）》。这份新中国成立以来第一个关于法治中国建设的专门规划清晰展现了迈向社会主义法治国家的“路线图”：到 2025 年，党领导全面依法治国体制机制更加健全，以宪法为核心的中国特色社会主义法律体系更加完备……中国特色社会主义法治体系初步形成；到 2035 年，法治国家、法治政府、法治社会基本建成，中国特色社会主义法治体系基本形成……国家治理体系和治理能力现代化基本实现。《法治中国建设规划（2020—2025 年）》与《法治政府建设实施纲要（2021—2025 年）》《法治社会建设实施纲要（2020—2025 年）》一起构建起法治中国建设的“四梁八柱”，标志着新时代全面依法治国的总体格局基本形成。

保障善治 促进发展

2018 年 3 月，十三届全国人大一次会议表决通过的宪法修正案中，“健全社会主义法制”改为“健全社会主义法治”。从“制”到“治”一字之变，反映法治建设从法律体系向囊括立法、执法、司法、守法各环节的法治体系全面提升。

立法是为国家定规矩、为社会定方圆的神圣工作。截至 2024 年年末，我国现行有效法律共计 306 件，包括宪法 1 件、宪法相关法 52 件、民法商法 25 件、行政法 98 件、经济法 87 件、社会法 28 件、刑法 4 件、诉讼与非诉讼程序法 11 件，以宪法为核心的中国特色社会主义法律体系更加完善。以生态环境领域的立法为例，“史上最严”的《环境保护法》修订后生效实施，《土壤污染防治法》《长江保护法》《噪声污染防治法》《黄河保护法》等覆盖大气、水、土壤、固体废物、噪声污染防治以及长江、黄河、湿地保护等领域的多部生态环境相关法律得以制定或修订，《环境法典（草案）》公布并征求意见……生态环境立法实现了从量到质的全面提升。

“天下之事，不难于立法，而难于法之必行。”中国国家博物馆里，109 枚来自天津滨海新区的红色公章静静躺着。它们的形状、材质各异，有的如拳头般大，曾代表着政府的审批权力。2014 年 5 月，天津市滨海新区将分散在 18 个不同单位的 216 项审批职责归并到一个部门，率先实行“一枚印章管审批”，这 109 枚印章“封存了就永远不再打开”，被国家博物馆收藏，成为中国进一步理顺政府与市场关系的见证。从深入推进“放管服”改革，非行政许可审批事项全部取消，到持续开展“减证便民”，推动各省、自治区、直辖市人民政府和有关部门清理取消证明事项 2.1 万多项（截至 2023 年年初）……法治政府建设让人民群众有了更多更实在的获得感。

“徒法不能以自行。”全面推进依法治国，必须坚持公正司法。让人民群众与司法“零距离”接触，使公平正义更加可见、可感、可触及。截至 2022 年 4 月，全国法院对超过 95.7%的案件当场立案，长期困扰群众的“立案难”问题已经成为历史。通过改革完善诉讼制度，全面提升办案质效，全国法院受理的案件已经由 2012 年的 1 300 万多件增长到 2021 年的 3 300 万多件。通过加强审判流程、庭审活动、裁判文书、执行信息司法公开平台和 12309 中国检察网信息公开平台、中国检察听证网建设，深化司法公开，促进阳光司法。

2018 年 8 月 27 日晚，江苏省昆山市震川路上，刘某醉酒驾车强行闯入非机动车道，与骑自行车正常行驶的于某险些碰擦。在双方争执过程中，刘某持砍刀（系管制刀具）连续击打于某，在争夺甩脱砍刀时于某将刘某刺伤，后刘某经抢救无效死亡，于某受伤。案件引发了社会广泛关注，尤其是关于于某的行为是否属于“正当防卫”的法律适用问题成为焦点议题。经立案侦查，江苏省昆山市公安局认定于某的行为属于正当防卫，不负刑事责任，决定依法撤销于某故意伤害案。其间，公安机关依据相关规定，听取了检察机关的意见，昆山市人民检察院同意公安机关的撤销案件决定。这一案件的办理，向社会彰显了“法不能向不法让步”的理念，有利于鼓励公民见义勇为，弘扬社会正气。

法治的真谛，在于全体人民的共同信仰。培养“法律明白人”，是全国“八五”普法规划中的四个专项工作之一，目标是培养一支群众身边的普法队伍，为实施乡村振兴战略、推进法治乡村建设提供基层法治人才保障。2022 年 3 月，广东省兴宁市径南镇陂蓬村，一次别开生面的微型调解活动正在进行。村民陈老伯与施工方负责人罗先生相对而坐，一边是调解员、书记员、村民小组长代表，另一边是法律机器人“法通小博士”以及视频连线的专业律师，10 多名“法律明白人”围坐其间。没有面红耳赤的激烈争吵，没有唾沫横飞的互相指责，谈诉求、讲法律、想办法……朝着同一目标，在场人员仅用半小时，就化解了一起因修路挖崩村民鱼塘引发的矛盾纠纷。“当面把事情摊开讲明白，机器人和律师没有任何偏向，让人心服口服。”对于调解结果，陈老伯很是满意。同样，施工方负责人罗先生也满意地在调解书上签下了名字。“相当高效！我们会尽快对村民的鱼塘进行修复。”陂蓬村曾是矛盾多发的“问题村”，每年发生的矛盾纠纷都达上百宗，引进“法律机器人”、培育“法律明白人”为破解这一难题提供了法治抓手，村里尊法学法守法用法的社会氛围也愈加浓厚。

为了人民 依靠人民

2020 年 2 月 4 日，北京市第一中级人民法院一法官借助视频庭审平台“北京云法庭”，完成对一起民间借贷纠纷案件的法庭询问程序，而其中一方代理律师正身处宁夏。“微法院”“云办案”“指尖诉讼”……新冠疫情防控期间，司法机关案件办理从线下到线上，保障公平正义“不打烊”，更好满足了人民群众的司法需求。

2021 年 12 月的一天，辽宁本溪市民陈先生收获了一个“小惊喜”：在本溪北地派出所民警的引导下，他通过自助体检机完成了机动车驾驶人检测项目。陈先生高兴地说：“以前做检测要跑去郊区的车管所，现在下楼就能办，真是太方便了。”发生在群众身边的“小变化”，源自法治中国建设的“大实效”。

蓝图绘就，号角吹响。在习近平法治思想的指引下，全面依法治国的步履更加坚定，“中国之治”的法治基石更加坚实，法治中国建设不断迈上新台阶、谱写新篇章，汇聚起亿万人民齐心向前的磅礴法治之力，也为全面建设社会主义现代化国家、实现中华民族伟大复兴构筑起强大的法治保障。

思考讨论

1. 党的十八大以来，以习近平同志为核心的党中央从全局和战略高度开辟了全面依法治国的新境界，法治中国建设深入推进。结合案例，你认为新时代法治中国建设取得了哪些显著成效？

2. 习近平曾深刻指出，党的领导是中国特色社会主义法治之魂。结合中国共产党在法治中国建设中所发挥的领导作用，谈谈为什么说“党大还是法大”是个伪命题。

3. 法治的真谛，在于全体人民的共同信仰。结合现实，你认为大学生应该如何以实际行动参与和推动法治中国建设？

教学建议

本案例主要适用于第九章第三节“加快建设法治中国”部分的辅助教学。本案例主要介绍了党的十八大以来中国法治建设所取得的历史性成就。在中国共产党的坚强领导下，在习近平法治思想的科学指引下，中国特色社会主义法治体系不断健全，党运用法治方式领导和治理国家的能力显著增强，法治国家建设取得重大成效，法治中国建设开创了新局面。

■ 组织教学建议

第一，本案例主要适用于教学导入环节。教师在教学中可以在进行“加快建设法治中国”理论教学之前引入本案例，通过全景式展现党的十八大以来党领导中国特色社会主义法治建设所取得的历史性成就，让学生直观地了解法治中国建设的目标任务和实践探索，从而明确全面推进依法治国的总目标是建设中国特色社会主义法治体系、建设社会主义法治国家。这样的案例学习有助于在情感上激发学生对全面依法治国的认同感以及对法治中国建设成就的自豪感，在此基础上深化学生对所学理论知识的理解认识。

第二，运用本案例开展教学应注意案例讲解的“点面”结合。法治中国建设涉及的领域、机构和主体都十分广泛，既涉及法治建设的指导思想、基本理念、道路选择等基本问题，也涵盖了中国特色社会主义法治体系的科学内涵、全面依法治国的基本框架和总体布局，还要正确处理政治和法治、改革和法治、依法治国和以德治国、依法治国和依规治党的关系等一系列重要问题。受制于案例文本的篇幅限制，案例编写时只选择其中一些具有代表性的方面来展示法治中国建设的情况，无法将法治建设中的全部重要方面都涵盖其中，这就要求教师在教学中对案例进行一定的拓展，尤其是要对案例涉及的一些“点”进行深化讲解，如对公正司法中的冤错案纠错情况和司法体制改革情况进行介绍，从而引导学生正确认识中国特色社会主义法治建设成就。通过这样“点面”结合的讲解分析，既能够全面介绍法治中国建设的历史性变革和历史性成就，也能重点突出，让学生对法治建设中的关键领域和重点问题形成深刻认识。

第三，教师在运用本案例开展教学时，还应注意将案例内容与社会现实和学生实际相结合，以此提升案例教学的针对性。考虑到学生的专业背景以及个人偏好，授课过程中可能会有部分学生对法治中国的建设情况关注不多、了解不够，那么教师就可以在分析案例时结合法治建设中的一些热点问题进行补充介绍。通过对热点问题的介绍讨论，可以让学生直观感受到党和国家坚持全面依法治国、保障社会公平正义的决心和意志。教学中也可以请学生围绕热点问题从法治中国建设的角度来进行交流讨论，借此激发学生的学习兴趣和热情，同时实现对案例内容的拓展。

第四，教师可以将本案例教学与专题社会实践教学相结合。为了让学生更加直观地认识到党的十八大以来法治中国建设取得的历史性成就，可以组织学生开展相关的主题实践，如观看法治成果展、旁听法院庭审、开展普法活动、举行模拟法庭等实践活动，让学生将所学的案例内容和理论知识与现实情况相结合对照，深化对理论知识的学习。

第五，为了让学生更加直观全面地感受法治中国建设的思想理念和发展图景，可以推荐学生在课后进行一定的拓展学习。如可以推荐学生观看2017年8月在中央电视台综合频道首播的六集政论专题片《法治中国》，该专题片全面展现了党的十八大以来法治中国建设的丰硕成果，彰显了党领导全国人民依法治国的信心和决心，有助于深化学生对案例内容的理解。此外，教师还可以推荐学生学习阅读《法治中国建设规划（2020—2025年）》《法治政府建设实施纲要（2021—2025年）》《法治社会建设实施纲要（2020—2025年）》三个重要的法治建设文件，此三者确立了“十四五”时期全面依法治国总蓝图、路线图、施工图，能够让学生直观认识法治中国建设规划和发展前景。

■ 总结提升建议

第一，建设法治中国，是全面建设社会主义现代化国家的重要组成部分。法治是一个国家文明进步的标志，习近平曾强调，“一个现代化国家必然是法治国家”。因此，要推进中国式现代化，全面建成社会主义现代化强国，必须加快法治中国建设，以更高程度的法治文明筑牢中国之治的制度根基和保障。2013年11月，党的十八届三中全会首次提出“推进法治中国建设”的目标并作出重大任务部署，更加突出法治国家、法治政府、法治社会的有机统一。2021年年初，中共中央印发《法治中国建设规划（2020—2025年）》，强调在统揽伟大斗争、伟大工程、伟大事业、伟大梦想，全面建设社会主义现代化国家新征程上，必须把全面依法治国摆在全局性、战略性、基础性、保障性位置，向着全面建成法治中国不断前进。案例中提到的法治中国建设成就，如在立法、执法、司法和守法等层面所取得的系列重要进展，都是法治中国建设的生动实践。

第二，习近平法治思想是全面依法治国、建设法治中国的指导思想和根本遵循。习近平法治思想深刻回答了新时代为什么实行全面依法治国、怎样实行全面依法治国等一系列重大问题，其核心要义集中体现为“十一个坚持”：坚持党对全面依法治国的领导，是中国特色社会主义法治的本质特征和内在要求；坚持以人民为中心，是全面推进依法治国的力量源泉；坚持中国特色社会主义法治道路，是全面推进依法治国的发展道路和正确方向；坚持依宪治国、依宪执政，是全面推进依法治国的工作重点；坚持在法治轨道上推进国家治理体系和治理能力现代化，是实现良法善治的必由之路；坚持建设中国特色社会主义法治体系，是全面推进依法治国的发展目标和总抓手；坚持依法治国、依法执政、依法行政共同推进，法治国家、法治政府、法治社会一体建设，是全面推进依法治国的战略布局；坚持全面推进科学立法、严格执法、公正司法、全民守法，是新时代法治建设的“十六字”方针；坚持统筹推进国内法治和涉外法治，是建设法治强国的必然要求；坚持建设德才兼备的高素质法治工作队伍，是全面推进依法治国的组织保障；坚持抓住领导干部这个“关键少数”，是全面推进依法治国的关键问题。正是在习近平法治思想的指导下，法治中国建设才取得了案例中所呈现的历史性成就，才能在顶层设计和战略部署方面构建完善的全面依法治国总体框架，才能在科学立法、严格执法、公正司法和全民守法四个方面统筹推进。

第三，中国共产党的领导是中国特色社会主义法治之魂，是法治中国建设最根本的保证。在推进全面依法治国的进程中，有人提出了所谓“党大还是法大”的问题。少数人别有用心地炒作这一命题，其“醉翁之意不在酒”，实质是把党的领导和法治割裂开来、对立起来，最终达到否定、取消党的领导，否定中国特色社会主义制度的目的，这种观点在思想上是错误的，在政治上是十分危险的。对此，习近平一针见血地指出：“‘党大还是法大’是一个政治陷阱，是一个伪命题。”在这个问题上，我们决不能含糊其词、语焉不详，必须讲清楚、讲透彻，做到正本清源、明辨是非。从逻辑上讲，党的本质是政治组织，法的本质是行为规则，两者不存在谁比谁大的问题，不能在二者之间进行简单的比较。我们说不存在“党大还是法大”的问题，是把党作为一个执政整体而言的，是就党的执政地位和领导地位而言的，具体到每个党政组织、每个领导干部，就必须服从和遵守宪法法律，就不能以党自居，就不能把党的领导作为个人以言代法、以权压法、徇私枉法的挡箭牌，这个界限一定要划分清楚。如果说“党大还是法大”是一个伪命题，那么对各级党政组织、各级领导干部来说，“权大还是法大”则是一个真命题。案例中，以习近平同志为核心的党中央从全局和战略高度对法治中国建设作出系统部署，保证法治中国建设沿着正确道路前进，这是党领导法治建设的生动体现。

第四，全面依法治国、建设法治中国要坚持以人民为中心。以习近平同志为核心的党中央始终坚持以人民为中心，用法治维护人民权益，保障人民得到获得感、幸福感、安全感，凝聚起全体人民的法治信仰。全面依法治国关系人民幸福安康，“必须坚持人民至上”“坚持以人民为中心的发展思想”“努力让人民群众在每一个司法案件中感受到公平正义”……党的二十大报告3万多字，“人民”二字贯穿始终。推进全面依法治国，根本目的是依法保障人民权益。正如案例内容呈现的那样，法治中国前行的每一步，都彰显着“人民”二字沉甸甸的分量。从编纂民法典，以良法善治保障人民群众合法权益，到全面推行行政执法“三项制度”，让严格规范公正文明执法落到实处；从深化司法体制改革，全面准确落实司法责任制，到公共法律服务网络覆盖城乡，群众享受法律服务更加便捷；从扫黑除恶专项斗争扫除污泥浊水，让城乡更安宁、群众更安乐，到全国政法队伍教育整顿整治顽瘴痼疾，解决群众急难愁盼……以习近平同志为核心的党中央始终坚持以人民为中心，积极回应人民群众新要求新期待，把体现人民利益、反映人民愿望、维护人民权益、增进人民福祉落实到全面依法治国各领域全过程，用法治保障人民安居乐业和幸福生活，人民群众的获得感、幸福感、安全感更加充实、更有保障、更可持续。

第五，推进全面依法治国、建设法治中国必须坚持系统观念，注重系统性、整体性、协同性。坚持系统观念，是习近平新时代中国特色社会主义思想的世界观和方法论的重要内容之一，并贯穿习近平法治思想之中。习近平强调：“全面依法治国是一个系统工程，要整体谋划，更加注重系统性、整体性、协同性。”“建设中国特色社会主义法治体系，要顺应事业发展需要，坚持系统观念，全面加以推进。”党的二十大报告首次提出，“在法治轨道上全面建设社会主义现代化国家”，“全面推进国家各方面工作法治化”。这些重大论断，蕴含着系统性、整体性的科学思想方法。建设法治中国必须坚持好运用好系统观念，不断提高战略思维、历史思维、辩证思维、系统思维、创新思维、法治思维、底线思维能力，坚持依法治国、依法执政、依法行政共同推进，坚持法治国家、法治政府、法治社会一体建设，坚持统筹推进国内法治和涉外法治，全面推进科学立法、严格执法、公正司法、全民守法。案例中介绍的法治建设在立法、执法、司法和守法层面取得的全方位建设成效，就是坚持系统思维推进法治建设的有效实践。

■ 启示意义

新时代法治中国建设之所以能够取得历史性成就，根本在于以习近平同志为核心的党中央的掌舵领航，在于习近平新时代中国特色社会主义思想特别是习近平法治思想的科学指引。有了坚强的领导核心和科学的思想指引，中国特色社会主义法治体系不断健全，法治中国建设迈出坚实步伐，法治固根本、稳预期、利长远的保障作用进一步发挥，党运用法治方式领导和治理国家的能力显著增强，全面依法治国进程得以深入推进。在全面建设社会主义现代化国家的新征程上，广大青年要树立法治意识、铸牢法治观念，努力学习习近平法治思想，自觉提升自己的法治素养，做社会主义法治的忠实崇尚者、自觉遵守者、坚定捍卫者，积极参与普法宣传教育，讲述法治中国故事，为建设社会主义法治国家贡献自己的力量，做好法治中国的青年“筑梦人”。

案例 22

不负绿水青山，以法治力量建设美丽中国

核心阅读

万峰湖、南四湖，从地图上看一南一北，一个是珠三角经济区的重要水源，一个是南水北调工程输水干线，都具有重要生态地位，但网箱养鱼、黑臭水体、农业面源污染……都让“两湖”的生态系统遭到严重破坏。为此，最高人民检察院牢记“公共利益代表”的神圣职责，成立专案组直接立案提起公益诉讼，用不到一年的时间彻底清理了跨贵州、广西、云南3省（区）5县（市）的万峰湖网箱养殖污染问题，用八个月时间治理了横跨山东、江苏、安徽、河南4省8市34县区，流域面积30 000多平方千米的南四湖污染问题，树立起通过检察公益诉讼成功治理大江大湖的典型案例，示范了以最低的司法成本、最短的时间解决跨行政区划流域治理问题的方案。这是助推国家治理体系和治理能力现代化的生动实践，有力推动了法治中国建设向着更高水平迈进。

自2014年党的十八届四中全会首次提出“探索建立检察机关提起公益诉讼制度”以来，中国的检察公益诉讼法治实践已经走过了十余个年头。十余年来，在习近平法治思想的孕育和引领下，检察公益诉讼从顶层设计到实践落地、从局部试点到全面推开、从初创开拓到发展完善，形成了独具特色的公益司法保护的中国方案，真正做到了“高质效办好每一个公益诉讼案件，更高水平守护人民群众美好生活”，作为习近平法治思想的原创性成果已经成为一项具有中国特色的标志性的法治实施成就。

从万峰湖到南四湖，一个个检察公益诉讼的成功案例，既呈现出中国检察公益诉讼制度独有的制度价值、制度功能和强大生命力，也书写着具有鲜明中国特色的崭新的司法实践。

办好万峰湖“第一案”

“一江清水呦，金不换嘞，青山万里呀，红日升嘞。”

微风潜入群峰之中，携着林木的清香飘散远方。一叶轻舟浮过，荡开一波波涟漪，晨光也适时挥洒，万峰湖清澈的湖面上顿时闪烁起希望之光。万峰湖湖面面积176平方千米，覆盖了贵州、广西、云南3省（区）的5个县（市），既是沿湖3省（区）的水上黄

金运输线，也是珠三角经济区的重要生态屏障，其水质事关沿岸50多万人的生产生活和珠江流域的高质量发展。

在几年前，万峰湖曾经“病过”。由于存在非法网箱养殖无序发展、水面浮房乱搭乱建、生活污水直排等问题，万峰湖水质曾恶化成劣Ⅴ类黑臭水体，水体富营养化日趋严重。其污染问题被中央环保督察两次点名，但仍旧未见明显好转。通过公益诉讼来推动问题解决势在必行。但是，违法主体是谁，交界之处如何立案？无例可循！

2019年12月，最高人民检察院决定对万峰湖流域生态环境受损事实直接进行公益诉讼立案，督促协同各方整治万峰湖流域受损的生态环境，这也是最高人民检察院首次直接立案办理的公益诉讼案。专案组运用一体化办案模式，集中四级检察机关办案力量，推动三省（区）行政机关加强协作，推动解决各地执法不一、缺少协作配合等难题，形成了三省（区）共治的格局。正式立案后，最高人民检察院从本级和三省（区）检察机关抽调办案骨干，组建起54人的专案组，三省（区）也分别组建专案分组，负责摸排污染源线索、办理最高人民检察院交办和指定管辖的案件。

此外，最高人民检察院将非法网箱养殖污染等七类问题线索经由省（区）院交沿湖市（州）、县（市）两级检察院具体办理，共依法立案45件，其中行政公益诉讼案件44件，民事公益诉讼案件1件。最终共督促有关行政机关拆除非法养殖网箱53.6万平方米，拆除水面浮房、钓台等设施899个，清理湖面8.1平方千米、垃圾22万吨，修复污水收集系统，完善、新建流域辖区内污水处理设施、垃圾压缩中转站等53个，拆除占用河堤的违章建筑1 144平方米。

2021年5月，最高人民检察院专案组主动协调生态环境部、农业农村部相关司局，针对万峰湖流域协同开发生态渔业达成共识，共同推动将万峰湖打造为“绿水青山就是金山银山”的试验田。在专案组的支持配合下，水利部珠江水利委员会协同生态环境部珠江流域南海海域生态环境监督管理局，于2021年6月和9月先后两次对万峰湖库区开展水行政专项执法行动，加强跨区划行政执法力度。2023年1月开始，广西和贵州两省（区）生态环境厅相关部门，根据桂黔两地相关保护条例，对万峰湖开展环境综合联合清理整顿行动。

万峰湖流域环境污染问题得到了解决，环境美了，但如何做到百姓富？2020年和2022年，最高人民检察院专案组对万峰湖专案先后召开了两次公开听证会，与各方共同探讨万峰湖的可持续发展问题。“万峰生态鱼”已经是当地注册品牌，并获得有机认证，建立了万峰鱼产品溯源体系。最后，由黔西南州生态渔业协会牵头统筹，组建贵州万峰鱼商贸有限公司，全州一盘棋进行销售，并与重庆市商务委、农业农村部休闲垂钓协会建立长效合作机制，真正做到以鱼为媒、以渔为本。

生态优先，绿色发展，乡村振兴。万峰湖可持续发展之路已在眼前，未来必将是一幅经济社会协调发展、自然生态和谐共生的美好画卷。对检察机关来说，该案是最高人民检察院直接立案办理的首起公益诉讼案件，但公益司法保护、满足人民群众对美好生活的需要永远在路上。

南四湖：生态绿映别样“红”

2022 年的最高人民检察院工作报告介绍了南四湖公益诉讼案，这是由最高人民检察院直接立案，自检察公益诉讼制度建立以来规模最大、难度最大、社情最为复杂的一场公益诉讼治污攻坚战。最高人民检察院有关负责人说：“这不是一个案子，它是‘打包’了 200 多件南四湖流域相关公益诉讼案件的一场战役。”

南四湖指的是微山湖、昭阳湖、独山湖、南阳湖，汇纳了山东、江苏、安徽、河南 4 省 8 市的 53 条河流，流域面积 3.17 万平方千米，涉及山东、江苏、安徽、河南 4 个省 38 个县（市、区），湖区面积 1 266 平方千米，是万峰湖的 1.5 倍，也是我国北方最大的淡水湖泊，200 多万人沿湖生活。因处四省交界，生态环境出现“一边治理、一边破坏”的现象，背后更是事关渔民上岸的安置生计、沿湖企业的排放达标等一系列问题。

2021 年 3 月，生态环境部向最高人民检察院建议通过办理公益诉讼案件的方式，来解决南四湖污染难题。4 月 8 日，最高人民检察院决定对南四湖流域生态环境受损情况直接启动公益检察立案程序，副检察长张雪樵担任专案组组长、主办检察官，以一体化办案方式办理南四湖流域生态环境受损公益诉讼案，助力地方政府携手治理，推动解决流域边界污染、煤矿污染、船舶和港口污染等问题。

在南四湖流域，厂矿村庄星罗棋布、鱼塘成群、芦苇成林。依湖而建的微山县张楼镇湖兴村只有 100 多户人家，尽管四面环水、生态资源丰富，但由于远离镇驻地且交通不便，湖兴村的基础设施一直不够完善。垃圾成堆，鱼塘水体发黑，不仅拉低了湖兴村的“颜值”，还威胁着水体生态。

在检察机关的督促下，张楼镇开展集中整治行动，在村里设置生活垃圾存放点，集中收集生活垃圾，加快污水管网铺设和污水收集池建设，杜绝生活污水直排入湖；对村民院落厕所进行无害化卫生改造，新建生态公厕一处，推进“厕所革命”向纵深发展；通过修订村规民约、开展文明讲堂、新时代文明实践等方式，引导村民养成良好的生活习惯、树立保护环境的意识，促进乡村文明提升与环境整治良性互动。

2022 年 1 月，经过一段时间的治理，这里的样貌已经不似从前。当人们穿过冬日里静谧的芦苇荡，再次驻足湖兴村时，皆为眼前景致所吸引：生态码头取代了船舶停靠点，院落整齐有序地排在主干道一侧；原来堆在一旁废弃的旧渔船、石磨盘、渔网等生产生活用具被重新利用成为特色装饰；家家户户装上了污水管网；原来村子周围的黑臭水体也得到了明显改善。小渔村旧貌换新颜，巨大改变让人眼前一亮，焕然一新的美丽渔村和远处荡漾的碧波融为一体，令人心旷神怡。

截至 2022 年 1 月，专案组共发现公益诉讼案件线索 237 条，交办山东、江苏、安徽办案分组线索 233 条。检察机关共立案 205 件，其中最高人民检察院立案 1 件、省级人民检察院立案 8 件、市县级人民检察院立案 196 件，包括行政公益诉讼案件 185 件、民事公益诉讼案件 20 件。

现如今，南四湖的水质已然跻身全国优良水质湖泊行列，清波再现。南四湖能够发生如此大的变化，检察公益诉讼发挥的作用不可小觑。

思考讨论

1. 检察公益诉讼制度是具有鲜明中国特色的司法制度，为维护国家利益和社会公共利益提供了有力的法治保障。结合案例，你认为检察公益诉讼制度在法治中国建设中能够发挥哪些重要作用？

2. 结合我国的法治实践，你认为检察公益诉讼制度体现了中国特色社会主义法治的哪些本质特征？

3. 习近平曾指出，要将社会主义核心价值观融入法治国家、法治政府、法治社会建设全过程。你如何理解社会主义核心价值观与中国特色社会主义法治之间的关系？

教学建议

本案例主要适用于第九章第三节“加快建设法治中国”部分的辅助教学。本案例主要介绍了我国检察公益诉讼制度的司法实践以及所取得的显著成效，检察机关以提起公益诉讼的方式对万峰湖、南四湖的严重环境污染问题进行协同治理、持续治理，深刻彰显了中国特色社会主义法治的本质特征，也为法治中国建设提供了有力的法治保障。

■ 组织教学建议

第一，本案例适用于教学总结提升环节。教师在围绕“加快建设法治中国”这一节内容开展教学时，可以在对法治中国建设的总体目标、工作布局、具体举措等理论内容进行讲解后，将本案例引到教学中来。组织学生对检察公益诉讼制度的确立以及代表性案例的司法实践进行学习讨论，有助于学生从理论层面深化对法治中国建设的重要意义和现实需要的认识，从实践层面强化对法治中国建设的责任感和使命感，进而引导学生自觉做社会主义法治的忠实崇尚者、自觉遵守者、坚定捍卫者，为法治中国建设贡献青春力量。

第二，教师在运用本案例组织教学时，应向学生简要讲解中国检察公益诉讼制度的发展历程。检察公益诉讼是具有中国特色的法治创新成果的集中体现，2014 年中国共产党第十八届中央委员会第四次全体会议作出的《中共中央关于全面推进依法治国若干重大问题的决定》首次提出“探索建立检察机关提起公益诉讼制度”；2015 年十二届全国人大常委会第十五次会议作出《全国人民代表大会常务委员会关于授权最高人民检察院在部分地区开展公益诉讼试点工作的决定》，授权北京、内蒙古、吉林、江苏等 13 个省（区、市）检察机关开展为期两年的提起公益诉讼试点工作，标志着我国全面实施检察机关提起公益诉讼制度；2017 年十二届全国人大常委会第二十八次会议作出《全国人民代表大会常务委员会关于修改〈中华人民共和国民事诉讼法〉和〈中华人民共和国行政诉讼法〉的决定》，明确将检察机关提起公益诉讼写入这两部法律，标志着检察机关提起公益诉讼制度正式确立；2023 年，十四届全国人大常委会立法规划公布，检察公益诉讼法（公益诉讼法，一并考虑）被列入了立法规划类项目，即条件比较成熟、任期内拟提请审议的法律草案，确定由全国人大监察和司法委员会负责牵头起草并提请全国人大常委会审议。这一过程，既是检察公益诉讼制度逐步确立完善的过程，也是法治中国建设不断推进的发展历程的生动写照。通过补充讲解上述内容，有助于学生理解以案例内容为代表的检察公益诉讼法治实践的重大意义，进而更好地理解这一制度所蕴含的中国特色社会主义法治意蕴和价值内涵。

第三，教师在开展案例教学过程中应注重激发学生的主体性，引导学生将案例主题与法治中国建设的实践相结合。检察公益诉讼的法定办案领域主要涉及生态环境和资源保护、食品药品安全、国有财产保护、国有土地使用权出让等与国家利益和社会公众利益紧密相关的领域，与每个公民的切身利益都密切相关。近年来，随着检察公益诉讼办案范围的扩展，有效推动了一批“硬骨头”“老大难”公益损害问题的整改，维护了国家和社会利益。课上，教师在讲解介绍案例内容后，可以组织学生开展讨论，请学生介绍其所了解的关于检察公益诉讼案件的情况。课堂交流讨论既可以帮助学生深化对案例内容的认识，还可以帮助学生用课上所学的理论知识来分析解读中国特色社会主义法治实践的成效进展，更深入理解全面依法治国的本质内涵和政策实践。

第四，教学中可以补充拓展相关影视和文献资料，帮助学生更好地理解案例主题和教学重点难点内容。2022 年 11 月，由最高人民检察院和中央广播电视总台联合制作的五集纪录片《捍卫公益之诉》，从生态环境保护、文物古迹古村落保护、个人信息保护三大关乎民生和公众利益的主题着手介绍了一系列典型案件，并在中央广播电视总台综合频道《今日说法》栏目播出。2024 年 3 月，最高人民检察院发布了《公益诉讼检察工作白皮书（2023）》，全方位呈现了 2023 年检察公益诉讼工作取得的新进展新成效。通过观看阅读上述材料，可以让学生见证中国特色检察公益诉讼制度的发展轨迹，进而深化对中国特色社会主义法治的理解认识。

总结提升建议

第一，推进中国式现代化，全面建设社会主义现代化国家，必须加快法治中国建设。法治是一个国家文明进步的标志，既是实现国家现代化的基本保障，也是国家现代化的重要内容。习近平曾深刻指出：“一个现代化国家必然是法治国家。”为此，必须加快推进法治中国建设，以更高程度的法治文明筑牢中国之治的制度根基。以此为目标，中国特色社会主义法治体系不断完善，检察公益诉讼制度这一具有鲜明中国特色的司法制度也逐步确立，并始终聚焦生态环境和资源保护、食品药品安全、个人信息保护、未成年人保护等人民群众急难愁盼问题，解决了一批人民群众的操心事、烦心事、揪心事，案例中介绍的万峰湖、南四湖污染治理问题就是其中的典型事例。万峰湖和南四湖的环境污染破坏具有很多共同之处，上下游不同行、左右岸不同步，治理主体跨区域、数量多、协同难度大。为了破解这些难题，最高人民检察院助推创新跨行政区划生态环境治理路径，争取地方党委、政府支持，探索“以事立案”、一体化办案，通过督促行政机关依法履职促进协同治理、系统治理，推动沿湖地区统一监管执法，协调有关部门统一开发生态渔业，助力实现万峰湖和南四湖长效治理和绿色发展，为推进国家治理体系和治理能力现代化提供了法治保障。

第二，党的领导是中国特色社会主义法治之魂，也是检察公益诉讼制度发展的根本保障。检察公益诉讼制度是在全面依法治国、全面从严治党的大背景下，以法治思维和法治方式推进国家治理体系和治理能力现代化的重要制度设计，其发挥治理效能的制度逻辑就是党的统一领导下统筹协同、综合发力的政治优势和中国特色社会主义制度优势。党的二十大报告也明确提出，要完善公益诉讼制度。这既是党中央对检察公益诉讼制度实践的充分肯定，也为当前和今后一个时期的工作擘画了宏伟蓝图、确定了基本路径。万峰湖和南四湖专案的办理充分彰显了公益诉讼助力系统治理，统筹公益保护、建设长效机制与服务经济社会发展的独特效用。最高人民检察院按照党中央决策部署积极开展相关工作，办案的重点紧紧围绕贯彻落实党中央的重大部署来谋划。在万峰湖专案办理中，广西、贵州、云南三省（区）检察机关主动向当地党委汇报专案工作进展情况，得到了高度重视和大力支持。专案办理坚持以人民为中心，想群众之所想、急群众之所急，切实推动关乎当地人民群众切身利益的污染问题的解决，既严格依照法律，又充分考虑各相关主体的现实利益以及人民群众不同利益的平衡。作为一项具有中国特色的司法制度，检察公益诉讼坚持党的领导，既有严格规范、公开透明的程序要求，增强了司法办案的公信力，又有司法强制力、权威性的刚性保障，诠释了中国特色社会主义法治的本质特征。

第三，法治中国建设必须坚持统筹兼顾、把握重点、整体谋划。要加快建设社会主义法治国家，就必须坚持依法治国、依法执政、依法行政共同推进，坚持法治国家、法治政府、法治社会一体建设，坚持统筹推进国内法治和涉外法治，推动形成法治中国建设的整体工作布局。以案例中的万峰湖和南四湖专案为例，专案组摸排并上报的案件线索十分广泛，主要包括非法网箱养殖、水面浮房和钓台等问题，涉及生态环境、农业农村、水利、交通运输等部门，单凭某一地区的特定机构是很难实现对上述问题的有效治理的。为此，最高人民检察院专案组能动履职，充分实现诉源治理，推动多部门协同、全流域联动，联合执法统一各地执法标准，形成跨区域协同治理、行政机关和司法部门协同督促治理的合力，实现跨行政区划执法同湖同策、共治共享，有效提升了人民群众的获得感、幸福感、安全感。这生动表明法治中国建设必须整体推进，不断优化法治工作布局，更加注重系统性、整体性、协同性。

第四，加快建设法治中国，必须适应全面建设社会主义现代化国家的要求，全面推进科学立法、严格执法、公正司法、全民守法。法治中国建设应牢牢把握经济社会发展和人民群众对法治建设的需要，从立法、执法、司法和守法等方面整体推进。进入新时代，以宪法为核心的中国特色社会主义法律体系全面建立，为法治中国建设提供了立法支持；依法行政稳步推进，政府各项工作法治化程度显著提升，法治政府建设不断加快；司法体制综合配套改革不断深化，公安机关、检察机关、审判机关、司法行政机关各司其职、相互配合、相互制约的体制机制更加健全；守法光荣、违法可耻的社会氛围日益浓厚，法律服务体系更加健全，法治精神得到大力弘扬，法治中国建设取得显著成效。案例中介绍的检察公益诉讼制度是法治中国建设的重要举措，十余年来，全国检察机关深刻理解领悟习近平总书记关于检察公益诉讼工作的系列重要指示，既依法督促又协同履职，用扎扎实实的办案成效丰富了习近平法治思想的检察实践，为服务保障中国式现代化贡献了公益诉讼检察力量。

第五，应坚持把社会主义核心价值观融入法治建设。把社会主义核心价值观融入法治建设，是坚持将依法治国和以德治国相结合的必然要求，是加强社会主义核心价值观建设的重要途径。实践证明，社会主义核心价值观是民族精神和时代精神的高度凝练，是中国特色社会主义法治的价值内核，是坚持中国特色社会主义法治发展道路的基本遵循。党的二十大报告提出，要“广泛践行社会主义核心价值观”，“把社会主义核心价值观融入法治建设、融入社会发展、融入日常生活”。案例中介绍的万峰湖和南四湖专案，不仅能够引领法治风尚，还能充分彰显社会主义核心价值观凝聚人心、汇聚民力的重要作用，推动尊法学法守法用法蔚然成风，以公正司法、依法能动履职，向社会传导正确价值取向，推动社会主义核心价值观内化于心、外化于行、落地生根，不断提升公民的法治素养和道德素质。这也要求在中国特色社会主义法治建设中必须坚持将依法治国与以德治国相结合，做到法安天下、德润人心。

■ 启示意义

党的十八大以来，以习近平同志为核心的党中央创造性提出关于全面依法治国的一系列新理念新思想新战略，形成了习近平法治思想，推动法治中国建设开创新局面。检察公益诉讼制度的探索就是习近平法治思想在公益保护领域的生动实践和原创性成果，通过对万峰湖、南四湖污染等一系列“硬骨头”问题提出公益诉讼，助力形成“法治＋生态”的治理新模式，为美丽中国建设提供了有力的法治保障。在全面建设社会主义现代化国家的新征程上，必须坚持中国特色社会主义法治道路，全面推进依法治国，推动建设更高水平的法治中国。

案例
23

“咏”立潮头总是“春”

核心阅读

文化因赓续而繁荣兴盛，传统因创新而历久弥新。从哔哩哔哩 2023 跨年晚会斩获 2 亿播放量，到新加坡演出票房登顶；从首登国家大剧院，到惊艳亮相华表奖；从“圈粉”数十国外交使节，到香港首演全城沸腾、好评如潮；从登上 2024 年央视春晚、温暖陪伴全国人民跨年，到 2024 国庆期间在巴黎会议宫连续进行 4 场演出……原创舞剧《咏春》成功实现了海内外舞台的“突围”，赢得国内外观众一致叫好，票房一路飘红。根植岭南文化打造“双创”典范，“深扎”创作引发共情共鸣，这正是《咏春》能够实现“口碑票房双丰收、出圈出海创新篇”的根本原因。不忘本来、吸收外来、面向未来，在以中国式现代化全面推进中华民族伟大复兴的新征程上，中华优秀传统文化正在守正创新中焕发新的光彩。

中华文明犹如一条波澜壮阔的长河，奔流不息；中华民族从灿烂的文明传统中汲取养分，步履不停。

“勤练习技不离身，养正气戒滥纷争，当处世态度温文，扶弱小以武辅仁……”自 2022 年年底深圳首演以来，舞剧《咏春》在短短一年多的时间里已在北京、上海、深圳、重庆、哈尔滨、沈阳、武汉、长沙、香港、福州等数十个城市上演百余场，还于 2023 年 9 月走出国门，在新加坡滨海艺术中心连演 4 场，将中国舞台上的“《咏春》热”刮到狮城，掀起了一轮火爆的“咏春”狂潮。

大火出圈的《咏春》，是怎样一个舞台精品，又是怎样炼成的呢?

《咏春》的破圈和出海

“咏”中华文化，迎创新“春”华。舞剧《咏春》由中共深圳市委宣传部、深圳市文化广电旅游体育局出品，深圳歌剧舞剧院创排演出，2022 年度国家艺术基金、广东省文艺精品（文艺人才）专项扶持资金与深圳市宣传文化基金共同资助。

2022 年 12 月 22 日，《咏春》在深圳保利剧院首次亮相便博得满堂彩。以此为起点，《咏春》开启了全国全球巡演的征程。2023 年 10 月 26 日，《咏春》回到出发之地深圳，迎来第 100 场演出。2024 年 1 月 4 日晚，《咏春》在香港演艺学院歌剧院启动香港首演，并在此连续演出 5 场。2024 年 3 月 27 日至 29 日，《咏春》来到福州，在福建大剧院连续演出 3 场，开启了龙年全国巡演之旅。

《咏春》有多火？最直接的体现就是票房。正所谓，千金易得，一票难求。蹲点抢票、排队签名、跨城追看……串联起一幅“《咏春》热”的生动图景。“《咏春》热”以燎原之势，持续出圈，席卷全国。

《咏春》有多赞？巡演的每一站，都让不少观众在看完后依然回味无穷、意犹未尽，在最后的谢幕环节给予不断的掌声与肯定，不愿离去。更有不少观众看完后纷纷发朋友圈直呼“太惊艳了！”“超燃！有眼福了”。还有的观众说“英雄站在光里，而我们愿是那束光”“三刷《咏春》，真的很上瘾！”在小红书、微博、豆瓣、哔哩哔哩等网络平台，许多年轻观众观演后更是热情化身“自来水”，不吝赞美之词表达对该剧的喜爱。

根植岭南文化打造“双创”典范

“问渠那得清如许？为有源头活水来。”舞剧《咏春》以岭南优秀传统文化之国家级非物质文化遗产“咏春拳”为题材，以双线叙事展开。一条线讲的是叶问怀抱着将咏春拳发扬光大的梦想闯荡香港；另一条线讲的是一个深圳的剧组拍摄电影《咏春》的经历，剧组怀抱着将叶问事迹发扬光大的梦想奋斗在电影片场。追逐梦想的道路并非一帆风顺，叶问和剧组都遇到了各自时空的具体问题，面临种种困境，一度彷徨犹豫。然而，他们都坚持梦想，没有轻言放弃，全力攻坚，克服各种困难，最终将梦想照进现实。两个时代的人相向而行，彼此呼应共振，最终交汇于舞台，融为一体。他们因“英雄”聚拢，由“追光者”展开，最终落在“理想”上。

《咏春》的舞台，没有刀剑，却带来无限光影和遐想。咏春拳，一步一拳，行云流水；一招一式，刚柔并济，让观众感受到中国功夫和传统文化传承创新的魅力，领略到扑面而来的勃勃生机。咏春拳、螳螂拳、八卦掌、八极拳、太极拳中的武学招式，结合古典舞、现代舞等舞蹈特质的集中呈现，令人拍案叫绝。尤其全剧最令人热血沸腾的 18 分钟，其间五大功夫门派高手“巅峰对决”，用行云流水的舞蹈艺术展现精彩卓绝的武学招式，舞蹈与武术之美齐露锋芒，再现热血燃情的快意江湖，堪称顶级中式审美盛宴。

除了双线叙事结构以及“舞＋武”的形式，舞剧《咏春》还将“双非遗”——国家级非物质文化遗产“咏春拳”与“香云纱”分别以主题和展现形式恰到好处地融入剧情与舞台表现中，让非物质文化遗产“开口说话”，以其为载体来展现岭南文化的魅力。《咏春》展示了精彩卓绝的武学招式、登峰造极的高手对垒，又以充满诗意的舞蹈及非遗“香云纱”呈现，交织出武术与舞蹈的刚柔融合之美。剧情将非遗与岭南民俗风情相结合，用舞蹈语言把多种中华武术融为一体，塑造了以广东武学宗师为代表的“中国英雄”形象，承载着中华优秀传统文化精神内核的创新表达，让世界感受到新时代的东方之美。

政府有为、市场有效

《咏春》所到之处一票难求，好评如潮，这样的好成绩离不开深圳市政府对文化产业的支持以及文化市场的蓬勃发展。

政府有为、市场有效，使得《咏春》既“叫好”又“叫座”。一直以来，深圳坚持把文化繁荣发展摆在十分重要的位置，让高度的文化自觉成为文艺精品创作的风向标，充分发挥各项扶持保障机制的作用，形成了一套富有特色的文艺创作机制。

“深圳制造”的文艺精品创作有其独特模式，政府、民间通力合作，主流价值观和企业的运作机制寻找到了结合点。四面八方的人才资源和文化资本都被吸纳到深圳，经过官方的有效引导和积极助推，为深圳文艺精品创作提供了澎湃不息的动力。沿循于广东文艺发展大框架，深圳持续开展对外文化交流合作，加大文艺精品力作的支持力度，创新形成了“政府保障＋社会资本＋文化企业”的文艺作品创作机制和推广机制。

此外，深圳还积极深化文艺院团的改革，实施“文艺名家”计划，通过“项目制”运营引进顶尖人才。舞剧《咏春》的诞生，正是由国内顶尖艺术创作阵容，与成立仅5年、演员平均24岁的深圳歌剧舞剧院通力合作实现的。

《咏春》舞出了镌刻在中国人血肉之中对中华优秀传统文化的热爱，让古老非遗展现出新的生命色彩；《咏春》用开创性的艺术表达，让传统舞剧“活”起来、“潮”起来、“燃”起来，成为推动中华优秀传统文化创造性转化、创新性发展的一个典型样本。

当代中国，山河壮丽，群情豪迈，前程远大。《咏春》也将在更大的舞台上着力讲好中国故事。

思考讨论

1. 舞剧《咏春》爆火出圈，所到之处场场爆满、好评如潮，在中国演艺市场催生出“《咏春》热”的文化新景观。结合案例，你认为《咏春》能够实现“口碑票房双丰收、出圈出海创新篇”的原因是什么？

2. 2023年6月2日，习近平出席文化传承发展座谈会并发表重要讲话指出：“只有全面深入了解中华文明的历史，才能更有效地推动中华优秀传统文化创造性转化、创新性发展，更有力地推进中国特色社会主义文化建设，建设中华民族现代文明。”以此为遵循，新时代应如何推动中华优秀传统文化创造性转化、创新性发展？

3. 2021年7月1日，习近平在庆祝中国共产党成立100周年大会上发表重要讲话，强调新征程上必须“坚持把马克思主义基本原理同中国具体实际相结合、同中华优秀传统文化相结合，用马克思主义观察时代、把握时代、引领时代，继续发展当代中国马克思主义、21世纪马克思主义！”在中国特色社会主义新时代，为什么必须坚持“两个结合”？

教学建议

本案例主要适用于第十章第四节“铸就社会主义文化新辉煌”部分的辅助教学。本案例介绍了深圳出品的舞剧《咏春》，着力赓续中华文脉，推动中华优秀传统文化创造性转化、创新性发展，既向世界展现了中华文明的飒爽英姿与隽永魅力，也努力创造出属于我们这个时代的新文化，获得了艺术评价和演出市场的高度好评，是新时代铸就社会主义文化新辉煌的生动注脚。

组织教学建议

第一，本案例适用于教学导入环节。教师在讲授“铸就社会主义文化新辉煌”这一知识点之前，可以先引入本案例组织教学，并由案例引出教学主题。通过讲解本案例，教师应着重引导学生正确认识中华优秀传统文化的重要价值：中华优秀传统文化是中华民族在长期历史演进中形成的宝贵精神财富，凝聚着丰富的思想智慧，涵养着中华民族的精神气质，为我们在新的起点上继续推动文化繁荣、建设文化强国提供了重要基础。舞剧《咏春》就是以独特的、极具岭南特色的“双非遗”题材为创作基础，通过了解和思考《咏春》火爆出圈的现象及其背后的原因，有助于学生深刻理解传承发展中华优秀传统文化的重要意义和时代要求。

第二，教师在运用本案例开展教学时，应注意结合案例对教学主题进行由表及里的深入讲解。舞剧《咏春》在市场上的火爆，看似有其偶然性，但教师应引导学生深入思考其背后的必然性，让学生们认识到，舞剧《咏春》的成功正是全面贯彻落实习近平文化思想，切实担负新时代新的文化使命的具体体现和生动缩影，是全面建设社会主义文化强国的必然要求和重要成果。通过这样的教学讲解和分析阐释，学生既能深化对案例内容和教学主题的理解，还能进一步提升对中华优秀传统文化的关注度，进而切实开展推动中华优秀传统文化创造性转化、创新性发展的文化实践。

第三，教师在运用本案例开展教学时，应有效组织学生围绕案例内容和教学重点难点开展课堂讨论。教师在讲解案例内容时，可以请学生补充介绍他们所了解的其他推动中华优秀传统文化创造性转化、创新性发展的成功案例，尤其是可以结合学生家乡、学校所在地的实际情况，以及与学生所学专业领域相关的中华优秀传统文化创造性转化、创新性发展的具体事例。近年来国内很多地方都积极推进中华优秀传统文化创造性转化、创新性发展，并取得了显著成效，教师在教学中也可以补充介绍相关成果，如同样出圈的甘肃文博文创产品，同样登上过央视春晚舞台的舞蹈诗剧《只此青绿》等。通过对案例内容的补充和拓展，可以让学生更加直观地感受到推动中华优秀传统文化创造性转化、创新性发展的时代价值，更加深刻地认识新时代新的文化使命的丰富内涵。

第四，为了增强案例教学的感染力和亲和力，教师在教学中可以辅助运用相关影视和文献材料。如在课上播放 2024 年央视春晚播放的舞剧《咏春》选段、2022 年央视春晚播放的舞蹈诗剧《只此青绿》选段等，这样可以让学生直接感受到中华优秀传统文化的丰富意蕴，同时认识到中华优秀传统文化经过创造性转化、创新性发展后所展现的时代魅力，进而坚定发展传承中华优秀传统文化、铸就社会主义文化新辉煌的意愿和决心。

总结提升建议

第一，中华优秀传统文化是中华文明的智慧结晶和精华所在，是中华民族的根和魂，是我们在世界文化激荡中站稳脚跟的根基。在五千多年的历史长河中，无数中华儿女努力劳作、奋进拼搏，创造了源远流长、博大精深的中华优秀传统文化，为中华民族的生生不息、发展壮大提供了强大的精神支撑。习近平非常重视中华优秀传统文化，指出“优秀传统文化是一个国家、一个民族传承和发展的根本，如果丢掉了，就割断了精神命脉。我们要善于把弘扬优秀传统文化和发展现实文化有机统一起来，紧密结合起来，在继承中发展，在发展中继承”。案例中介绍的舞剧《咏春》就是以国家级非物质文化遗产“咏春拳”与“香云纱”为核心内容进行艺术创作，不仅生动展现了中华优秀传统文化的丰富内涵，而且通过富有新意的叙事方式实现了“时空穿越”和“古今对话”，让传统文化的精神内核在新时代有了新的表达。这对坚定文化自信，在新的起点上继续推动文化繁荣、建设文化强国，履行好我们在新时代新的文化使命，具有重要的参考和推动作用。

第二，推动中华优秀传统文化创造性转化、创新性发展，是做好新时代新征程宣传思想文化工作、担负起新的文化使命的题中应有之义。习近平指出，“传承中华文化，绝不是简单复古，也不是盲目排外，而是古为今用、洋为中用，辩证取舍、推陈出新，摒弃消极因素，继承积极思想，‘以古人之规矩，开自己之生面’，实现中华文化的创造性转化和创新性发展”。包括案例中介绍的舞剧《咏春》在内，中华优秀传统文化都是农耕文明的产物，如何让数字文明时代的人喜欢呢？舞剧《咏春》之解在于“老故事新表达”：契合当代价值、审美与市场需求，尤其是舞台艺术消费主流群体新生代的价值、审美与需求，对咏春这个老故事作当代表达。简单来说，通过“舞+武”跨界融合，用舞蹈之美姿展现咏春之神韵，凸显其飒、美、雅，让其“潮起来”。此外，政府出台相关支持政策、文化市场不断深化改革，这些都为中华优秀传统文化创造性转化、创新性发展提供了有力支持。结合这一案例，我们应始终坚持辩证唯物主义和历史唯物主义，以科学理性的态度对待中华优秀传统文化，有鉴别地加以对待，有扬弃地予以继承，坚持古为今用、推陈出新，结合新的时代和实践要求进行赓续传承，赋予中华优秀传统文化新的时代内涵，使之与现实文化相融相通。

第三，实现“两个结合”是开辟和发展中国特色社会主义的必由之路和最大法宝。党的二十大报告指出：“中国共产党人深刻认识到，只有把马克思主义基本原理同中国具体实际相结合、同中华优秀传统文化相结合，坚持运用辩证唯物主义和历史唯物主义，才能正确回答时代和实践提出的重大问题，才能始终保持马克思主义的蓬勃生机和旺盛活力。”这一重大论断，精辟阐述了“两个结合”的深刻内涵和重大意义，为党在新时代新征程上坚持“两个结合”、推进理论创新指明了原则路径，提出了明确要求。舞剧《咏春》将咏春拳潇洒刚健的招式功法在舞台上生动呈现，同时通过剧情设计生动阐释中华文化“向上向善、刚健内敛”的精神传统，也诠释了以改革创新为核心的时代精神，做到了把马克思主义基本原理同中国具体实际、同中华优秀传统文化相结合。2023年6月2日，习近平在文化传承发展座谈会上指出：“在五千多年中华文明深厚基础上开辟和发展中国特色社会主义，把马克思主义基本原理同中国具体实际、同中华优秀传统文化相结合是必由之路。这是我们在探索中国特色社会主义道路中得出的规律性的认识，是我们取得成功的最大法宝。”这深刻阐明了“两个结合”的丰富内涵和实践要求，为我们在新的历史起点上奋力开辟马克思主义中国化时代化新境界、扎实推进社会主义文化强国建设，提供了理论指导和行动指南。

第四，新时代新征程，必须坚定文化自信，全面建设社会主义文化强国。习近平曾指出：“有文化自信的民族，才能立得住、站得稳、行得远。中华文明历经数千年而绵延不绝、迭遭忧患而经久不衰，这是人类文明的奇迹，也是我们自信的底气。”中华优秀传统文化是我们坚定文化自信的深厚根基，党带领人民在伟大斗争中孕育的革命文化和社会主义先进文化是我们坚定文化自信的坚强基石，中国特色社会主义伟大实践是我们坚定文化自信的现实基础。舞剧《咏春》秉持新的文化使命，深化了作品的民族精神和时代风范，让观众感受到高超舞蹈艺术魅力的同时，也从内心生发出强烈的文化自信的气度、民族自强的认同。在实现中华民族伟大复兴的历史征程上，我们要立足于中华民族伟大历史实践和当代实践，用中国道理总结好中国经验，把中国经验提升为中国理论，既不盲从各种教条，也不照搬外国理论，实现精神上的独立自主，推进文化自信自强，增强实现中华民族伟大复兴的精神力量。

■ 启示意义

对历史最好的继承就是创造新的历史，对人类文明最大的礼敬就是创造人类文明新形态。根植中华优秀传统文化，与时代脉动同频，创新艺术语汇表达，舞剧《咏春》是深入贯彻落实习近平文化思想，勇担新时代新的文化使命，推动中华优秀传统文化创造性转化、创新性发展的一部典范之作和一次精彩实践。新时代新征程，我们要坚定文化自信，秉持开放包容，坚持守正创新，繁荣发展文化事业和文化产业，奋发有为、共同努力创造属于我们这个时代的新文化，不断铸就社会主义文化新辉煌。

案例 24

“殷”你而闪耀
——中华优秀传统文化传承的安阳实践

核心阅读

殷墟是中华民族的精神标识，是中国历史上第一个有文献可考、为考古发掘和甲骨文所证实的商代晚期都城遗址。一代代考古人筚路蓝缕、栉风沐雨，从甲骨文、青铜器等一件件文物中探寻中华文明的起源，勾勒文明发展脉络。牢记习近平总书记“要通过文物发掘、研究保护工作，更好地传承优秀传统文化”的殷殷嘱托，安阳始终把殷墟挖掘和殷墟保护放在重要位置，从殷墟国家考古遗址公园、殷墟考古文旅小镇到中国文字博物馆、汉字公园，打造“博物馆+遗址公园+考古科研基地”全国文物保护利用示范区，积极探索利用数字技术，让收藏在博物馆里的文物、陈列在广阔大地上的遗产、书写在古籍里的文字都“活”起来，让古老的殷墟遗址焕发出时代的光彩。2024 年 2 月，首个全景式展现商文明的国家重大考古专题博物馆——殷墟博物馆新馆对公众开放，持续近百年的殷墟考古成果得以集中呈现。

“一片甲骨惊天下。”甲骨文的发现使殷墟这个地方闻名于世界。

位于洹河两岸的殷墟遗址是古都安阳的热门打卡地。甲骨文、青铜器、古车马、都邑、聚落，鲜活地呈现在世人面前，人们来到这里感受中华优秀传统文化的魅力，感悟中华文明的博大精深。

2022 年 10 月 28 日，习近平在安阳考察殷墟遗址时指出，“中国的汉文字非常了不起，中华民族的形成和发展离不开汉文字的维系”，强调“中华文明源远流长，从未中断，塑造了我们伟大的民族，这个民族还会伟大下去的”，“殷墟出土的甲骨文为我们保存 3 000 年前的文字，把中国信史向上推进了约 1 000 年”，“要通过文物发掘、研究保护工作，更好地传承优秀传统文化”。牢记习近平总书记的殷切嘱托，安阳市政府和人民积极发扬历史主动精神，坚持学术引领，加强殷墟保护，让中华文明根脉永固；聚焦重点项目，高质量建设中华文明标识工程；传承殷商文明，高品质滋养中华儿女文化自信，在建设社会主义文化强国的新征程上全面发力、蹄疾步稳。

一座历史厚重的新地标

河南安阳，洹河之畔，青铜大鼎造型的殷墟博物馆新馆矗立岸边，和殷墟宫殿宗庙遗址隔河相望，馆体上方“大邑商”三个甲骨文字格外醒目。

公元前 14 世纪，商朝第十九位王盘庚，由奄（今山东曲阜）迁都至殷（今河南省安阳市），定都于殷 270 余年。商王朝灭亡后，商都逐渐荒废，被湮没地下，史称殷墟。1928 年，中国考古工作者首次在殷墟进行科学考古发掘，拉开了中国现代考古学的序幕。

2005 年，殷墟博物馆老馆建成，建筑面积仅 1 500 平方米，展出文物以都城、青铜器、玉器、甲骨为主，而大量的文物沉睡在仓库中。2024 年 2 月 26 日，筹建 3 年多的殷墟博物馆新馆开放，这是首个全景式展现商文明的国家重大专题博物馆。新馆建筑面积 5.1 万平方米，形如破土而出的大鼎，从衣、食、住、行、祭祀、农业、战争、手工业、文字等方面全方位展现真实的商文明，共展出青铜器、陶器、玉器、甲骨等文物近 4 000 件（套），绝大多数是由中国社会科学院考古研究所安阳工作队自 1950 年以来发掘的精品文物，近 3 000 件珍贵文物属于首次亮相。近百年的考古成果，积淀而成的是一个立体、多维、纪实的大商朝，而不再只是《史记》中 3 000 余字的记载。

展陈聚焦商文明主题，新馆的基本陈列包括“探索商文明”“伟大的商文明”“世界的商文明”。三个基本陈列有机衔接，厘清了商文明发展脉络，展示中国特色、中国风格、中国气派的考古学，全景式展示了伟大的商文明以及早期中国的出彩时代，阐释了商文明的特质和世界意义。此外，新馆还设有“长从何来——殷墟花园庄东地亚长墓专题展”“子何人哉——殷墟花园庄东地甲骨特展”等四个专题展览和一个特色沉浸式数字展“又见大邑商”。

一个多姿多彩的商王朝

殷墟是中国第一个有文献记载并为考古发掘所证实的商代都城遗址。“商邑翼翼，四方之极。”在这里，繁盛的城市文明、完善的礼乐文明、举世瞩目的文字文明以及高度发展的手工业等，共同构筑了早期中国的华彩篇章。

甲骨文记载，商朝人称自己的国都为大邑商。据考古推算，大邑商是面积超过 30 平方千米，拥有十几万人口的当时世界上最大、最繁荣的都城。绚烂的青铜器皿、精致的玉石雕刻、精美的马车遗迹，是对商文明的生动诠释。

设施完备的都城遗址、气势恢宏的宫殿群、规模庞大的王陵区、围绕周边的族邑聚落、高度发达的青铜器、系统成熟的古汉字……殷墟考古从聚落考古、甲骨学、手工业及社会面貌等方面，不断发现和挖掘着殷墟文化的内涵价值，一个持续了 200 多年的商代都城——“大邑商”逐渐清晰起来。

殷墟甲骨文拥有丰富的历史文化资源家底。科学发掘 90 年来，殷墟遗物种类繁多、数量可观。其中，已出土甲骨文 15 万片、陶器数万件、青铜礼器约 1 500 件、青铜兵器约 3 500 件、玉器约 2 600 件、石器 6 500 件以上、骨器 3 万多件。城墙基址、大灰沟、道路、夯土建筑基址、地穴和半地穴居住址、灰坑窖穴、水井、祭祀遗存、手工业作坊遗址、王陵区、家族墓地和车马坑等遗址，为后人还原了一个丰富多彩的殷商王朝。

一张通向未来的新名片

把殷墟甲骨文打造成为中华文化新地标，是落实习近平总书记视察安阳重要讲话精神的重要举措。为此，安阳紧紧抓住数字化时代给弘扬传承中华优秀传统文化带来的全新机遇，以“数”为媒，实施“全球甲骨文数字化建设工程”，运用三维数字扫描技术、计算机自动缀合技术等，助力甲骨文缀合、释读、研究和传承。

世界第一的甲骨文大数据平台——殷契文渊，开发智能缀合技术并完成88组甲骨图像拼接，与国内外多家知名高校和研究机构共建数字甲骨共创中心，发布全球最大的甲骨文多模态数据集……为甲骨学插上了数字化翅膀，实现了浩繁纷杂的甲骨文资料一键获取。甲骨文信息处理实验室联合互联网公司开发的甲骨文全信息采集技术也已取得突破，现在正向产品化迈进，这将有力推动甲骨文物数字化。

结合数字化与光声电，安阳着力增强文化遗存展示的互动性与体验感，打造沉浸式文化遗存展示体系：通过3D裸眼技术，郑州商城的杜岭方鼎、湖南宁乡的四羊方尊、殷墟妇好墓的跪坐玉人等20多件商代珍贵文物活灵活现地进入大众视野；在沉浸式数字化体验展厅里，商王“武丁”带领大家沉浸式感受商王朝的强盛与辉煌。

一处多方合力的探源地

除了殷墟博物馆新馆，安阳众多殷墟“矩阵”联合发力，把殷墟甲骨文打造成为中华文化新地标。2024年春节期间，中国文字博物馆举办的“字里有戏”剧本杀活动，颇受欢迎。活动中，50多名青少年扮演着各种角色，他们通过解决各种历史事件，来解锁文字的秘密，探索历史的真相。

文旅融合发展战略也在不断推进。甲骨文表情包、盲盒、雪糕等系列文创产品成为爆款；殷墟景区联合开发的3万份3D数字藏品，5秒内售罄；中国文字博物馆“玩转汉字”等申报“行走河南·读懂中国”重点展示项目；“中华字都”安阳国际文创设计大赛正式启动；大型歌舞剧《甲骨文》等艺术精品不断涌现。

安阳市还积极推动甲骨文教育进机关、进社区、进校园。105座甲骨文书屋书香满城，37所甲骨文特色学校让孩子们从小学习甲骨文，安阳高铁站使用甲骨文和简化字双标展示，市区公交站点用甲骨文装饰，道路窨井盖上绘制殷商龙纹饕餮图案……殷墟、甲骨文已深深刻入安阳人生活的方方面面。

走进殷墟博物馆新馆，迎面而立的高墙上镌刻着一行醒目的大字，“苟日新，日日新，又日新”。《礼记》记载，这九字箴言出自商王朝建立者汤的盘铭，向参观者展示了一个民族一以贯之的革新姿态、进取精神，也展示了中华文明从历史中演化创造、于传承中生生不息的守正创新之道。

思考讨论

1. 2024年2月26日，殷墟遗址博物馆新馆正式开馆，仅半年时间，游客数量就破百万。结合案例，如何看待近年来的“博物馆热”现象？

2. 结合案例，你认为中华文明能够为建设社会主义文化强国提供怎样的借鉴？

3. 2023年6月2日，习近平在文化传承发展座谈会上发表讲话，强调“对文化建设来说，守正才能不迷失自我、不迷失方向，创新才能把握时代、引领时代”。以此为指导，新时代的社会主义文化强国建设要如何做到“守正创新”？

教学建议

本案例主要适用于第十章第四节“铸就社会主义文化新辉煌”部分的辅助教学。本案例介绍了我国重要的历史文化遗产殷墟的考古发掘和保护传承情况，作为世界文化遗产的殷墟，不仅成为展示中华文明的重要窗口，也在人类文明进步和世界文明进程中闪耀着璀璨的光芒。党和国家将保护传承殷墟遗址作为重要工作，坚持保护第一、加强管理、挖掘价值、有效利用、让文物活起来的工作要求，全面加强殷墟遗址保护利用，有力展现中华文明多元一体、连绵不绝、兼容并蓄的文化特质和宏大进程，为保护传承历史文化遗产、建设社会主义文化强国提供重要借鉴。

组织教学建议

第一，本案例适用于教学总结环节。在完成“铸就社会主义文化新辉煌”这部分内容的讲解后，可以引入本案例，通过介绍殷墟遗址的保护传承及其蕴含的深厚文明底蕴和重要文化价值来进行总结和提升。传承发展中华优秀传统文化是本节的教学重点，因此在教学中要着力引导学生理解为什么要传承发展中华优秀传统文化、怎样传承发展中华优秀传统文化。通过对案例的讲解，可以帮助学生领会历史文化遗产作为中华文明的重要载体，其在文化传承发展中所发挥的重要作用，并对保护传承历史文化遗产的重要意义、典型做法、有效举措等问题有更多的了解，更加坚定建设社会主义文化强国的信心和决心。

第二，教学中要对案例进行由表及里的分析，着重引导学生思考殷墟文化火热现象的原因和动力。在进行案例分析和讨论时应注意引导学生思考，作为中华文明的璀璨明珠，殷墟在近年来受到广泛欢迎，来此参观游览的游客数量不断增加，其背后的原因是什么？在案例总结时也要强调，是因为在新时代党和国家对历史文化遗产保护传承事业给予高度重视，推动文物保护利用和文化遗产保护传承工作得到全面加强，才有了殷墟文化的精彩呈现，才有了殷墟博物馆新馆的建成和运营。通过这样由现象到本质的分析，能够让学生更加自觉地承担起推动文化繁荣、建设文化强国的重大使命。

第三，教学中要注意组织学生围绕案例内容进行拓展讨论，调动学生参与课堂教学的积极性和主动性。我国是文明古国，拥有众多辉煌灿烂的文明成果，殷墟就是其中的典型代表，课上可以请学生补充介绍其所了解的其他历史文化遗产，也可以结合安阳进行历史文化遗产保护传承工作的典型做法来讨论，结合其知识结构、专业背景来发散思维，共同探讨可以采取怎样的举措来保护历史文化遗产、青年学生可以为保护传承历史文化遗产作出怎样的贡献等，以此提升学生对中华文明的自豪感、对历史文化遗产保护传承的责任感和使命感。

第四，教学中可以运用相关的视频资料来辅助案例教学。为了更好地展示殷墟文化、提升公众体验，殷墟博物馆制作了系列短视频“国宝日历”，打造“商邑㲋宗”品牌，并已推出“甲骨文二十讲系列专题讲座”，在其官方抖音账号上播放。2021年1月24日，殷墟三大国宝亮相央视《国家宝藏》节目，三位国宝守护人带领观众走进殷墟博物馆，解读亚长牛尊、陶三通、YH127甲骨窖穴三大国宝的前世今生。此外，殷墟博物馆还制作了微动画《殷墟考古故事》，以活泼生动的画面和简单易懂的文字内容帮助观众深入了解百年来殷墟考古发掘的过程，加深对考古学及考古工作的认识，体会考古学的魅力，感受考古学家严谨务实、不畏艰辛、不慕名利的工作态度，从而感受祖国深厚的历史文化底蕴、丰厚的文化资源。组织学生在课下观看上述资料并在课上进行针对性讨论，可以深化学生对以殷墟文化为代表的中华优秀传统文化的理解认识，进而坚定其保护传承好历史文化遗产的决心。

■ 总结提升建议

第一，保护好殷墟就是守护中华文明根脉。殷商文化和甲骨文都是中华优秀传统文化的瑰宝，是深入理解中华文明的一把金钥匙。2019年，习近平在致甲骨文发现和研究120周年的贺信中指出，甲骨文是迄今为止中国发现的年代最早的成熟文字系统，是汉字的源头和中华优秀传统文化的根脉，值得倍加珍视、更好传承发展。2024年新年贺词中，习近平再次提到殷墟甲骨的文字传承。殷墟博物馆新馆之所以能在开馆半年内就吸引超过百万游客参观游览，就是因为博物馆拥有精美绝伦的文物，展现了悠远辉煌的商文明，能够让人们在参观中感受到中华文化的魅力和深厚的历史底蕴。近年来，“一馆通古今”的博物馆成为热门打卡地，一方面，体现了人们对历史文化的高度关注和热爱、公众对精神文化需求的提高；另一方面，这股热潮为博物馆的发展带来新机遇，促使博物馆不断为大众提供高质量的文化产品。以此为契机，应进一步加大对历史文化遗产的保护传承力度，留住文化根脉、守住民族之魂。

第二，历史文化遗产反映着中华民族的文化积淀和文化底蕴，是体现中华文明突出特性的重要标识。中华文明从来不用单一文化代替多元文化，而是由多元文化汇聚成共同文化，化解冲突、凝聚共识。习近平曾指出：“中华文化认同超越地域乡土、血缘世系、宗教信仰等，把内部差异极大的广土巨族整合成多元一体的中华民族。”殷墟遗址不仅重现了中原大地所经历的三次重大转型的历史成果，而且直接体现了中原文明对周边其他地区文明的重要影响及其对同期其他文明的辐射力。殷墟发掘的文物既有来自长江中游的硬陶瓿、来自长江下游的原始瓷，也有与草原文化有着密切关联的羊首刀、管銎斧、弓形器，这都体现出商王朝吸纳周边文化的博大胸怀。从更深的层次看，商朝的社会制度、礼制思想以及生产技术不断向外辐射的同时，商文明也在吸收周边文化提升自己，并在相互学习中融合开启了新的文化发展阶段，这是中华文明多元一体格局形成的生动例证。新时代新征程，深入理解并坚持中华文明的包容性特征，为巩固各族人民对伟大祖国的认同、对中华民族的认同、对中国特色社会主义道路的认同打下重要基础，也助力中华文化以兼容并蓄的开放胸怀扩大对外文化交流传播。

第三，中国文化源远流长、中华文明博大精深，为新时代建设社会主义文化强国提供了重要借鉴。中华文明是中华民族独特的精神标识，是当代中国文化的根基，深入了解中华文明五千多年发展史，是推动全社会增强历史自觉、坚定文化自信的重要途径。考古工作者对殷墟近百年的考察，陆续发现宗庙宫殿区、居址区等重要遗迹，出土了大量甲骨文、青铜器等各类珍贵文物，实证了文献记载的商代历史，系统展现了商代社会文化面貌、商代文明发展成就。尤其是殷墟出土的甲骨文，为我们保存 3 000 年前的文字，把中国信史向上推进了约 1 000 年。这些历史文化遗产延伸了历史轴线、增强了历史信度、丰富了历史内涵、活化了历史场景。由此可见，只有不断加强对中华文明的学习理解、挖掘阐释，才能更好地建设社会主义文化强国。

第四，“坚持守正创新”是习近平新时代中国特色社会主义思想世界观和方法论的重要观点，是新时代新征程铸就中华文化新辉煌的行动指南和根本遵循。守正，守的是马克思主义在意识形态领域指导地位的根本制度，守的是“两个结合”的根本要求，守的是中国共产党的文化领导权和中华民族的文化主体性。创新，创的是新思路、新话语、新机制、新形式，要在马克思主义指导下真正做到古为今用、洋为中用、辩证取舍、推陈出新，实现传统与现代的有机衔接。对殷墟文化的保护传承就是坚持守正创新文化立场的生动实践，安阳牢记习近平总书记“要通过文物发掘、研究保护工作，更好地传承优秀传统文化”的殷殷嘱托，始终把殷墟挖掘和殷墟保护放在重要位置，大力挖掘和弘扬殷墟文化对当代及未来社会的意义与价值，不断激活殷墟文物资源和文化遗产蕴含的创新创造基因，策划殷墟古都之旅、文字起源之旅等特色主题路径和文旅产品，将遗产转化成时尚、有趣的文化产品，以接地气的形式走进人们的日常生活，使殷墟乃至商代文化可体验、可认知、可应用、可分享，向世界展现中华文明的悠久历史和人文底蕴，为建设社会主义文化强国提供现实支撑。

启示意义

每一种文明都延续着一个国家和民族的精神血脉，既需要薪火相传、代代守护，更需要与时俱进、勇于创新。从殷墟到大邑商，从汉字源头到中华文明根脉，从考古遗址到世界文化遗产，考古遗迹和历史文物是历史的见证，是不可再生、不可替代的中华优秀文明资源，承载着中华民族的基因和血脉，以新时代新的文化使命为指引，我们要积极推进文物保护利用和文化遗产保护传承工作，挖掘文物和文化遗产的多重价值，传播更多承载中华文化、中国精神的价值符号和文化产品，以守正创新的正气和锐气，赓续历史文脉、谱写当代华章。

案例 25

“小题大做”，喜看浙江“民呼我为”20年

核心阅读

民生无小事，枝叶总关情。2003年，时任浙江省委书记的习近平在调研浙江省杭州市翠苑一区社区时提出“民有所呼、我有所应，民有所呼、我有所为”，推动建立健全为民办实事长效机制。20年来，浙江历届省委、省政府一任接着一任干，坚持新增财力的三分之二以上用于改善民生。浙江的市、县、乡三级实现民生实事项目人大代表票决制全覆盖，最大限度保证民生热点、痛点问题得到优先解决，并通过打造“民呼我为”统一平台，实现社情民意全渠道收集、全天候倾听、全闭环处置。截至2023年，浙江省“民呼我为”统一平台注册用户突破1 200万人，办理人员日均在线3万余人。浙江在“民呼我为”中把增进民生福祉作为发展的根本目的，让人民的获得感、幸福感、安全感更加充实、更有保障、更可持续。

葱茏的绿树下，一幢幢居民楼整饬一新，外立面采用了渐变色，仿似潋滟水光，跃然墙上；一条干净清爽的主干道，穿行于0.21平方千米的社区，串联起老年食堂、文化家园、婴幼儿成长驿站、青少年科普活动中心等民生综合体，服务3 000余户家庭；初心广场旁的古朴廊亭内，居民们聚拢在一起聊天、议事，笑意荡漾在脸上……

这里是位于浙江省杭州市西湖区的翠苑一区社区。小区中心位置的大型“幸福之窗”，格外醒目。变化的LED大屏旁，镂刻着十六个大字“民有所呼、我有所应，民有所呼、我有所为”。

2003年，时任浙江省委书记的习近平三次来到翠苑一区调研，留下了这十六个字的谆谆嘱托。2023年，习近平再次来到浙江考察调研。逛李祖村的“共富市集”，看义乌国际商贸城的红火摊位，谈新时代“枫桥经验”的传承创新，叹运河文化的延绵不绝。他心里惦记的，始终还是人民群众。20年来，浙江在“民呼我为”中不断推进社会治理体系建设，持续提升人民的幸福感。

“民呼我为”解决“急难愁盼”惠民生

中午11时不到，翠苑一区老年食堂——“翠食坊”饭菜飘香，老人们纷纷自觉排队

而入。食堂进门处有一台智慧用餐机器，居民刷脸认证后，屏幕上立即弹出了用餐建议。绑定个人健康档案后，系统会根据个人情况对当日菜品进行甄别推荐，对有基础疾病的老年人来说，这个功能相当贴心。

然而，回到 20 年前，别提优惠的饭菜价格、智能化的用餐系统，即便是按时吃上一口热饭，对于上了年纪但子女又不在身边的老人们来说，都是件烦心事。

2003 年 5 月 23 日，习近平第二次调研翠苑一区时，特地走访了居民家庭，与居民话家常、聊生活。“年岁大了买菜做饭不方便”“家里人少，每次做了也吃不完”“有时会忘记关煤气，存在安全隐患”……对浙江理工大学退休教师郑祖华等老人提到的这些困难，习近平非常重视，当即建议为老年人建一个食堂。

也就是在这次调研中，习近平提出，把人民群众的呼声作为我们的出发点和落脚点，民有所呼、我有所应，民有所呼、我有所为，为居民群众办实事，解决反映强烈的一些事情。

同年 9 月 26 日，翠苑一区社区老年食堂落成，成为浙江省第一家社区老年食堂。食堂约 50 平方米，十来个座位，每天光顾的老人络绎不绝。此后，食堂根据老人们的需求又进行了多次提升：2011 年，重新装修，更新了全部炊具和用餐设施；2018 年，搬迁新址，面积扩大到近 220 平方米；2022 年，搬到小区中心位置，方便更多老人就餐，对特殊老人还推出免费送餐上门服务。

民之所忧，我必念之；民之所盼，我必行之。20 年间，在“民呼我为”工作理念指引下的善政，也从翠苑一区走向杭州乃至更广阔的天地：以“一老一小”为重点的公共服务优质共享全面推进。截至 2023 年年底，杭州已累计建成养老机构 249 家，乡镇街道居家养老服务中心 227 家，上线“全城通”老年食堂（助餐点）400 家，全市婴幼儿照护服务机构达 1 138 家，可提供托位 4.9 万个，建成婴幼儿成长驿站 460 家……一项项源于民生诉求的暖心举措，绘就了“天堂杭州”的幸福民生图景。

镜头一：从最关切处入手

切中民意，方为实事。浙江建立健全为民办实事长效机制，始终将百姓需求作为行动起点。

在浙江南部山区丽水市，初步征集民生实事被形象地称为“民意海淘”。丽水市坚持每年第四季度通过“丽水发布”等官方微信公众号平台连续 30 天征集需求，群众可通过线上线下多种方式反映最迫切的民生所需。市里随后召开部门座谈会进行统筹协调，并向市民进行反馈。当地年均收集到需求、建议约 1 万条。

2021 年，围绕“民意海淘”中排名靠前的提升学生餐品质类意见建议，丽水市政府牵头有关部门将“师生同菜同质同价”列为民生实事。截至 2023 年年底，丽水市 17.98 万名师生同一列队伍排队、同一个窗口打菜、同一张桌子共餐。看似小改变，实际带动全市学校食堂提升餐食口味营养，拉近了师生距离，让家长更加放心。

义务教育阶段学校服务质量，一直是社会高度关注的民生问题。对此，丽水市在“校准”需求的前提下，围绕不同侧重点持续“精耕细作”，连续推出了保证困难学生每天“一蛋一奶”、空调进教室、校园洗手间“微改造”等民生实事项目。

镜头二：尽力而为 量力而行

“原来拿快递得去乡里的快递点，现在快递进村方便多了。”丽水市缙云县双溪口乡居民金泽询说。通过设在村里的“共富驿站”，乡里各村村民在家门口实现了快递寄取。

缙云县是浙江山区26县之一。长期以来，许多山村因地理位置偏远、快递单量少、成本高等，实现“快递进村”存在困难。面对这种情况，丽水市、县两级探索破解农产品上行“最初一公里”、快递进村“最后一公里”问题。

既要解决村民“刚需”，又不宜不成比例地投入人力财力。经过深入调研和科学决策，2022年，丽水市政府将“快递进村”纳入民生实事事项。通过场地搭建、邮政与快递公司整合进村和补贴等方式，部分农村快递业务量增长明显。

“以群众普遍有感、有得为衡量标准，尽力而为、量力而行。”这是浙江为民办实事的基本原则，也是保证项目有落地能力、有运营活力的基础。

镜头三：线上有渠道 线下能解决

“民呼我为”重在“为”。在互联网时代，出现了更多个性化多元化的民生需求。快速精准回应百姓需求，需要将各类呼声有效归集、处理、反馈，寻找出一整套数字化解决方案。

在总结各地各部门经验做法的基础上，浙江在全省搭建起“民呼我为”统一平台，形成信、访、网、电渠道全整合、民意全归集、办理全闭环、责任全链条的为民办实事长效机制，成为党委、政府“了解民情、集中民智、维护民利、凝聚民心”的群众工作平台。

“民呼我为”统一平台应用建有民呼端、办理端、治理端、决策辅助端等四大应用端。民呼端设置了“浙里呼”“浙智汇”“浙里听”三个场景，为群众打造一键通达、高效便捷的集成服务端。办理端实行“一件事”全生命周期管理，让群众呼声有着落、快回应。

截至2023年，浙江省“民呼我为”统一平台已实现省市县乡四级信访工作机构和事权机构全覆盖，平台注册用户突破1 200万人，日均活跃人数达28.8万人，办理人员日均在线3万余人。

旨在为民 凡事以人民为中心

党的十八大以来，为更好地问需于民、问计于民，浙江各地纷纷建立“民情日报”“民情地图”“民情通”等访民情、听民意工作机制，并逐渐形成通过网络征集新一年为民办实事项目的机制，把为民办实事办成“没有终点站，只有连续不断的新起点”的恒久工程。

2004年10月，浙江省委、省政府在全国率先出台《关于建立健全为民办实事长效机制的若干意见》。这份文件是建立在对全省11个设区市和21个省级部门充分系统调研之上的，要求通过民情反映机制、民主决策机制、责任落实机制、投入保障机制、督查考评机制等一系列工作机制，尊重民意、科学决策，实事实办、注重实效，保证为民办实事工作进一步规范化、制度化。

民之所望，施政所向。2008年，宁波市宁海县率先试行民生实事项目人大代表票决制，实现了社会治理从“为民作主”到“由民作主”的转变。2018年4月，这一机制在浙江的市、县、乡三级实现全覆盖，最大限度地保证民生热点、痛点问题得到优先解决。20

年来，浙江以制度建设保障民生实事切中民生需求。“从群众需求中来，按群众意愿去办”体现在每一个环节细节上。

2023 年 10 月 16 日，一封省长写给全省人民的公开信如约而至——征集 2024 年省政府为民办实事项目。这已经是连续的第 10 封“省长来信”了，一年一度，温暖依旧。一个多月的时间里，浙江省政府共收到民生实事的相关意见、建议 4 万余条。

20 年，一件件实事，就像一块块基石，铺就漫长而温暖的旅程。初心、恒心，换来的是民心。

思考讨论

1. 为积极探索“民呼我为”，浙江省采取了哪些方式方法，成效如何？

2. 完善制度机制对于保障和改善民生有何重要作用？

3. 习近平在 2024 年新年贺词里提出：“我们的目标很宏伟，也很朴素，归根到底就是让老百姓过上更好的日子。”请结合本案例谈一谈，“民呼我为”与坚持以人民为中心的发展思想有着怎样的联系？

教学建议

本案例适用于第十一章第一节“让人民生活幸福是‘国之大者’”部分的辅助教学。本案例主要展示了浙江省 20 年积极探索“民呼我为”，建立健全为民办实事长效机制，解决人民群众最关心、最直接、最现实的利益问题，在发展中保障和改善民生的社会治理实践。

■ 组织教学建议

第一，引导学生认识和了解浙江“民呼我为”的提出及 20 年的发展历程。在浙江工作期间，习近平时刻把群众冷暖记挂在心头，为民办实事始终是他最关心的重点工作之一。2004 年，在他的提议和推动下，浙江省委、省政府在全国率先出台《关于建立健全为民办实事长效机制的若干意见》。在 2005 年召开的省两会上，浙江省政府工作报告首次提出要“突出抓好十个方面实事”，引起全国关注。20 年来，浙江省坚持新增财力的三分之二以上用于改善民生。2009 年，民生实事项目人大代表票决制在宁海全县 14 个乡镇推行。2018 年，浙江全省市、县、乡三级实现民生实事项目人大代表票决制工作全覆盖。20 年来，从机关效能建设到“最多跑一次”改革再到数字化改革，从“三服务”到“大走访大调研大服务大解题”活动……在健全为民办实事长效机制这件事上，浙江历届省委、省政府一任接着一任干，一块一块补短板。2023 年，习近平来到浙江考察调研。逛李祖村的“共富市集”，看义乌国际商贸城的红火摊位，谈新时代“枫桥经验”的传承创新，叹运河文化的延绵不绝。习近平心里惦记的，始终还是人民群众。

第二，引导学生理解和把握“民呼我为”的深刻内涵。教师在讲解“民呼我为”案例时，要注意联系坚持以人民为中心的发展思想。习近平在浙江工作期间，三次到杭州市西湖区翠苑一区社区考察，作出“民有所呼、我有所应，民有所呼、我有所为”的重要指示，体现了深厚的为民情怀和强烈的使命担当。站在更宽广的时空观察，发轫于20年前的“民呼我为”，与习近平以人民为中心的发展思想一脉相承。一方面，“民呼我为”是坚持人民至上的生动体现。“必须坚持人民至上”是习近平新时代中国特色社会主义思想“六个必须坚持”的第一条，表明了党的创新理论的鲜明本色和根本立场。“民呼我为”与“人民至上”高度一致，充分展现党的理想信念、性质宗旨、初心使命，是站稳人民立场、把握人民愿望、尊重人民创造、集中人民智慧的重要举措。另一方面，推进“民呼我为”是贯彻落实以人民为中心的发展思想的具体实践。以百姓心为心，与人民同呼吸、共命运、心连心，是党的初心，也是党的恒心。“民呼我为”坚持把人民放在心中最高位置，把群众呼声作为抓发展第一信号。推进“民呼我为”，就是要紧紧抓住人民群众最关心、最直接、最现实的利益问题，把惠民心、暖民心、顺民意的工作做到群众心坎上，让现代化建设成果更多更公平地惠及全体人民。

第三，引导学生了解和把握浙江探索“民呼我为”的实践路径。20年来，在历届浙江省委、省政府的正确领导下，深学笃行习近平总书记重要指示精神，主动适应社会主要矛盾变化，一年接着一年干、一棒接着一棒跑，不断深化对“民呼我为”实现路径、机制、手段的探索，聚焦群众急难愁盼，推动解决民生问题，让人民群众有了实实在在的获得感。一是坚持和完善为民办实事长效机制。创新实施民生实事项目人大代表票决制，通过广泛征求人民群众意见，提出民生实事候选项目，经同级人大代表在本级人民代表大会会议期间以投票方式决定正式项目，交由政府组织实施，并接受人大代表和人民群众监督，实现民生实事“群众点单、政府配餐”。二是打造“民呼我为”统一平台。智能互联时代催生了更加个性化多元化的民生需求，也为办好民生实事提供了重要的技术支撑。“民呼我为”统一平台整合多种民意反映渠道，构建电话、微信、短信、网站、手机App五位一体民意服务矩阵，形成“受理、汇总、处置、反馈、评价、运用”工作闭环，实现社情民意全渠道收集、全天候倾听、全闭环处置。

■ 总结提升建议

第一，解决人民群众最关心、最直接、最现实的利益问题，是保障和改善民生的重中之重。生活过得好不好，人民群众最有发言权。保障和改善民生，必须及时准确地了解人民群众所思所忧所急所盼，把为人民群众排忧解难摆在党和政府工作的优先位置，理清思路、强化责任、明确要求，增强民生工作的针对性、实效性、可持续性。习近平指出，要“把人民群众安危冷暖放在心上，雪中送炭，纾难解困，扎扎实实解决好群众最关心最直接最现实的利益问题、最困难最忧虑最急迫的实际问题”。20年来，浙江省在“民呼我为”中不断推进社会治理体系建设，持续提升人民的幸福感。通过调研杭州市西湖区翠苑一区社区的老年食堂以及走访居民家庭，浙江省提出了“民有所呼、我有所应，民有所呼、我有所为”，为人民群众办实事。丽水市坚持每年第四季度通过“丽水发布”等官方微信公众号平台连续30天征集需求，通过线上线下等多种方式收集群众最迫切的民生所需。解决人民群众最关切的问题，就是努力让人民群众的获得感成色更足、幸福感更可持续、安全感更有保障。

第二，坚持尽力而为、量力而行，是保障和改善民生的重要方针。民生工作直接同老百姓见面、对账，来不得半点虚假，承诺了就要兑现，做就要做好。要把人民群众的小事当作大事，从人民群众关心的事情做起，从让人民群众满意的事情做起。同时，又要坚持从社会主义初级阶段的实际出发，不提出超越这一阶段的过高标准，将收入提高建立在劳动生产率提高的基础上，将福利水平提高建立在经济和财力可持续增长的基础上。只有这样，才能保障民生建设具有可持续性，才能真正有利于实现人民的长远利益。缙云县作为浙江山区 26 县之一，许多山村长期以来存在“快递进村”的困难。面对这种情况，丽水市、县两级探索破解快递进村“最后一公里”难题。既要解决村民“刚需”，又不宜不成比例地投入人力财力。经过深入调研和科学决策，丽水市政府通过场地搭建、邮政与快递公司整合进村和补贴等方式，使部分农村快递业务量明显增长。“以群众普遍有感、有得为衡量标准，尽力而为、量力而行”是浙江为民办实事的基本原则，也是保证项目有落地能力、有运营活力的基础。

第三，坚持把完善制度机制同解决群众急难愁盼问题相结合，是保障和改善民生的工作思路。完善制度，就是形成系统全面的制度保障，使制度更加公平、普惠和可持续。完善制度机制必须同解决群众急难愁盼问题相结合，既立足眼前解决好具体问题，又着眼长远完善体制机制，实现工作常态化、长效化。为更好地问需于民、问计于民，浙江各地纷纷建立“民情日报”“民情地图”“民情通”等访民情、听民意工作机制，并逐渐形成通过网络征集新一年为民办实事项目的机制，把为民办实事办成“没有终点站，只有连续不断的新起点”的恒久工程。2008 年，宁波市宁海县率先试行民生实事项目人大代表票决制，最大限度保证民生热点、痛点问题得到优先解决。建立健全为民办实事长效机制 20 年来，浙江民生实事项目人大代表票决制已实现市、县、乡三级全覆盖，以制度建设保障民生实事切中民生需求。

第四，正确把握民生和发展的关系，是保障和改善民生的重要前提。发展是改善民生的物质基础，离开发展谈改善民生是无源之水、无本之木。如果发展不能回应群众的期待，不能让群众得到实际利益，这样的发展就会失去意义，也不可能持续。民生连着内需、连着发展。抓民生也是抓发展，持续不断改善民生，能够有效解决群众的后顾之忧，调动群众发展生产的积极性，改善社会消费预期，利于扩大内需，催生新的增长点。经过 20 年的探索，浙江“民呼我为”参与主体更加丰富、治理手段更加多元、治理体系更加健全。面对互联网时代越来越多的个性化多元化的民生需求，浙江在全省搭建起“民呼我为”统一平台，形成信、访、网、电渠道全整合、民意全归集、办理全闭环、责任全链条的为民办实事长效机制，发展成为党委、政府“了解民情、集中民智、维护民利、凝聚民心”的群众数智化平台。20 年间，在“民呼我为”工作理念指引下的善政，以“一老一小”为重点的公共服务优质共享全面推进，一项项源于民生诉求的暖心举措，绘就了“天堂杭州”“幸福浙江”的民生图景。

■ 启示意义

把惠民实事办到群众心坎上是保障和改善民生的题中应有之义。民有所呼、我有所应，民有所呼、我有所为。能不能切实解决群众的操心事、烦心事、揪心事，既是检验民生质量的重要标准，也是检验社区基层治理能力的关键尺度。只有认真倾听民声、汇聚民意，问需于民、问计于民，寻求最大公约数、画出最大同心圆，才能找出最优解决方案。浙江通过建立“民呼我为”统一平台，快速精准回应百姓需求，将各类呼声有效归集、处理、反馈，形成一整套数字化解决方案。此外，浙江还在全国率先出台《关于建立健全为民办实事长效机制的若干意见》，有效结合了民情反映机制、民主决策机制、责任落实机制、投入保障机制、督查考评机制等一系列工作机制，尊重民意、科学决策，实事实办、注重实效。推进“民呼我为”，就是要坚持一切为了人民、一切依靠人民。

案例 26

“幸福圆桌会”，共绘南昌治理同心圆

核心阅读

一场场开在家门口的“幸福圆桌会”，让群众站到了“C位”。面对辖区内占比高达70%的老旧小区旧改压力大、矛盾化解难等实际问题，江西省南昌市西湖区探索推出“幸福圆桌会”机制。通过召开“幸福圆桌会”，小区把居民代表、街道和社区干部、人大代表、政协委员等聚在一起协商议事，把群众的诉求摆在桌面上，并由纪委监委跟进督办，及时解决了群众烦心事，有效推动了干部作风转变，提升了基层社会治理水平。截至2023年，西湖区举办“幸福圆桌会”1 834场，累计解决问题2 114件，西湖区被评为全国社区治理和服务创新实验区。“幸福圆桌会”因“接地气、效率高、效果好”，入选民政部2021年度全国基层治理创新典型案例。

“幸福圆桌会，人民来做主”。在江西省南昌市西湖区，“幸福圆桌会”代表着共建共治共享社会治理制度下越来越和谐的幸福大家庭。挂点领导、党员干部、驻地人大代表、政协委员和单位代表、物业代表、居民代表等多方力量围坐在一起，召开小区“幸福圆桌会”。这样的会议，每个社区每个月最少要召开一次。

西湖区是江西省会中心城区、老城区，辖区内老旧小区占比高达70%，基层社会治理面临旧改压力大、矛盾化解难、基层力量薄弱等实际问题。老旧小区改造、占用消防通道、停车位不够……给社会治理工作带来了极大的挑战。

2021年年初，为了有效解决群众的急难愁盼问题，西湖区探索推出“幸福圆桌会”机制。“幸福圆桌会”由社区党组织牵头抓总、全程负责，按照“确定议题、征求意见、分析研判、协商议事、项目公示、项目实施、监督执行”流程进行。

社区党组织发挥“离群众最近、听群众最多、和群众最亲”的独特优势，把群众的急难愁盼问题收集起来，进行分析研判，列为“幸福圆桌会”议事主题。社区党组织书记组织利益相关方代表围坐在群众家门口，充分发表意见、进行民主协商，推动形成解决方案。由社区党组织对问题办理实行全程跟踪、全程督促、全程反馈。

镜头一：焦点摆在桌面，协商解决难题

“出门购物最怕买米、油等重物，加装电梯后，上下楼方便多了，可以轻松地把生活用品一次性带回家。”谈起加装电梯的过程，作为牵头人的朝阳洲街道金圣社区南烟小区居民王立文为社区“幸福圆桌会”活动竖起了大拇指。

南烟小区始建于20世纪80年代，占地面积3.6万平方米，有16栋建筑、630户居民，常住人口中老年人占比超70%。小区因年代久远，相关配套设施陈旧，特别是住在高楼层的老年人出行、活动都存在一定困难，加装电梯需求迫切。

想给老房加梯，第一步要征求意见。有些居民听到要加装电梯就摇头，反对的理由很多。2021年，社区多次组织开展“幸福圆桌会”，将问题、困难摆在圆桌上，一件件协商解决。经过两个多月紧张的施工，南烟小区加装电梯正式完工，电梯廊道宽敞明亮，没占用任何住户的专有部分面积，电梯运行平稳舒适。

截至2022年年底，西湖区已完成加装电梯49台，占南昌市全年任务数的103.13%。

小事基层协商干、大事圆桌议事干。一场场开在老百姓家门口的“幸福圆桌会”，把居民关注的焦点摆在桌面上，使许多矛盾纠纷被化解在萌芽状态。尤其是在社区改造过程中，大到路网提升，小到楼道整治，通过“幸福圆桌会”活动平台，和群众面对面协商议事，解决了一系列群众急难愁盼问题，赢得了居民的交口称赞。

“幸福圆桌会”精准聚焦社会治理中的难点和痛点，从“微单元”“微细胞”抓起，推动重心下沉、力量下沉和资源下沉，以解决以往社区想办而办不了的事情。在2021年新冠疫情防控最吃劲时，“幸福圆桌会”的平台功能迅速转化成全社会动员机制，全区顺势将下辖街镇划分为1 019个防疫网格，设立临时党支部52个、党小组949个、党员先锋岗282个，高效整合网格内居民自治组织、单位保安、小区物业、经营业主等社会力量，参与实施“无疫网格”社区创建工作，第一时间筑起守护家园的“哨点”“卡点”“触点”。

镜头二：话筒交给群众，满足多元需求

在桃花镇国贸阳光社区，学生假期托管问题一直困扰着居民。该社区及时组织“幸福圆桌会”，多方协调资源，最终商定由小区退休教师、退休党员志愿参加暑托班管理，社区共建单位区文化馆将手工非遗活动引进小区，区团委组织大学生开展学习辅导。桃花镇居民表示对“幸福圆桌会”的协商结果非常满意，还希望能继续参加，多提些好的建议，不断改善大家的生活环境。

2015年，西湖区在基层社会治理中坚持民事民议民决，创新实践了“四进访民情、五步促协商”的基层协商民主工作机制。2021年，西湖区完善“幸福圆桌会”机制，既满足了居民多元化需求，也提升了社区整体服务效能，居民的获得感和幸福感成色更足。2022年至2023年，“幸福圆桌会”在西湖区全面推广，被多部门作为推动工作的有效抓手、解决问题的重要渠道。

“幸福圆桌会”的推出不仅畅通了群众诉求反映渠道，同时激发了居民参与社区事务的热情。截至2022年年底，西湖区成立了业主委员会、楼管会、自治委员会共627个，其中业主委员会360个，楼管会199个，自治委员会68个，占全区治理单元的99%。

西湖区通过社区、业主委员会、物业“三驾马车”的良性互动，使小区面貌焕然一新，解决了老百姓的操心事、烦心事、揪心事。

镜头三：规范操作流程，纪委监委跟进督办

停车位井井有条，儿童游乐场、羽毛球场一应俱全，老旧小区红光楼社区焕发新颜。正是“幸福圆桌会”，为现在的社区景观带来了改变。然而，万事开头难，2021 年 3 月第一次召开“幸福圆桌会”时，社区干部准备的 6 个议题一上来就引发争吵不断，半天时间一件事都没定下来。

有了前期的经验教训，现在组织“幸福圆桌会”时，社区干部都会按照会前、会中、会后 3 个阶段来准备，包括选议题、定人员、出方案、先沟通、发通知、议好事、公结果、跟进度、抓督导、建台账 10 个步骤。在梳理流程的过程中，社区干部的组织能力也得到了提升。随手翻开“幸福圆桌会”台账，各类事项记录规范，问题解决时间线一目了然。

按照西湖区要求，全区处级领导干部与有关部门负责人每月均要参加“幸福圆桌会”，区纪委监委对有关问题进行实时跟进、全程督办、销号管理。

2022 年 1 月，时任朝阳洲街道纪工委书记的万浩谦照例对街道、社区“幸福圆桌会”销号台账进行巡查时，发现在“商讨金圣小区 15 户居民未安装金刚纱窗网事宜”的议题进度下，记录着“协调对接中”。通过询问后了解到，由于施工方、城建局和社区三方对接不及时，15 户居民的金刚纱窗网迟迟不能安装到位。经过督促协调，施工方重新复尺下单、联系工人，完成了剩余工作。

截至 2023 年，西湖区 138 个社区 13 个行政村召开“幸福圆桌会”1 834 场，累计解决问题 2 114 件，被评为全国社区治理和服务创新实验区。

“幸福圆桌会”动员多方力量参与，把群众的诉求摆在桌面上，并由纪委监委跟进督办，有效推动了干部作风转变，及时解决了群众烦心事，同时提升了基层社会治理水平。西湖区“幸福圆桌会”因“接地气、效率高、效果好”，入选民政部 2021 年度全国基层治理创新典型案例。

思考讨论

1. “幸福圆桌会”是一种怎样的工作机制？南昌市西湖区运用这一机制取得了哪些成效？

2. 制度是完善社会治理体系的保障。为提升社会治理效能，南昌市西湖区坚持创新社会治理制度和机制。请你结合案例谈一谈，机制创新对提升社会治理现代化水平有什么样的作用？

3. 南昌市西湖区探索出的“幸福圆桌会”机制对其他城市的社会治理有哪些可以借鉴的经验与启示？

教学建议

本案例主要适用于第十一章第三节“在共建共治共享中推进社会治理现代化”部分的

辅助教学。本案例展示了江西省南昌市西湖区探索推出“幸福圆桌会”机制，通过动员多方力量参与，把群众的诉求摆在桌面上，由纪委监委跟进督办，及时解决群众急难愁盼问题，提升基层社会治理水平的实践。

■ 组织教学建议

第一，教师要引导学生把握“幸福圆桌会”机制的内涵。“幸福圆桌会”是以社区党组织为核心，充分调动挂点领导、党员干部、居民代表等多方力量参与，通过组织召开圆桌会议，引导群众在社区治理、公共事务和公益事业中依法自我管理、自我服务、自我教育、自我监督的一种坚持党建引领基层协商民主的新机制，是基层协商民主机制在新形势下的深化和拓展。

第二，教师在讲到案例中“幸福圆桌会”的细节时，要着重引导学生认识和了解这种机制所带来的成效。一是化解了社会矛盾，促进了社区和谐。“幸福圆桌会”的广泛推行，让居民表达诉求变得便捷而有效，使许多矛盾纠纷被化解在萌芽状态。二是密切了干群关系，巩固了执政基础。“幸福圆桌会”使居民与社区工作者平等议事，切实提高了社区工作的针对性和实效性，赢得了居民的称赞。三是扩大了社区参与，完善了居民自治。“幸福圆桌会”使居民得到了尊重，使其地位和作用得到了体现，极大地激发了大家关心小区治理、参与小区治理的主人翁意识。四是创新了工作机制，推动了社区发展。社会各界资源得到有效整合，为社区的建设和发展提供了正确导向和强大推动力，使社区工作开创了新的局面。

第三，教师可就“幸福圆桌会”中“群众满意是关键”这个问题让学生展开讨论。“幸福圆桌会”坚持以人民为中心，尊重人民群众主体地位，将参与权、话语权、决策权交给社区群众。居民与政府有关部门、相关利益方平等对话、民主协商，形成民事民议、民事民决、民事民办机制，推动基层社会治理从过去“政府干、群众看”到现在“群众定、一起干”的转变，让群众成为社会治理的最广参与者、最大受益者、最终评判者。“幸福圆桌会”坚持了“从群众中来，到群众中去”，也因此取得了群众的信任与称赞。

第四，教师在讲到案例中“规范操作流程，纪委监委跟进督办”这一部分时，要引导学生理解全过程人民民主和基层民主的作用。全过程人民民主是社会主义民主政治的本质属性，是最广泛、最真实、最管用的民主。基层民主是全过程人民民主的重要体现。“幸福圆桌会”机制的不断完善，得益于全过程人民民主在基层的落地生根，离不开多方人士的参与，整合资源，形成合力。

■ 总结提升建议

第一，加强机制创新是提升社会治理现代化水平的重要抓手。基层社会治理是实现社会治理现代化的重要基础，也是一项复杂的系统性工程，需要动员和整合各种社会资源、汇聚各方面的动力活力，同时在基层社会治理机制上进行综合创新。加强机制创新，有利于整合资源力量，实现多元共治，打造共建共治共享的社会治理格局，推进社会治理现代化。西湖区把“幸福圆桌会”机制作为提升社区治理精细化水平的重要载体加以坚持和推广，是新形势下基层民主协商的深化和拓展。西湖区推行的“幸福圆桌会”机制，推动区领导、党员干部下沉基层；鼓励、支持、引导、协调利益相关方积极参加，让群众从“要我说”转变到“我要说”。大家提问题、说建议，没有身份门槛，没有发言限制，来往群众有操心事、烦心事、揪心事就能进来说上几句，极大地激发了群众参与社区治理的积极性，也让社区为群众办实事更有抓手。西湖区以深化“幸福圆桌会”机制为载体，为建设人人有责、人人尽责、人人享有的社会治理共同体，蹚出了一条“西湖实践”之路。

第二，搭建共建共治共享平台是实现社会治理现代化的有效路径。建立共建共治共享平台，关键是完善平台功能、发挥平台作用，真正让人民群众成为社会治理的最广参与者、最大受益者、最终评判者，以社区这个“小平台”奏响社会治理“大合唱”，构建共建共治共享的社会治理新格局。“幸福圆桌会”实质上就是一个城市社区共建共治共享的治理平台。从过去仅有收集问题功能的“民情家访”，发展到现在兼具议事办事功能的“幸福圆桌会”，这一基层治理模式在不断回应人民群众新需求新期盼，适应城市社区治理新形势新变化的过程中，经过持续探索与实践逐步完善成形。正是搭建了“有事圆桌说、大家商量办”这样一个平台，让社区治理有了具体抓手，让居民自治有了参与渠道，让资源力量有了聚合载体，在党委、政府、人民群众、社会组织之间架起了紧密联系的桥梁，凝聚起了城市社区治理的强大合力。

第三，坚持以人民为中心，尊重民意、汇聚民智、凝聚民力，不断满足人民群众对美好生活的向往是社会治理现代化的价值旨归。坚持以人民为中心的发展思想，是全面建设社会主义现代化国家的必然要求，是社会治理现代化的价值取向。党的二十大报告指出，发展和完善社会治理体系，要“健全共建共治共享的社会治理制度，提升社会治理效能”。人民群众获得感、幸福感、安全感的不断提升，直接反映社会治理体系和治理能力现代化水平。习近平强调，让人民生活幸福是“国之大者”。实现社会治理现代化，必须坚持以人民为中心，尊重人民群众主体地位，将参与权、话语权、决策权交给群众。“圆桌会”的圆桌只是一个形象的说法，并没有真正的圆桌，而是采取圆形座位摆放方式，干部和群众“插花”围坐，居民与政府有关部门、相关利益方平等对话、民主协商，形成“有事大家说、民事共同定、民事一起办”的生动局面，推动基层社会治理从过去“政府干、群众看”到现在“群众定、一起干”的转变，让群众成为社会治理的最广参与者、最大受益者、最终评判者。“幸福圆桌会”让人人都能参与治理、人人都能感受温度、人人都有品质生活，体现了人民城市为人民的理念，使党的群众路线得到了有效的践行。

第四，加强党建引领，健全党组织领导的城乡基层治理体系是实现社会治理现代化的根本保证。基层治理是国家和社会治理的基石，加强党建引领是推进基层治理现代化的迫切需要。城乡社区基层党组织是党的肌体的“神经末梢”，是贯彻落实党中央精神、贯彻执行上级党组织要求的战斗堡垒。党建引领，就是要通过社区党建发挥社区党组织的政治领导力、思想引领力、群众组织力、社会号召力，在社区治理中通过社区党建这一重要抓手，整合社区内外资源、凝聚各方共识，让社区党组织成为党员群众干事创业的“主心骨”，让党员干部成为推动经济社会高质量发展的“领头羊”，让社区内的各级组织和广大居民成为参与公共治理的“生力军”。“幸福圆桌会”行得通，关键在于党建引领贯穿到了社会治理的全过程。从平台的搭建到制度的安排，从议题的收集到问题的解决，社区党组织始终发挥着引领带动作用，党员始终站在群众前面，最大限度地把群众组织起来，把资源整合起来，把方方面面的力量聚合到社区党组织周围。西湖区的实践告诉我们，实现社会有效治理，必须坚持党建引领，推动基层党建与基层治理深度融合，把党的全面领导优势转化为城市社区治理效能。“幸福圆桌会”机制，既没有大包大揽的“全干”、不管不顾的“蛮干”，也没有若即若离的“假干”，而是充分发挥各级党组织的战斗堡垒作用，“实打实”地解决问题，绘就党建引领服务群众的“同心圆”。

第五，推动治理重心下移、资源下沉，实现政府治理和社会调节、居民自治良性互动是实现社会治理现代化的必然要求。基层治理是社会治理的“最后一公里”。如果治理力量薄弱、服务供给不足，基层治理往往就会面临低效失效的挑战，直接影响群众的获得感、幸福感。推动治理重心下移、资源下沉是社会治理的必经阶段和必要手段。一方面，治理重心下移、权力下放，有利于提升基层办事效能。基层权力往往跟责任不一致，导致基层办事效率不够却责任重大。只有下放一定的权力，给基层松绑，激发基层干事的决心和动力，才能更好地提升基层的办事效能。另一方面，资源下沉有利于提升群众满意度。基层往往由于资源有限，没办法直接解决群众的急难愁盼问题。只有下放资源，才能让基层更好地服务群众，解决群众困难，让群众更为满意。“幸福圆桌会”成为社区治理的“金钥匙”，得益于其治理模式实现了从“单打独斗”向“组合发力”的转变，通过上级领导召集利益相关方，有效推动各职能部门工作重心下移，精准对接群众诉求。群众参与“幸福圆桌会”是否积极，则是干部作风好坏的“试金石”，倒逼干部作风改进，推动基层治理走上良性轨道。

■ 启示意义

构建议事办事评事闭环机制是实现基层治理现代化的关键所在。实现城市社区有效治理，搭建平台很重要，建立让平台发挥作用的好机制更重要。要适应社会主要矛盾变化的要求，尊重民意、汇聚民智、凝聚民力，依靠科学的机制增强民事民议、民事民决、民事民办、民事民评的治理活力。“幸福圆桌会”赢得群众好口碑，关键是能议事、能办事，更能成事。西湖区在社区和街道层面构建群众诉求收集、分拣、引导机制和顺畅高效的资源力量聚合机制以及诉求快处、限期反馈、群众评价机制等，形成了全过程、全链条、全周期议事办事评事闭环。在这个闭环中，社区在第一线具体实施，街道在后台协调引导各方力量向社区聚合，共同构成一个闭环机制。正是这个闭环机制的顺畅运行，把群众一件件“操心事、烦心事、揪心事”办成了“顺心事、暖心事、放心事”，促进了政府善治、群众自治、社会共治，使平台有了强大的生命力。

案例
27

重庆江北：幸福“马”上来

核心阅读

“老马”和“老马工作法”是重庆市江北区的“金字招牌”。这位被评为“时代楷模”“改革先锋”，被习近平总书记点赞的人民调解员“老马同志”就是马善祥。为充分发挥马善祥同志的先锋模范作用，江北区探索创新“老马工作室”，并在辖区全面设立“老马带小马”工作室，进一步织密基层社会治理工作网。“金字招牌”越擦越亮，通过“老马带小马”，更多的“小马”涌现出来，形成矛盾化解的“千军万马”，使江北区在基层治理中有力、有效、有温度。截至2023年年底，江北区已设立“小马工作站”107个，培养“小马”7.8万人，调解成功率达98%以上，“老马工作法”已被广泛运用于信访调解、社区治理、征地拆迁等工作中，从经验走向示范，从重庆走向全国。

重庆市江北区观音桥街道成立于1993年，辖区面积8.6平方千米，辖22个社区居委会，常住人口19.6万，流动人口近40万，人口密度较大。辖区内高低端小区并存，人员结构复杂、群体诉求多元，给社会治理工作开展带来了较大的挑战。

在江北区，化解基层矛盾纠纷的“小马”有很多，他们来自各行各业，有一个共同的师傅——“老马”马善祥。江北区观音桥街道坚持和发展新时代“枫桥经验”，紧密结合辖区实际情况，探索创新了以基层调解员马善祥姓氏命名的“老马工作室”。

街道调解委员会“老马工作室”的负责人马善祥，原是重庆市江北区观音桥街道办事处的调研员。他扎根基层30多年，为群众调解矛盾、化解纠纷，解决了2 000多个困难和问题，记下了200多本、700多万字工作笔记，并总结形成了一整套基层群众工作方法——“老马工作法”。

2014年，马善祥被中宣部授予“时代楷模”称号，2018年被党中央、国务院授予“改革先锋”称号，并获评“基层社会治理创新的优秀人民调解员”。在第十三届全国人民代表大会第一次会议上，马善祥被习近平总书记由衷点赞：“我们需要千千万万像老马同志这样的基层干部。”

为充分发挥马善祥同志的先锋模范作用，在“老马工作室”基础上，观音桥街道在22

个社区全面设立“老马带小马”工作室，深化“老马工作法”，将化解矛盾、调处纠纷等职能延伸到基层社会治理的“最后一米”，不断开创基层社会治理工作新局面，将“老马带小马”工作室打造成基层治理的亮丽品牌。

“小马工作站”进社区

2022年3月2日，江北区全面启动“老马带小马”工作室进社区全覆盖工作。“老马工作法”是江北区落实新时代“枫桥经验”的具体举措，是加强党对矛盾纠纷化解工作的领导，发挥党总揽全局、协调各方的领导核心作用的重要实践。通过启动这项工作，实现调解资源下沉，确保及时就地化解矛盾纠纷，推动基层社会治理精细化、精准化。

“小马工作站”在人员架构上采取的是“1＋3＋N”模式：“1”代表“小马工作站”的负责人即领头“小马”，由社区党委书记担任；“3”代表相对专业、时间固定的专职“小马”，包括综治专干、社区民警、结对律师；“N”则代表有相应特长的兼职“小马”，如党建“小马”、物业“小马”等社会力量。

自挂牌“小马工作站”以来，“小马”们合力为社区居民解决了不少烦心事。2022年5月，76岁的社区“小马”陈兴兰发现洋河二村的路灯损坏，给习惯于晚上在小区内跳广场舞、遛弯的居民造成不便。她将这一问题及时向上级反馈，很快就有专业人员前来解决路灯问题，洋河二村的居民又有了跳广场舞的好去处。

2022年6月，江北区如期完成了“老马带小马”工作室进社区全覆盖工作。全区126个社区全部统一挂牌“小马工作站”，均由社区党委书记任“小马工作站”站长，还有由社区综治员、社区民警、法律顾问或返聘调解能手组成的专职“小马”443名，由居民小组长、网格员、楼栋长、热心党员和群众等组成的兼职“小马”1 770名，进一步织密了基层社会治理工作网。

“一马”带“万马”

在重庆市江北区，不仅有社区“小马”，还有一批来自不同行业、不同岗位的“小马”。他们活跃在社区、企业等基层治理领域中，形成了“一马带万马、万马齐奔腾”的局面。

2010年，时任重庆市公安局江北区分局观音桥派出所指导员的朱冠霖向马善祥拜师学艺，学习“老马”的调解经验。当时她因为对群众工作理解不深、缺乏经验，遇到难调解的纠纷难免感觉吃力。而马善祥有丰富的调解经验，不仅思路方法多，而且对现场的把控引导能力强，“三言两语就让双方当事人停止争吵”。在积累了大量基层经验后，2018年，朱冠霖率先在重庆市打造了派出所“小马工作站”。

“小马”们从“老马”身上学到的还有很多。观音桥街道物业管理服务中心物业“小马”徐鹏和张高平，从“老马”身上学会了在法律框架内调解物业纠纷；调解员“小马”孙静从“老马”身上学到的是为人民服务的工作态度，“一定要想方设法做好调解工作，哪怕加班加点，也要尽量解决群众之间的矛盾”……

“有困难，找小马”成为常态

唐胜洪是某市政工程有限公司的项目负责人，该公司从2021年7月开始在观音桥街道某社区负责道路和旧房外立面改造工程。由于行人和过往居民较多，无法封闭施工，该项目施工过程中引发多起因砖石掉落砸伤人或行人意外摔倒的纠纷，代表该公司负责处理此类纠纷的唐胜洪成为调解室的“常客”。“‘小马’身上有一种‘魔力’——不管是多么激烈的矛盾，只要调解员‘小马’介入，当事人离开的时候一定是内心平静的。”经常与“小马”们打交道的唐胜洪感慨地说。

排查化解矛盾纠纷是“小马工作站”的基本职责，提升社区矛盾纠纷就地化解能力是“小马工作站”的核心目标。2021 年至 2022 年，为了促进矛盾纠纷有效化解，全区 2 000 多名“小马”主动进楼入户排查发现矛盾纠纷，运用“老马工作法”等有效方法，就地化解日常矛盾纠纷 4 000 多件，妥善处理居民楼电梯更换、重点工程施工噪声扰民等群体性矛盾 30 多起。

群众遇到一般的矛盾纠纷不是先去法院或者信访部门，而是先到“小马工作站”找社区干部。“有困难、找小马”成为一种常态，“小事不出社区、大事不出街道”成为一种常态，“基层治理处处、事事有小马”成为一种常态。截至 2023 年，江北区已设立“小马工作站”107 个，重庆市“小马”已达 7.8 万人。

“小马”一直在成长

2022 年，重庆市江北区出台《江北区老马带小马工作室进社区全覆盖建设实施方案》，整合社区综治中心、网格化管理服务中心、调解室、信访代理室等功能，按照“标准化＋示范化＋特色化”的工作思路，与社区人民调解委员会、社区综治中心有机结合，将小马工作站 LOGO、组织架构、工作职责等标识标牌上墙，统一印制社情民意收集、矛盾纠纷化解等 6 本台账，将“老马工作法”的“情理法事”要则融入其中，推动“老马工作法”从“经验”走向“示范”，从重庆走向全国。

江北区推动打造集调解室、综治工作站、信访代理室等多功能为一体的综合阵地。调解室为矛盾纠纷化解等基层社会治理工作提供“一站式”服务，实现了“环境舒适、办事规范、服务一流、群众满意”的示范效果。截至 2023 年 5 月，调解室有效化解群众矛盾纠纷、社会治理案件 1 500 多件，调解成功率达 98%以上。通过“老马”带“小马”、“老马”变“网马”，最终“老马”变“群马”，“社会治理老马工作法”已被广泛运用于重庆市信访调解、社区治理、征地拆迁等工作之中。

江北区观音桥街道创新“先进典型点亮城市地标”，开展先进典型巡展等宣传方式。截至 2023 年，通过“党课开讲啦”“人民调解员集中培训”“党员远程教育”等多种途径，“老马”同志先后走进机关、校园、军营、社区开展“榜样面对面”“党的声音进万家”等线上线下宣讲活动 7 600 多场，覆盖受众达 61.4 万人次。

重庆市委宣传部、市司法局、市文化委与重庆广电集团合作，将以马善祥为原型的故事拍摄成电影《幸福马上来》。电影由冯巩担任总导演和主演，已于 2018 年 6 月 8 日正式公映。电影凭借接地气的题材和真情实感深深触动观众，引发广泛好评。央视新闻评价称“让观众在欢笑之余收获了感动和正能量”。《财经国家周刊》赞扬称“让千千万万人民调解员，站在聚光灯下”，更强调“《幸福马上来》拍的不是一个‘老马’，而是千千万万个‘小马’，更是追求美好生活的当代老百姓的缩影”。

思考讨论

1. 从“老马工作室”到“老马带小马”工作室，重庆市江北区是如何擦亮“金字招牌”，开创基层治理新局面的？

2. 习近平强调，法治建设既要抓末端、治已病，更要抓前端、治未病。国情决定了我国不能成为“诉讼大国”，必须坚持把非诉讼纠纷解决机制挺在前面，及时把矛盾纠纷化解在基层、化解在萌芽状态。人民调解在基层社会治理中发挥着怎样的作用？

3. 重庆市江北区的举措给其他城市和地区的社会治理带来哪些启示？

教学建议

本案例主要适用于第十一章第三节“在共建共治共享中推进社会治理现代化”部分的辅助教学。本案例展示的是重庆市江北区坚持和发展新时代“枫桥经验”的治理实践。江北区观音桥街道探索创新以基层调解员马善祥姓氏命名的“老马工作室”，并推进升级为“老马带小马”工作室，织密基层工作网，打造成基层社会治理的亮丽品牌。

组织教学建议

第一，要引导学生认识并把握“枫桥经验”的内涵及发展历程，深入理解坚持新时代“枫桥经验”是化解基层治理矛盾的重要途径。“枫桥经验”历经三个发展阶段：首先是20世纪60年代初，在毛泽东思想的指引下，枫桥创造了发动和依靠群众，做到矛盾不上交，把绝大多数“四类分子”就地教育改造成对社会主义建设有用的新人的经验，即“枫桥经验”；其次是改革开放以后，“枫桥经验”发展为“小事不出村、大事不出镇、矛盾不上交”，成为社会治安综合治理的典范、维护社会稳定的重要经验；最后是进入新时代以来，基层社会治理工作形成了以“矛盾不上交、平安不出事、服务不缺位”为基本内涵的新时代“枫桥经验”。党的二十大报告提出，要“及时把矛盾纠纷化解在基层、化解在萌芽状态”。通过给学生讲解“枫桥经验”的历史，让学生把握新时代“枫桥经验”是中国共产党在百年奋斗中形成的宝贵经验，也是推进中国式现代化的重要经验。

第二，要引导学生认识和把握党建引领对社会治理现代化的重要意义。可结合党的二十大报告中“以党建引领基层治理……把基层党组织建设成为有效实现党的领导的坚强战斗堡垒”的相关论述，深入理解基层党建是贯彻落实党中央决策部署的重要抓手，是密切联系群众、提升社会治理效能的关键一环。在讲到“小马工作站”在人员架构上负责人由社区党委书记担任时，要着重给学生讲清基层党组织在社会治理中具有部门协调力、群众组织力、社会号召力，加强党建引领就是整合基层内外资源，凝聚各方共识，提升治理效能。

第三，要引导学生认识和了解“老马”马善祥的先进事迹。马善祥是重庆市江北区观音桥街道人民调解委员会“老马工作室”的负责人，重庆市江北区观音桥街道办事处原调研员。马善祥荣获“时代楷模”“全国先进工作者”“感动重庆十大人物”等荣誉称号。2014 年 11 月 28 日，中共中央宣传部在中央电视台向全社会公开发布“时代楷模”马善祥等人的先进事迹。2016 年 7 月荣获“全国优秀共产党员”称号。2018 年 12 月 18 日，被授予“改革先锋”称号，荣获改革先锋奖章，并获评“基层社会治理创新的优秀人民调解员”。2018 年 12 月 18 日，入选改革开放 40 周年政法系统新闻影响力人物。2019 年 9 月 25 日，被授予“最美奋斗者”荣誉称号。2018 年 3 月，习近平参加重庆代表团审议时，在听了基层代表观音桥街道马善祥汇报党的十九大精神在基层落地落实的做法和体会后表示，“我们需要千千万万像老马同志这样的基层干部，发挥共产党员模范带头作用，结合实际把党中央的精神贯彻落实好，把各项工作做好”。

第四，在讲授案例前，可引导学生自行观看电影《幸福马上来》。该片以马善祥为原型拍摄而成，可以让学生更为直观地理解“老马”所代表的人民调解员在社会治理中散发的正能量。正如《财经国家周刊》评论的那样，“《幸福马上来》拍的不是一个‘老马’，而是千千万万个‘小马’，更是追求美好生活的当代老百姓的缩影”。影片反映的正是在新时代人民群众对美好生活的向往的背景下，基层社会治理逐步精细化、精准化的发展历程。

总结提升建议

第一，发展包括人民调解在内的公共服务，是维护社会稳定、推进社会治理现代化的重要基础。人民调解是现代社会治理体系的重要组成部分，在矛盾纠纷多元化解机制中发挥着基础性作用。要形成共建共治共享的现代化基层社会治理格局，必须发挥政府、社会组织、个人等各自的作用。人民调解具有扎根基层、分布广泛、灵活便捷等特点，在维护社会和谐稳定中发挥着“第一道防线”的作用。大力发展人民调解，是推进国家治理体系和治理能力现代化的体现。马善祥作为人民调解员中的典型代表，以其丰富的经验为群众调解矛盾、化解纠纷，取得了令人瞩目的成就。江北区把马善祥的调解工作法融入基层治理实践中，设立“老马带小马”工作室，将其打造成基层治理的“金字招牌”，让更多的人加入人民调解的队伍，形成“老马”带“小马”，“小马”带“群马”的万马奔腾局面，给基层治理工作带来了活力，带来了温度，带来了成效。

第二，坚持和发展新时代“枫桥经验”，完善正确处理新形势下人民内部矛盾的机制，是提升社会治理现代化水平的题中应有之义。随着经济社会结构加速转型，城乡社区成员构成越来越多样化，社会矛盾也越来越多样化，对基层社会治理提出了更高要求。新时代“枫桥经验”能够最大限度调动群众的能动性、创造性，做到社会治理过程让群众参与、成效让群众评判、成果让群众共享，构建起全民共建共治共享的社会治理新格局。一个个来自人民的调解组织，织就民智之网，将矛盾纠纷化解于基层，为促进社会安定和谐贡献温暖的力量。“小马”们通过参与矛盾纠纷的调解过程，掌握了更多处理解决基层矛盾的策略方法。“老马带小马”是江北区充分发挥品牌和典型引领作用，实现先进做法从“个别”到“普遍”推广运用的积极探索。继“老马工作法”后，“老马带小马”已成为江北区加强和创新社会治理的一张新名片。

第三，加强党建引领，发挥党组织的整合与协调功能是实现社会治理现代化的根本保证。基层治理是国家和社会治理的基石，加强党建引领是推进社会治理现代化的迫切需要。社区基层党组织是党的肌体的“神经末梢”，是贯彻落实党中央精神、贯彻执行上级党组织要求的战斗堡垒。党建引领，就是要通过基层党建发挥党组织的政治领导力、部门协调力、群众组织力、社会号召力，在基层治理中通过党建这一重要抓手，整合基层内外资源、凝聚各方共识。“小马工作站”的负责人即“小马”，由社区党委书记担任，“老马工作法”是江北区落实新时代“枫桥经验”的具体举措，是加强党对矛盾纠纷化解工作的领导，发挥党总揽全局、协调各方的领导核心作用的重要实践。基层党组织通过工作站进社区、全覆盖，实现调解资源下沉，确保及时就地化解矛盾纠纷，推动基层社会治理精细化、精准化。

第四，坚持以人民为中心，为群众提供高质量的公共服务是社会治理现代化的出发点和落脚点。高质量公共服务是人民群众获得感、幸福感和安全感的重要来源，是推进社会治理现代化的重要体现。人民群众获得感、幸福感、安全感的不断提升，直接反映社会治理现代化水平。习近平强调，让人民生活幸福是“国之大者”。无论是马善祥还是“小马”，其服务的宗旨都是为人民解决实际的矛盾和难题，“小马”们从“老马”身上学到的是为人民服务的态度。在为群众提供高质量服务的同时，也赢得了人民的信任。群众遇到一般的矛盾纠纷不是先去法院或者信访部门，而是先到“小马工作站”找社区干部，这是人民群众获得感、幸福感和安全感的重要体现。

■ 启示意义

树立社会先进典型，发挥德治的教化熏陶作用，是推进社会治理现代化的内生动力。推动社会治理现代化，要注重统筹协调，既要发挥法治的基础保障作用，也要发挥德治的教化熏陶作用。德治是国家治理的重要方式，也是社会治理方式现代化中体现传统文化精髓的重要标志。习近平提出，“要把法律和道德的力量、法治和德治的功能紧密结合起来”。在调解纠纷、化解矛盾的过程中，既要以情感人、以理服人，教育感化群众，也要坚守法律底线，严格依法办事，维护各方利益。“小马”相信群众是通情达理的，坚决维护群众合法权益，赢得了群众的理解和信任。“老马工作法”兼顾法治的刚性和德治的柔性，在律法和良心中找到最佳契合点，使法律和道德相辅相成。江北区以马善祥的先进事迹为典型示范，把“老马带小马”工作室发展成为人民调解的“金字招牌”，推广到重庆市乃至全国，以开展先进典型巡展、拍摄电影等方式宣传和弘扬正能量，充分发挥了先进模范的榜样力量，以德治的教化熏陶形成了社会向上向善蔚然成风的良好局面。

案例
28

牢记总书记的殷殷嘱托：一定要把洱海保护好

核心阅读

高原明珠洱海，湖泊面积252平方千米，是我国第七大淡水湖、白族人民的“母亲湖”，同时也是大理主要的饮用水源地。然而，伴随着周边人口增长、城镇化进程不断加快、旅游业快速发展，洱海流域污染控制难度逐年加大，水质急剧恶化。如何让“苍山不墨千秋画，洱海无弦万古琴”的自然美景永驻人间？2015年1月，习近平来到云南大理洱海边的湾桥镇古生村了解洱海生态保护情况，他同当地干部合影后谈道：“立此存照，过几年再来，希望水更干净清澈。”9年多来，云南省委、省政府，大理白族自治州牢记总书记殷殷嘱托，全面打响洱海保护治理八大攻坚战，深入践行“绿水青山就是金山银山”的发展理念，围绕洱海保护治理及流域转型发展，从“一湖之治”向“流域之治”和“生态之治”转变，走出了一条水生态环境综合治理的高质量可持续发展之路。2022年1月至6月，洱海水体透明度达到近10年最好水平，129千米环湖生态廊道全线贯通，大理市成功创建国家全域旅游示范区。如今的洱海，碧波荡漾，湖水清澈，吸引着世界各地的游客纷至沓来。

青瓦白墙的民居、平整干净的街巷，溪水环流，绿树成荫……白族传统村落古生村背靠苍山面朝洱海，已有千年历史。2015年1月，习近平在云南调研时来到大理古生村了解洱海生态保护情况。

洱海是我国第七大淡水湖，湖泊面积252平方千米，是白族人民的“母亲湖”，同时也是大理主要的饮用水源地。20世纪80年代之前，洱海水质较好。然而，随着经济社会的快速发展，洱海污染逐步加剧。1996年、2003年和2013年，蓝藻三次大面积暴发，洱海水质急剧下降，洱海的美丽被蒙上了一层阴影。

就在洱海畔的古生村，习近平强调，经济发展不能以破坏生态为代价。生态环境保护是一个长期任务，要久久为功。一定要把洱海保护好，让“苍山不墨千秋画，洱海无弦万古琴”的自然美景永驻人间。在和当地干部合影后，习近平谈道：“立此存照，过几年再来，希望水更干净清澈。”

殷殷嘱托，责任如山。云南大理坚持科学治湖、系统治湖、依法治湖、全民治湖，全民打响环湖截污、生态搬迁、矿山整治、农业面源污染治理、河道治理、环湖生态修复、水质改善提升、过度开发建设治理等八大攻坚战。

“问渠那得清如许？为有源头活水来。”洱海之水是否清澈，关键在于入湖河流的水质。然而，2015年时的洱海流域27条入湖河流大多是Ⅳ或者Ⅴ类水，作为洱海重要水源的苍山十八溪因无序截流取水而水量骤减。

为此，大理开启洱海抢救模式，举全州之力推进流域“两违”整治等“七大行动”，关停湖边2 498家客栈，拆除3 654户违章建筑，初步遏制了洱海水质下滑趋势，水质总体稳定保持在Ⅲ类。

2018年6月，洱海环湖截污工程全部闭环，全面阻断污水直接排入洱海。大理还对洱海27条入湖河流实施生态化治理，截至2022年6月，已有23条达到Ⅱ类水质；建成“三库连通”清水直补工程，累计向洱海补水2.5亿立方米；取缔苍山十八溪的取水口，让清洁水源直接流入洱海，增加了洱海蓄水量。

如今，壮士断腕的抢救治理及生态修复成效日益凸显，洱海生态趋稳向好。2020—2021年，生态环境部公布的洱海水质评价结果连续两年为“优”。2021年，洱海水环境综合整治入选中央生态环境保护督察整改见成效典型案例。2022年6月，洱海流域成功入选全国第二批“山水林田湖草沙”一体化保护和修复项目。作为洱海沿边最重要的生态缓冲区，129千米环湖生态廊道建成，成为环洱海的一道亮丽风景。

然而，洱海生态治理的过程也不可避免地伴随着一些困惑和难题。

为了推进生态治理，2018年，洱海流域全部禁种大肥大水的大蒜。以洱源县右所镇为例，该镇是滇西北大蒜主要交易集散地，原来种植大蒜3.5万亩，大蒜等产业链带来的收益不少于15亿元，占全镇农民收入的50%以上。禁种大蒜后，农民的收入从何而来？

奶业，是大理传统优势产业。但鉴于奶牛养殖的粪便污染给洱海保护造成较大压力，大理决定，在洱海流域核心区禁养奶牛，关停搬迁46个规模养殖场；二级保护区以外地区限养奶牛。这无疑会影响到奶牛养殖户的收入。

在农业之外，还有工业发展等相关问题。洱海周边是生态保护区，高污染高耗能企业面临拆除和搬迁。

大蒜“转移”、奶牛“搬家”、企业搬迁，洱海流域污染问题的确得到缓解，但村民生计如何保障？苍洱大地在生态保护与生产发展间面临选择难题。2019年和2020年，大理州连续两年生产总值增速在云南全省倒数第一。在保护好洱海、守住“绿水青山”的前提下，如何把绿水青山转化为金山银山？这是摆在大理面前最主要的任务。

经历种种阵痛，大理用行动一一找到答案：管空间、控行业、减人口、促转型。大理逐步走上可持续的绿色转型发展之路。

在农业发展方面，大蒜等不适宜作物全部向洱海流域外转移的同时，洱海流域内全力推进种植业绿色有机化，到2022年6月，已建成省级绿色现代农业产业园1个、州级现代农业产业园4个，打造“洱海绿色食品”品牌；推进农业节水减排，形成13.23万亩高标准农田，促进农民增产增收。前面提到的洱源县右所镇，已与云粮集团合作种植绿色水稻 3 万亩，此外还发展了烤烟、玉米、中草药、花卉等产业。

洱海流域奶牛禁养限养后，欧亚乳业等企业在流域外积极扩大奶牛数量，鹤庆和弥渡两家奶牛良种场被评为国家级标准化奶牛示范场，按照“规模化、标准化、现代化、智能化”的要求，到 2022 年 6 月，云龙、巍山、祥云等县的 5 个万头奶牛牧场已全部开工。2021 年大理州奶牛存栏总量占云南省的 38.5%，生鲜乳产量、产值均位列省内第一。

在工业发展方面，大理通过创建绿色产业园区、引进绿色环保项目助推绿色转型，同时将传统工业向洱海流域外的祥云、鹤庆、宾川等地转移，实现了从“围湖开发”向“跳出洱海”高质量发展转变。2020 年 9 月，云南省信创（大理）产业园挂牌成立，不到一年，就有长城科技、科大讯飞等 36 家企业入驻。大理州与中国电子信息产业集团合作共建数据治理工程试点城市，跻身“全国城市数据治理工程”首批试点城市。

洱海流域的垃圾怎么办？大理经开区的云南顺丰洱海环保科技公司使“牛粪变黄金、秸秆变宝贝”，对洱海流域的畜禽粪便、餐厨垃圾等有机废弃物进行全收集和资源化处理利用，生产生物天然气和有机肥料系列产品，年可处理有机废弃物 195 万吨，走出一条“变废为宝”的绿色循环新路。

作为大理支柱产业的旅游业，也在积极推进文化旅游转型升级，使大理旅游从苍洱核心景区游向全域旅游转变，走出一条生态、文化和艺术融合发展的转型升级之路。

在大理生态变迁及实现绿色转型发展的同时，百姓生活也在悄然发生着变化。

古生村村民何利成，从小在洱海边长大，他的创业与生活经历可谓与洱海的命运休戚相关。起初，何利成以打鱼为生。1996 年洱海首次大面积暴发蓝藻，当地取缔了机动渔船，何利成改行投资鱼塘。2003 年，蓝藻再次暴发，按照退田、退塘、退房的要求，何利成承包的 18 亩鱼塘全部关停，他再次改行，开起了客栈。在洱海生态环境保护“三线”划定后，他家客栈的部分客房被划入洱海保护红线范围。2017 年 4 月，何利成的客栈关停，房子整体后退 7 米，院子一侧的耳房被部分拆除。曲折的经历、割舍的痛苦，并没有让何利成一蹶不振，他反而对未来的发展充满信心。“洱海是我的家，守住了洱海，才能谈发展。”何利成这样说。

何利成说得没错。现在，除了经营客栈，何利成的事业又有了新进展。2021 年，何利成向云南农垦集团有限责任公司承包下古生村 580 余亩土地，在公司指导下轮种水稻和油菜，生产出古生村“洱海留香”生态米、绿色菜籽油等农产品。除了常规品种，他还辟出 42 亩土地引进种植五彩油菜花。2022 年 3 月，粉、紫、橙、黄、白的五彩油菜花甫一开放，立即成为古生村的别样风景，引来游客驻足。

如今，洱海畔的古生村，清澈如镜的湖面倒映着蓝天白云，嬉水的孩童和流连的人群沉醉其中，“立此存照”的地方成为拍照打卡的新地标。村民们期盼总书记再来洱海，请总书记看看这一池碧波荡漾，和总书记聊聊他们的幸福日子。

“苍山不墨千秋画，洱海无弦万古琴。”洱海生态的持续改善吸引着越来越多的游客来到大理旅游观光，2024 年上半年，大理州共接待游客 5 100 多万人次，同比增长 10.87%，

思考讨论

1. 高原明珠洱海是大理人的“母亲湖”，却一度深受生态环境退化的困扰。大理人民是如何加强洱海保护治理、逐步走上绿色发展之路的？洱海保护治理有何重大意义？

2. 习近平生态文明思想是新时代建设美丽中国的根本遵循，也是云南大理洱海生态治理的行动指南。请结合案例谈谈应如何全面把握这一思想。

3. 如今，云南大理向外界亮出了成绩优异的“生态答卷”，蹚出了符合地区实际的绿色发展之路。大理的洱海生态治理实践给了我们怎样的启示？

教学建议

本案例主要适用于第十二章第一节“坚持人与自然和谐共生”部分和第六章第一节“完整、准确、全面贯彻新发展理念”部分内容的辅助教学。本案例介绍了洱海生态环境退化背景下，云南大理广大干部群众牢记习近平总书记的嘱托，深入推进洱海保护治理，践行“绿水青山就是金山银山”理念，闯出一条人与自然和谐共生的绿色发展之路的生动实践。

组织教学建议

第一，引导学生分析云南大理加强洱海保护治理的重大意义。可着重从以下四个方面加以分析：一是从人民生活角度来看，洱海是大理人民的“母亲湖”，也是大理主要的饮用水源地。洱海水质急剧恶化，无疑将直接影响大理人民的生活质量。可见，加强洱海保护治理直接关系到洱海流域水资源的质量，有助于满足人民生活的现实需要。二是从生态环境角度来看，保护治理洱海，有助于维护洱海地区的生物多样性和生态平衡，从而提高洱海地区的自然生态环境质量。三是从经济发展角度来看，旅游业和生物资源产业化开发是大理的支柱产业，其基础是优美的自然生态系统和生物多样性，保护治理洱海可以为这两大支柱产业的发展提供重要基础。四是从参考借鉴意义来看，我国95%的湖泊面临与洱海类似的水污染挑战，这意味着洱海治理的经验可以为国内其他湖泊的治理提供参考，同时，也可为其他国家的环境治理提供有益借鉴。总体来说，尽管在推进保护治理洱海的过程中，洱海流域的一些个体利益、局部利益、短期利益不可避免地受到直接影响，但其“功在当代，利在千秋”。

第二，引导学生把握云南大理加强洱海保护治理的主要措施。洱海保护治理是一项系统工程。在教学过程中，教师可引导学生体会“科学治湖”“系统治湖”“依法治湖”“全民治湖”的科学含义及其大理实践，并围绕“环湖截污、生态搬迁、矿山整治、农业面源污染治理、河道治理、环湖生态修复、水质改善提升、过度开发建设治理”等洱海生态治理八大攻坚战的具体实践加以展开，使学生认识到大理洱海的生态改善并非一日之功，而是大理人民以壮士断腕的勇气用扎实行动加以实现的。在教学过程中，教师可适当补充具体内容。例如，关于“生态搬迁”，可突出搬迁户之多（为实施生态廊道建设工程，完成1 806户搬迁）、搬迁者之难（世代生活在湖边的村民故土难离，且涉及搬迁后的生计问题）和搬迁政策之优（生态搬迁补偿、拆迁户过渡期安置、回迁安置房价格远低于当地商业房）等方面。

第三，引导学生把握保护治理洱海过程中一度面临的矛盾问题及其解决出路。洱海保护治理面临的突出矛盾问题，是在推动生态保护的同时要实现生产发展和人民生活水平的提高。无论是生态搬迁还是矿山整治，各项治理措施无疑会使民众的生产生活暂时受到影响。这就需要强化全局观念和系统思维，进行总体谋划。其解决出路大致可以从四个方面加以分析：一是将相关产业转移到适宜地区寻求更大发展，如洱海流域禁养、限养奶牛，就在流域外开发奶牛牧场。二是在农业方面，大力发展绿色生态农业。如洱海流域禁种大肥大水的大蒜后，开始培植绿色水稻、中草药等，发展新产业。三是在工业方面，通过转移传统项目、上马绿色环保项目，实现从“围湖开发”向“跳出洱海”高质量发展转变。四是在旅游业方面，积极推进文化旅游转型升级，并使大理旅游从苍洱核心景区游向全域旅游转变。总之，要保护好“绿水青山”，找准发展路径，不断增强将“绿水青山”变为“金山银山”的转化能力，真正让绿色成为大理高质量发展的底色。

第四，引导学生分析云南大理践行新发展理念、实现绿色发展的主要经验。这部分为拓展部分，可重点从以下四个方面加以分析：一是湖泊治理坚持可持续发展的治理路径。大理根据高原湖泊的生态特征，把湖泊治理纳入全域经济社会发展和生态保护的全局中，以全域谋划和绿色转型的有机融合探索可持续的治理路径。二是从“一湖之治”转向全域联动治理。大理坚持系统治湖，把洱海保护范围从252平方千米的湖区扩大到2 565平方千米的整个流域，推进苍山洱海一体化保护，实施全系统生态保护、全流域生态建设，成效明显。三是湖泊保护从政府主导走向全民参与。大理坚持全民治湖，厚植洱海全民保护意识，并最终形成全民共建共享共赢的生态文明建设共识，推动生态文明理念的落地生根。四是推动全域全产业绿色转型发展。大理以洱海保护引领全州绿色转型，坚决取缔和禁止流域内的污染产业，创建绿色园区、引进环保项目，推动一二三产业的绿色转型升级，破解洱海保护与经济发展的矛盾。

■ 总结提升建议

第一，习近平生态文明思想是建设美丽中国的强大思想武器，是实现人与自然和谐共生的现代化的根本遵循。建设生态文明，关乎人民福祉、民族未来。党的十八大以来，习近平围绕生态文明建设作出一系列重要论断，形成了习近平生态文明思想，把我们党对生态文明建设规律的认识提升到一个新境界。习近平生态文明思想是习近平新时代中国特色社会主义思想的重要组成部分，深刻回答了“为什么建设生态文明、建设什么样的生态文明、怎样建设生态文明”的重大理论和实践问题，为建设美丽中国、实现中华民族永续发展提供了根本遵循和行动指南。云南大理进行洱海保护治理的成功实践，生动地诠释了习近平生态文明思想的深刻内涵和时代价值，是新时代践行习近平生态文明思想的典型范例。

第二，“绿水青山就是金山银山”是习近平生态文明思想的重要内容。它阐明了经济发展和生态环境保护之间的关系，揭示了保护生态环境就是保护生产力、改善生态环境就是发展生产力的道理，指明了实现发展和保护协同共生的新路径。从表面上看，生态环境保护和经济发展是矛盾对立的关系，是鱼和熊掌不可兼得的两难选择。但从根本上说，二者是辩证统一、相辅相成的关系。20 世纪 90 年代以来，随着洱海开发建设的无序扩张、旅游的井喷式发展以及洱海流域人口的不断增长，洱海污染逐步加剧、水质急剧下降，人民生活也随之受到影响。随着生态保护意识的逐步提升，大理人民开启洱海抢救模式，并进行了产业转型调整等一系列大刀阔斧的改革。尽管改革过程中存在阵痛，但随着时间的推移，治理成效日益凸显。事实证明，从长远发展来看，绿水青山既是自然财富、生态财富，更是社会财富、经济财富，生态环境保护与经济发展相辅相成、相得益彰。

第三，绿色发展作为一种全新的发展理念，正在成为中国高质量发展的鲜明底色；推动绿色发展，促进人与自然和谐共生，应加快发展方式绿色转型。坚持绿色发展的必要性在于：一方面，绿色发展是对国内外发展形势的准确把握。改革开放以来，我国经济发展取得巨大成就，同时也积累了大量生态环境问题，一段时间内成为民生之患、民心之痛。在这种情况下，原有发展方式已经难以为继。只有坚持推动绿色发展，坚持在发展中保护、在保护中发展，促使发展方式尽快从原来的粗放型向集约型转变，才能实现可持续发展。进一步看，绿色经济已经成为全球产业竞争制高点，我们应当通过加快绿色产业的发展争取在今后的全球产业竞争中掌握主动。另一方面，绿色发展也是对人民日益增长的美好生活需要的积极回应。随着生活水平的提高，人们更加注重产品品质，对绿色产品的需求更大。与此同时，人民对美好生态环境有了更高的要求。人民群众希望天更蓝、山更绿、水更清，期盼能生活在更宜居的生态环境中。推动绿色发展有助于回应人民群众的殷殷期盼。党的二十大提出，推动绿色发展，促进人与自然和谐共生，应加快发展方式绿色转型。云南大理以洱海保护引领全域绿色发展，推动发展方式的绿色转型，是适应国内外形势变化和时代发展要求之举，同时也以良好的生态产品更好地满足了大理人民及八方游客的需要，走出了一条以绿色为底色的高质量发展之路。

第四，统筹“山水林田湖草沙”系统治理，是习近平生态文明思想的重要内容，为正确处理人与自然关系，坚定不移走生态优先、绿色发展之路，建设美丽中国提供了科学指引。生态是统一的自然系统，是相互依存、紧密联系的有机链条。人的命脉在田，田的命脉在水，水的命脉在山，山的命脉在土，土的命脉在林和草，这个生命共同体是人类生存发展的物质基础。从系统工程和全局角度寻求生态环境治理之道，必须统筹兼顾、整体施策、多措并举，全方位、全地域、全过程开展生态文明建设。就洱海生态治理而言，如果采取“就湖治湖”“就水治水”的办法，就难以从源头上系统性地解决水质恶化及流域周边生态环境综合修复等一系列问题。洱海保护治理成效明显的关键即在于坚持统筹推进综合治理、系统治湖。只有坚持“山水林田湖草沙”是生命共同体的系统治理思维，做到统筹兼顾、整体施策、多措并举，全方位构建生态安全屏障，才能从根源上破解治水难题。

■ 启示意义

生态治理须激发公众主体意识。生态治理不仅是政府和社会的责任，更需要人民群众的内在认同与积极参与。在保护治理洱海的过程中，大蒜“转移”、奶牛“搬家”、企业搬迁、客栈关停等势必暂时影响相关民众的生计，如何得到群众的支持，改变其固有意识？大理给出的答案是加强宣传与切实为民。“何利成”们只有充分认识到洱海生态治理的重要性，才能积极配合政府主导的各项工作安排，并积极参与到洱海生态治理进程中。可以说，持续、有效地推动人民群众积极参与生态环境保护和治理，形成社会协同效应，是化解生态危机的关键所在。只有人人从我做起，积极参与环保行动，才能促进生态治理各项重要任务的完成，加快形成人与自然和谐发展的新格局，开创社会主义生态文明新时代。

案例 29

二十载“平安之约”：平安浙江何以春风化雨？

核心阅读

平安，是民族复兴巍巍基石，是亿万民生福祉所系。2004 年，浙江省委高瞻远瞩擘画实施平安浙江建设战略，开启了平安中国建设省域先行实践之路。20 年来，从“小治安”到“大平安”，一手抓经济发展，一手抓社会稳定，从将建设平安浙江明确为“一把手”工程到制定平安报表、构建平安大网，从平安浙江到努力建设平安中国示范区，浙江沿着习近平擘画的蓝图，取得了“三个下降”、“三个零增长”和“三个提高”的显著成效，一步步迈出高水平建设平安中国示范区的坚实步伐。平安浙江以平安中国战略在省域层面的生动实践，成为中国经济快速发展和社会长期稳定“两大奇迹”的扎实例证，绘就了民富与民安相生相长的壮阔图景，展示了“中国之治”的浙江篇章，为平安中国建设提供了鲜活的浙江样本。

2004 年 5 月 10 日至 11 日，浙江省委十一届六次全体（扩大）会议召开，在时任浙江省委书记习近平的倡议下，省委作出建设“平安浙江”、促进社会和谐稳定的重大战略决策。此后的每个春天，浙江省委、省政府和全省人民都有一个“春之约”：向社会公布上一年度的全省“平安”答卷。

一张蓝图——铺陈民富民安新画卷

翻开 2004 年春天的《浙江日报》，一段连续、密集的调研，传递出闯关探路、以变应变的鲜明信号。

当年 1 月至 4 月，浙江组建由省委书记、省长及其他省委常委分别带队的多个调研组，深入基层、深入群众，开展调查研究。调研组组成不同、奔赴地域不同，但课题都指向同样的问题，即什么是平安浙江？怎样建设平安浙江？

这一时期，浙江经济迎来了加速发展的黄金时期，全省生产总值达 9 200 亿元，同比增长 14%，增长幅度远超全国的 9.1%。但经济高速增长的同时，社会的和谐稳定却屡遭挑战。21 世纪之初，浙江曾经两个月内发生重特大火灾事故 4 起，平均每天因交通事故死亡人数超 20 人。这是最深的痛。

经济高速增长的同时，社会的和谐稳定为何屡受挑战？口袋鼓了，为何安全感反而降低了？在浙江各地基层密集调研的习近平，心中始终念着“平安”。

山越高越难爬，车越快越难开。浙江在许多问题上比别的地方先期遇到，这些问题的显性化与群众越来越高的预期，在一些方面已构成突出的矛盾。但当时党员干部中仍存在多种声音：一些人认为，经济高速发展必然要交“学费”，只要经济指标好看，很多问题可以“包容”；也有人说，要稳定就发展慢一些，“不求有功，但求无过”，在自己任内当个“太平官”就好了。

2004 年 1 月 29 日，在省委理论学习中心组学习会上，习近平首次明确提出建设“平安浙江”的设想。随后，关于“平安浙江”的讨论研究持续深化。5 月，省委十一届六次全体（扩大）会议作出建设“平安浙江”、促进社会和谐稳定的重大战略决策。建设平安浙江被明确为“一把手”工程，“平安报表”被摆到了与“经济报表”同等重要的位置。站位高、谋划实，这决定了平安浙江建设从一开始就高要求、高标准部署推进。

经过 20 年的实践，平安浙江建设展现出旺盛的实践生命力、强大的变革重塑力、广泛的社会影响力，成为“八八战略”引领浙江精彩蝶变的生动写照。截至 2024 年 4 月，浙江共有 3 个市、37 个县（市、区）已连续 19 年取得“平安市”“平安县（市、区）”的荣誉。这代表，这些地方从平安浙江建设之初起就年年“平安”，近 7 000 个日日夜夜从未间断，背后付出的努力可想而知。

在社会长期安宁稳定的同时，浙江经济持续快速增长，地区生产总值从 2004 年的 11 243 亿元增至 2022 年的 7.77 万亿元，总量居全国第四位。2023 年，浙江省地区生产总值突破 8 万亿元大关，成为第四个地区生产总值突破 8 万亿元大关的省份。凭借着超高的经济增速，浙江成为我国最重要的经济增长极之一。

一种情怀——书写人民满意新答卷

太阳从苍翠的青山间升起，碧蓝如玉的乌溪江面云雾升腾，竹排穿行其中，如诗如画。每每至此，衢江区廿里镇白马新村村民王学德都会忆起当年的情景——2006 年 8 月，习近平来到衢州市衢江区下访接访。从新闻媒体得知消息的王学德，和同伴一起赶到接访点，向习近平反映了乌溪江库区实行水资源保护给库区群众带来的生产和增收的问题。“书记听得很认真，对我们诉求的几条都作了很明确的答复，还要求相关部门好好督促落实。”王学德带着诉求而来，怀着满意和理解而归。

从“平安浙江”到“平安中国”示范区，浙江以两条漂亮的曲线交出了平安建设的满意答卷。一条是“上行线”：浙江省人民群众的安全感满意率逐年提升，连续多年居全国前列，浙江被公认为最具安全感、司法文明指数最高的省份之一。一条是“下行线”：各类案件数量持续下降，浙江是命案发生率最低的省份之一，安全生产事故、道路交通事故、火灾等各项指标也大幅度下降。

守牢人民群众的“钱袋子”，浙江发动“全民反诈”，电信网络诈骗打击治理绩效全国第一；优化平安法治“供给”，“最多跑一次”“一照通用”“一窗通办”“车检一件事”“移动微法院”“浙江解纷码”等民生实事落地有声，平安法治服务体验更优质、更高效、更便捷……

平安与否，由群众说了算。2023年，浙江省人民群众的安全感满意率为98.88%，比2003年上升8.08个百分点，比全国平均水平高出0.6个百分点。平安浙江建设真正成为社会期盼、人民满意的“民心工程”。

数字见证了时代的变化。2004年至2023年，浙江省地区生产总值上涨了7.13万亿元，刑事案件总量下降53%，人民群众安全感指数从低于全国平均水平上升到各省（区、市）前三。

一条路径——迭代社会治理新范式

潮涌之江，光耀亚洲。2023年秋天，杭州亚运会让浙江又一次站在了世界的聚光灯下，超7万人“3小时进场、40分钟离场”等丝滑体验让世界直呼“治理的奇迹”！惊叹号的背后，是浙江夯实平安之基，迭代社会治理创新打法，推进社会治理现代化的不懈探索。

多年来，浙江各地花大力气持续完善共建共治共享的社会治理制度，提升群众安全感。嘉兴市经济发达，交通便利，流动人口较多。这些年，当地始终把抓基层、打基础作为长远之计和固本之策，注重细化治理颗粒度，让人民群众成为平安建设的实践参与者、成效评价者和成果共享者。以桐乡乌镇为例，“十户一员、十员一组”培育“乌镇管家”队伍，走街串巷化解矛盾纠纷、排查风险隐患，铺开一张横向到边、纵向到底、不留盲区的平安大网。

截至2024年4月，浙江已有平安志愿者队伍3.5万余支，总人数达230余万，每万人平均拥有社会组织11.7个。全省形成庞大的群防群治力量，义务性治安巡防人员124.2万人，配备专兼职网格员95.5万人。

哪怕已是平安建设的“优等生”，浙江在安全治理上也没有一丝一毫的松懈。他们正在谋划的，是一体推进平安中国、法治中国示范区建设，不断将平安建设推向更高水平：

坚持系统治理、综合治理、依法治理、源头治理和专项治理，坚持和发展新时代“枫桥经验”，通过自治、法治、德治、智治，提升平安建设现代化水平；

着力于科技创新、智慧赋能，积极运用数字化技术破解社会治理难题，以一个个数智融合的跨场景应用，牵引推动平安建设全方位变革、系统性重塑；

推进文化引领，率先举办平安浙江文化周，把平安建设从一项系统工程转变为一种文化符号、特色标识，根植于民众心中，为平安建设注入新力量。

20年，是阶段性的回眸，也是新征程的启航。从平安浙江到努力建设平安中国示范区，在追求“大平安”的大道上，浙江沿着习近平擘画的蓝图，成为富有活力且富庶的一方热土。

思考讨论

1. 本案例介绍了浙江省20年来不断深化平安浙江建设的探索和成效。结合案例，你认为在新时代为什么必须建设更高水平的平安中国？

2. 党的二十大报告提出，要“建设更高水平的平安中国，以新安全格局保障新发展格局”。党的二十届三中全会也指出，要“聚焦建设更高水平平安中国”。以此为要求，新征程上应如何建设更高水平的平安中国?

3. 习近平曾指出：“要坚持国家安全一切为了人民、一切依靠人民，动员全党全社会共同努力，汇聚起维护国家安全的强大力量，夯实国家安全的社会基础，防范化解各类安全风险，不断提高人民群众的安全感、幸福感。”结合现实，应如何理解总体国家安全观的人民性特征?

教学建议

本案例主要适用于第十三章第三节“开创新时代国家安全工作新局面”部分的辅助教学。本案例介绍了浙江省自2004年以来大力推动平安浙江建设的生动实践。秉持“大平安”的理念，浙江在奋力推进中国式现代化的新征程上“勇当先行者、谱写新篇章”，持续完善共建共治共享的社会治理制度，提升群众的安全感，走出了一条高质量发展和高水平安全良性互动之路，书写了经济快速发展和社会长期稳定“两大奇迹”的浙江答卷。

组织教学建议

第一，本案例适用于教学总结环节。在系统讲解“开创新时代国家安全工作新局面”这一教学内容后，可以通过对本案例的分析阐释来强化学生对教学重点难点的理解认识。新时代新征程，要以中国式现代化全面推进中华民族伟大复兴，就必须坚持总体国家安全观，不断开创国家安全工作的新局面。建设更高水平的平安中国是全面建设社会主义现代化国家的重要组成部分，也是落实总体国家安全观的重要途径。那么究竟要如何建设更高水平的平安中国？如何通过更高水平平安中国的建设来推动国家安全工作实现新发展？本案例介绍的浙江省20年坚持建设平安浙江的探索就是成功实践，能够为平安中国建设提供示范和借鉴，这样可以充分发挥案例教学对教学主题的深化作用，实现案例教学目标。

第二，运用本案例开展教学应从统筹发展和安全的角度来对案例进行分析讲解。在对本案例介绍的平安浙江建设情况进行讲解之前，教师应先向学生介绍2004年平安浙江建设启动的时代背景：21世纪初，我国经济社会发展处于体制转轨、社会转型的重要时期，浙江作为经济发达地区，在经济高速发展过程中遇到了“成长的烦恼”，社会治安、公共安全不断出现新情况，在经济高速增长的同时，也面临公共安全的巨大压力。正是在这样的背景下，时任浙江省委书记的习近平在2004年浙江省委十一届六次全体（扩大）会议上倡议浙江省委作出建设“平安浙江”、促进社会和谐稳定的重大战略决策，提出了涵盖经济、政治、文化和社会等各方面宽领域、大范围、多层次的“大平安”理念，统筹经济社会发展和安全稳定问题，坚持将安全问题和经济发展并重，探索出求富和求安共进的有效路径。只有了解了这一特定背景和要求，才能深入认识平安浙江建设的理念实践，才能更准确地把握总体国家安全观的丰富内涵，才能真正理解在新时代坚持以新安全格局保障新发展格局的重大意义。

第三，开展案例教学时应组织学生进行充分的交流讨论。鉴于安全问题在国家发展中的重要地位和作用，建设平安中国，是全面建设社会主义现代化国家的题中应有之义。进入新时代以来，党中央始终高度重视平安中国建设，习近平多次作出重要指示，明确提出要努力建设更高水平的平安中国，全面阐明了平安中国建设中具有全局性、战略性、基础性的重大理论和实践问题。以此为指导，全国各地围绕建设平安中国这一议题展开了多样的安全工作实践并取得显著成效，教学中可以组织学生结合其所了解的国家安全工作新进展、平安中国建设新成效来进行课上讨论，既可以对案例中介绍的平安浙江建设情况予以补充，也可以进一步丰富对平安中国建设实践成效的了解，进而形成对建设更高水平的平安中国的深层次认识，坚定对贯彻总体国家安全观、有效维护国家安全的信心和决心。

第四，教学中可以适当运用相关的文献资料来辅助开展案例教学。进入新时代，习近平高度重视平安中国建设，多次发表重要讲话，如2014年4月15日，习近平在中央国家安全委员会第一次会议上发表重要讲话，强调要准确把握国家安全形势变化新特点新趋势，坚持总体国家安全观，走出一条中国特色国家安全道路，并对加强国家安全工作作出一系列战略部署。2019年1月15日在中央政法工作会议上，习近平发表重要讲话，其中关于平安中国建设的内容以《建设更高水平的平安中国》为题收录在《习近平著作选读》第二卷①。此外，他还深刻阐释了加快推进社会治理现代化、努力建设更高水平的平安中国的重要意义，为做好新时代国家安全工作提供了理论指导和行动指南。学习上述文献，可以深化学生对平安中国建设任务要求和重要意义的认识，进而深化对总体国家安全观的理解和践行。

总结提升建议

第一，建设更高水平的平安中国，是全面建设社会主义现代化国家的重要内容和重要保障。国家安全是民族复兴的根基，社会稳定是国家强盛的前提，建设平安中国是积极应对各类风险挑战，推进强国建设、民族复兴伟业的内在要求。进入新时代，我国面临的安全形势更为严峻复杂，各种威胁挑战联动、安全风险蔓延，只有不断推动平安中国建设，才能为推进强国建设、民族复兴伟业提供有力的安全保障。正如时任浙江省委书记习近平2004年在浙江省委十一届六次全体（扩大）会议上指出的那样："没有平安的浙江，就没有全面小康的浙江；没有和谐稳定的浙江，就没有繁荣富裕的浙江。"此外，建设更高水平的平安中国也将推进国家安全治理体系完善和治理能力提升，对提升国家治理体系和治理能力现代化水平也有重要推动作用。回顾平安浙江建设的20年发展历程，提升治理体系和治理能力现代化始终是其工作着力点，浙江深刻领会"创新发展'枫桥经验'是平安浙江建设的总抓手"的内涵要义，推动基层社会治理不断焕发新生机，构建完善"141"基层社会治理体系，积极运用数字化技术破解平安建设和社会治理难题，"全域数字法院""数字检察""公安大脑""浙江解纷码""移动微法院""11087·亲清在浙里"……一个个数智融合的跨场景应用，为平安浙江建设注入新力量。这些成功实践为完善国家安全治理体系、创新基层治理体系提供了重要参照，也为全面建设社会主义现代化国家注入了强大动力。

① 习近平．习近平著作选读：第2卷．北京：人民出版社，2023：241-243.

第二，建设更高水平的平安中国，必须坚持在党的领导下充分发挥社会主义制度优势。习近平指出：“要坚持党对国家安全工作的绝对领导，实施更为有力的统领和协调。中央国家安全委员会要发挥好统筹国家安全事务的作用，抓好国家安全方针政策贯彻落实，完善国家安全工作机制，着力在提高把握全局、谋划发展的战略能力上下功夫，不断增强驾驭风险、迎接挑战的本领。”在坚持党对国家安全工作领导的基础上，还要善于把党的领导和我国社会主义制度优势转化为社会治理效能，着力打造“党委领导、政府负责、民主协商、社会协同、公众参与、法治保障、科技支撑的社会治理体制，打造共建共治共享的社会治理格局”。本案例介绍的平安浙江建设之所以能够取得显著成效，就在于始终坚持党的领导、着力发挥社会主义制度优势，持续开展平安建设“一把手工程”，针对经济社会发展焦点问题不断完善预防性法律制度，建立了“基层强执行、县级负主责、市域抓统筹、全省一盘棋”的工作格局和完善的平安考评机制，把握好平安建设的根本宗旨和前进方向，为全面提升平安中国建设的科学化、社会化、法治化和智能化水平提供重要示范。

第三，建设更高水平的平安中国，必须坚持以总体国家安全观为指导。习近平立足于国家安全形势变化的新特点新趋势，提出了总体国家安全观，强调要运用系统思维将国家安全状态、能力及其过程作为一个有机系统，从战略和全局的高度看待国家各层面、各领域的安全问题，统筹运用各方面资源手段予以综合解决，实现国家安全多方面内容和要求的有机统一。平安浙江建设秉持的“大平安”理念，就与总体国家安全观一脉相承，“大平安”不是狭义的“平安”，而是涵盖了经济、政治、文化和社会各方面宽领域、大范围、多层面的广义“平安”。在“大平安”理念的指导下，浙江省将平安浙江建设作为一项复杂的系统工程来落实推进，包含了社会矛盾纠纷调处、社会治安综合治理、公共安全，乃至安全生产、就业保障、扶贫、自然灾害防治等各方面、多领域内容，建立了“条块结合、横向到边、纵向到底”的平安浙江建设组织领导体系、考核评价体系，夯实了以平安综治领导责任制、信访工作领导责任制和安全生产领导责任制等为主要内容的平安浙江建设责任体系，在推进平安浙江建设的同时，也生动践行了总体国家安全观，汇聚形成了维护国家安全的强大合力。

第四，建设更高水平的平安中国，必须厚植人民情怀、践行为民宗旨。人民性是总体国家安全观的本质属性，也是平安中国建设的根本价值指向。2016 年 4 月 14 日，在首个全民国家安全教育日到来之际，习近平作出重要指示，强调要坚持国家安全一切为了人民、一切依靠人民，动员全党全社会共同努力，汇聚起维护国家安全的强大力量，夯实国家安全的社会基础，防范化解各类安全风险，不断提高人民群众的安全感、幸福感。以此为遵循，平安中国建设应牢牢坚持“以人民为中心”的根本政治立场，始终将维护“人民利益”作为国家安全工作的价值逻辑，增强群众观念、站稳群众立场，最终实现平安中国建设过程人民参与、成果人民共享、成效人民评价。在作出建设“平安浙江”决策之初，习近平就把群众需求作为第一信号，把群众满意作为平安建设的最高标准，要求坚持问题导向、需求导向、满意导向。从社会治安，到道路交通安全、消防安全、食品安全、生态安全，再到“套路贷”、电信网络诈骗、经济金融领域风险、民生保障……20 年来，浙江深刻领悟习近平的人民情怀，聚焦群众急难愁盼问题，坚持打防并重、源头治理，把专项整治与推动长效常治结合起来，实打实解决了一大批影响社会和谐稳定的深层次问题和矛盾，让平安浙江建设真正成为社会期盼、人民满意的“民心工程”，筑牢平安建设的坚固防线，也凝聚起最广泛、最可靠的力量源泉。

■ 启示意义

实现中华民族伟大复兴的中国梦，保证人民安居乐业、国家安全是头等大事。建设平安浙江是习近平在浙江担任省委书记时作出的重要战略部署，20年来，浙江把平安建设放到经济社会发展全局中谋划和推进，高水平建设平安中国示范区，走出了一条以平安促发展的长治久安之路，成功开启了平安中国建设省域先行实践之路，一步一个脚印把习近平总书记的殷殷嘱托转化为美好现实，也为贯彻落实总体国家安全观提供了成功的浙江样本。国泰民安是人民群众最基本、最普遍的愿望，在新征程上要努力建设治理效能更强、安全稳定局面更稳固、人民更满意的高水平的平安中国，筑牢民族复兴的安全屏障。

案例 30

"爱国者治港"：让"一国两制"实践行稳致远

核心阅读

"一国两制"所确立的"港人治港"、高度自治原则在确保香港平稳交接、持续繁荣方面发挥了重要作用。但这一基本内容也被一些别有用心的人和西方反华势力利用，他们打着"港人治港"、高度自治的口号，在香港积极培养反华力量，不断制造事端挑战中央对香港的管制权，破坏基本法，破坏香港的繁荣稳定。从2016年香港议员"宣誓风波"到2019年发生的"修例风波"，反中乱港势力公然挑战宪法和基本法确定的香港特别行政区宪制秩序，给香港特区"一国两制"的实践带来空前严峻的挑战。为完整准确地贯彻"一国两制"方针，十三届全国人大常委会第二十七次会议通过了《中华人民共和国香港特别行政区基本法附件一：香港特别行政区行政长官的产生办法》(简称基本法附件一)、《中华人民共和国香港特别行政区基本法附件二：香港特别行政区立法会的产生办法和表决程序》(简称基本法附件二)，全面落实"爱国者治港"这一根本原则，对于坚持和完善"一国两制"制度体系、确保香港长治久安和长期繁荣稳定具有重要意义。

2021年3月5日，十三届全国人大四次会议在北京人民大会堂开幕，全国人大常委会副委员长王晨作关于《全国人民代表大会关于完善香港特别行政区选举制度的决定（草案）》的说明，指出此次修改以对香港特区选举委员会重新构建和增加赋权为核心进行总体制度设计，调整和优化了选举委员会的规模、组成和产生办法，继续由选举委员会选举产生行政长官，并赋予选举委员会一些新职能。这些修改最重要的就是要贯彻"爱国者治港"的原则。

镜头一：香港立法会议员"宣誓风波"

2016年是香港特别行政区立法会的换届年。新一届立法会的70名议员在2016年9月当选。

10月12日，根据预定程序，议员将在立法会大会上完成宣誓程序，进而开始履职。然而，在当天的宣誓现场，梁颂恒、游蕙祯等若干位新当选议员以不合常规、不够庄重甚至具有冒犯性的方式读出誓词或加入其他不相关言辞及身体动作。这些情形引发在场人士及媒体的骚动，继而在社会上引起极大震动。

10 月 19 日，在香港立法会爱国议员以集体离场的形式阻止梁颂恒、游蕙祯等“港独”分子的第二次宣誓后，这些辱国的“港独”分子并未对自己的行为加以收敛。

10 月 26 日，梁颂恒、游蕙祯等人在其支持者的护送下强闯立法会，随即引发了大规模的抗议，当日，万名香港市民聚集在香港立法会前示威，要求取消梁颂恒、游蕙祯二人议员资格。

香港特区高等法院受理了该案件，于 11 月 3 日完成了开庭审理。同时，“宣誓风波”引发的争议也迅速升级，在香港与内地都产生强烈反响。正在北京举行例行全体会议的全国人大常委会决定根据基本法启动“释法程序”。

11 月 7 日，第十二届全国人民代表大会常务委员会第二十四次会议表决通过了《全国人民代表大会常务委员会关于〈中华人民共和国香港特别行政区基本法〉第一百零四条的解释》，即“人大释法”。该解释文规定，“宣誓人必须真诚、庄重地进行宣誓，必须准确、完整、庄重地宣读……法定誓言”，“宣誓人故意宣读与法定誓言不一致的誓言或者以任何不真诚、不庄重的方式宣誓”，属于拒绝宣誓，所作宣誓无效，即丧失就任相应公职的资格。这是全国人大常委会在香港回归之后第五次对香港基本法作出正式解释，按照人大常委会的解释，香港特区高等法院裁定梁颂恒、游蕙祯二人议员资格无效。但是“宣誓风波”暴露了香港议会议员选举的一些问题，为何一些宣扬“港独”的分子能够进入立法会，这是一个值得深思的问题。

镜头二：形势严峻的香港区议会选举

2019 年 11 月 24 日，在历经“修例风波”的持续动荡后，香港特区第六届区议会选举如期举行。本届区议会选举是香港“修例风波”以来第一场全港性选举活动。在过去的 5 个多月中，乱港暴力分子与外部势力遥相呼应，不断制造、升级暴力活动，造成香港社会政治氛围对立、社会情绪撕裂、经济民生发展受挫。持续数月的社会动荡，严重干扰了选举进程。选举当日，有乱港分子还对爱国爱港候选人进行滋扰。截至 24 日当晚 10 时 30 分选举结束，18 个选区 452 个区议会议席全部产生。建制派仅获得了 59 席，中立派赢得 8 席，泛民派拿到了 385 席。这次选举的结果，让爱国爱港人士深感不安。选举中另外引人注意的问题是西方的一些势力在选举前的一周里开足马力，为香港反对派在本次区议会选举助选。区议会选举中大量反中乱港分子当选的现实，为未来香港立法会换届选举蒙上了阴影，不能不引起香港特区政府和中央政府的高度关注。

镜头三：开启香港民主新起点

2021 年春，香港已经回归祖国将近 24 年，但是“爱国者治港”仍未在香港特区的管治中全面、充分和彻底体现。造成这个局面的成因很复杂，但毫无疑问，回归后香港选举制度欠完善与此有莫大关系。为了从制度上落实“爱国者治港”，十三届全国人大常委会第二十七次会议审议通过了对香港特区基本法附件一和基本法附件二的修订。国务院港澳事务办公室副主任邓中华指出，这次修改完善香港特别行政区选举制度，主要是为了堵塞香港特别行政区现行选举制度中存在的漏洞和缺陷，构建一套符合香港实际情况、与“一国两制”实践要求相适应、具有香港特色的民主制度。新的制度规定，行政长官由一个具有广泛代表性、符合香港特别行政区实际情况、体现社会整体利益的选举委员会根据本法选出，由中央人民政府任命。根据新修订的基本法附件一，选举委员会委员增至 1 500 人，并扩大至五个界别。作出这样的制度设计是着眼于进一步扩大立法会代表性，并更好体现社会各界的均衡参与，有利于确保立法会不仅能代表不同行业界别和地区的利益，而且能更好代表香港社会整体利益。并且按照“爱国者治港”的原则，所有参选候选人的基本条件是拥护基本法、效忠香港特区，候选人资格审查委员会在判断过程中可咨询香港特区维护国家安全委员会。

2021 年 12 月 19 日，香港特区第七届立法会选举顺利举行。90 个议席全部顺利产生。在最终选出的 90 名立法会议员中，既有议会经验丰富的人连任，也有更多未曾担任过议员的人甚至政治“素人”参与其中，既有商界、政界精英，也有来自教育、医护、法律、会计等领域的代表。立法会议员前所未有地广泛多元，兼顾了地区、界别和全港整体利益，有助于更好地反映民意、体现民心。新的选举制度最大限度拉长包容多样性的半径，画出了符合香港根本利益的最大同心圆。

2022 年 5 月 8 日，设于香港会展中心的中央点票站气氛庄重、热烈，大厅前方正中央搭建起点票及公布台。巨幅背景板上，五星红旗和紫荆花区旗鲜艳夺目。香港特区第六任行政长官选举工作正在紧张有序进行。投票结束后，在香港特区选举管理委员会、选委、候选人及其代理人、媒体及公众的监督下，工作人员手工逐一清点、确认选票。点票结果显示，候选人李家超获得 1 416 张支持票，得票率超过 99%，当选香港特区第六任行政长官。这是完善香港选举制度后的首次行政长官选举，是有香港特色民主的又一次重要成功实践。

思考讨论

1. “一国两制”下为什么要坚决落实“爱国者治港”的原则？
2. 如何正确认识 2019 年“修例风波”影响下的香港区议会选举结果？
3. 结合本案例，谈谈你对香港选举制度改革必要性的认识。

教学建议

本案例主要适用于第十五章第二节“保持香港、澳门长期繁荣稳定”部分的辅助教学。本案例通过香港议员“宣誓风波”、“修例风波”展现了香港选举制度存在的一些漏洞，充分阐明了香港选举制度改革落实“爱国者治港”的必要性和紧迫性，并通过香港特区第七届立法会和香港特区第六任行政长官选举呈现了改革的成效。

组织教学建议

第一，教师要引导学生认识和把握“一国两制”方针的科学内涵。“一国两制”是国家的一项基本国策。“一国两制”就是在统一的国家之内，国家主体实行社会主义制度，个别地区依法实行资本主义制度。这是一项前无古人的开创性事业，是中国为国际社会解决类似问题提供的一个新思路新方案，是中华民族为世界和平与发展作出的新贡献。习近平在党的二十大报告中指出，“一国两制”是中国特色社会主义的一个伟大创举。“一国两制”的前提和基础是“一国”，任何关于“两制”的制度安排都是在“一国”基础上作出的，没有“一国”就没有“两制”。“两制”的所有制度安排，也必须要体现维护“一国”原则，“港人治港”、高度自治都要在“爱国爱港”这个基本原则下落实，“自治”不意味着消解国家主体，更不是背叛国家。“一国两制”作为一项前无古人的制度，它的落实必然要随着实践的发展而逐渐丰富完善。

第二，教师要引导学生把握本案例的展示思路。本案例梳理了香港特别行政区建立后，在香港立法会选举中出现的问题，尤其是2016年的议员“宣誓风波”和2019年的“修例风波”，集中暴露了香港选举制度存在的某些制度漏洞。这些制度性问题如果不能够很好解决，势必影响香港的政制改革和发展，影响香港的繁荣稳定。在以事实展现问题后，本案例合理引出2021年春全国人大常委会通过的基本法附件一、基本法附件二，两个附件以坚持和加强中央对香港的全面管治权为红线，完善香港特别行政区行政长官的选举制度，落实“爱国者治港”，确保“一国两制”实践行稳致远。这一制度很快在2021年12月的香港特区第七届立法会选举和2022年5月香港特区第六任行政长官选举中得到有效落实，体现了这一制度的有效性和科学性。本案例按照“现实实践问题—解决问题方案—解决问题实效”的逻辑作了周密设计。教师一定要引导学生清醒认识香港政制改革的复杂性，从国家安全、香港稳定大局出发分析思考问题，准确理解相关制度设计的深刻意涵。

第三，教师要引导学生深刻认识“一国两制”的各项制度设计，必须在实践发展中日益完善。随着中国特色社会主义进入新时代，“一国两制”事业也进入了新时代，在实践中“一国两制”也会面临一些新问题新情况。这些新问题新情况不是“一国两制”实践带来的，而是实践中的制度设计漏洞被恶意操纵的结果，所以要继续推动香港稳定发展，必须从制度上堵塞漏洞，只有通过实践完善制度设计，丰富“一国两制”制度体系，才能更全面准确理解和贯彻“一国两制”方针。“一国两制”作为一种制度体系，它自身也有随着实践的发展而不断丰富完善的过程。针对香港出现的严峻局势，中央依据基本法，采取了一系列标本兼治的举措，通过制度化建设，坚持和完善“一国两制”制度体系，推动香港局势实现由乱到治的重大转折，实现了“一国两制”与时俱进的发展。

第四，教师要引导学生深刻认识香港选举制度改革后，第七届立法会和第六任行政长官成功选举的重大意义。第七届立法会选举是在香港国安法实施、选举制度修改完善后香港的第一场立法会选举，是全面贯彻落实“爱国者治港”原则的一次生动实践，对发展经济、改善民生、保持香港繁荣稳定意义重大，对于发展符合香港实际的民主、塑造香港良政善治新格局意义深远。第六任行政长官选举是香港政制改革之后的首次行政长官选举，表面上是选举流程之变，本质上是加强中央对香港特别行政区的领导，是确保中央的决策部署落到实处的最集中体现，是“爱国者治港”原则在行政长官选举中的生动落实。第六任行政长官的选举范围更广、机构设置更规范、参与成员更多元，有利于提升选举制度的科学性和公正性，形成有效选举的体制机制，加强爱国爱港群众对选举工作的参与和监督。这两项选举都是对新的选举制度的贯彻落实，候选人都通过了候选人资格审查委员会审查，确保了“爱国者治港”，从根本上扭转了“泛民派”试图控制香港民主选举的局面，翻开了香港民主发展的新篇章。

第五，教师必须深入了解香港政制改革发展过程，才能运用好案例和把握教学内容。香港特别行政区20多年来的政制改革发展备受关注。政制改革涉及香港基本法、中央治港政策、香港自身政治建制、香港政党发展等一系列问题，是一个比较复杂而且敏感的问题。教师若要运用好案例，必须做好拓展阅读，持续关注香港的发展，深刻了解和把握香港政制发展历程，明晰政制改革背后的各方角力，如此才能更好地组织学生围绕相关问题开展讨论式学习，并通过对比中西方选举制度，引导学生正确认识香港选举制度改革。

■ 总结提升建议

第一，香港选举制度改革是坚持和完善“一国两制”制度体系的必然要求。“一国两制”方针在香港的成功实践充分证明，“一国两制”不仅是解决历史遗留的香港问题的最佳方案，也是助力香港保持长期繁荣稳定的最佳制度，具有强大生命力和制度优越性。“一国两制”是一项前无古人的开创性事业，在推进过程中必然会遇到各种困难和挑战。香港回归后，一些不利于“一国两制”顺利实施甚至有违“一国两制”方针、挑战“一国两制”原则底线的现象和问题时有发生，甚至出现影响国家安全、危害香港繁荣稳定的严重局面。香港议员“宣誓风波”、“修例风波”等暴露出来的问题，正是“一国两制”被曲解利用之后产生的问题。一些别有用心的反中乱港分子在西方反华势力的支持下，恶意制造事端，上演香港版的“颜色革命”。反中乱港势力还想利用香港选举制度全面掌握立法会，进而操纵行政长官选举，试图把“港独”势力推上执政舞台。面对复杂的形势，中央审时度势推出了香港国安法和香港选举制度改革等一系列应对举措，从制度上为香港的繁荣稳定打下基础，实现了香港由乱而治、由治而兴的转变。

第二，香港选举制度改革是填补香港选举制度漏洞的必然要求。香港选举制度改革主要是行政长官和立法会的产生办法，其基本内容是20世纪90年代初起草基本法时确定的，集中体现在《基本法》第45条和第68条及基本法附件一和基本法附件二的有关规定中。这些规定符合宪法和基本法确定的香港特别行政区宪制秩序，但也存在一些先天不足。随着形势的发展，香港选举制度存在的漏洞和缺陷日益凸显。一是行政长官和立法会产生办法长期处于不确定状态，每隔四五年有关产生办法的修改问题就成为香港特区政府和社会必须面对的政治议题，为反中乱港势力打着民主的幌子，以尽快实行“双普选”为口号，不断蛊惑民意、煽动对抗留下了空间，成为香港政局动荡的催化剂。二是有关产生办法为反中乱港势力通过选举进入香港特别行政区的政权机关和其他治理架构提供了可乘之机，也难以有效阻止外部势力通过多种方式深度干预和渗透香港事务，进而从事危害中国国家安全的活动。2019年11月香港特区第六届区议会选举中，反中乱港势力借助舞弊、暴力、胁迫、恐吓等手段影响选情，在夺取区议会多数席位后，更加肆意妄为，把基本法明文规定的作为非政权性组织的区议会，变为煽动对抗、大搞政治操弄的高度政治化组织，一些人甚至滥用职权，将区议会变成宣扬“港独”、进行颠覆活动的平台。围绕香港特区第七届立法会选举，反中乱港势力无视香港国安法的规定，非法组织所谓“初选”，妄图控制立法会和行政长官选委会，进而实现他们以“祸国乱港”为目的的夺权计划。所有事实表明，反中乱港势力是“一国两制”事业的最大威胁，是香港繁荣稳定的最大祸害。全面准确贯彻“一国两制”方针，必须完善“一国两制”制度体系，必须修改完善香港选举制度，切断反中乱港势力夺取香港管治权的制度通道。这是确保“一国两制”实践行稳致远和香港长治久安的治本之策。

第三，香港选举制度改革是落实“爱国者治港”原则的必然要求。习近平指出，香港由乱及治的重大转折，再次昭示一个道理，那就是“要确保‘一国两制’实践行稳致远，必须始终坚持‘爱国者治港’。这是事关国家主权、安全、发展利益，事关香港长期繁荣稳定的根本原则”。这一重要论述指出了坚持和落实“爱国者治港”原则的极端重要性，是对香港回归以来“一国两制”实践经验的高度提炼，也是对“一国两制”实践规律的深刻揭示，为修改完善香港选举制度指明了方向。“爱国者治港”就是要让香港特别行政区的政权必须掌握在爱国者手中。回顾历史，“爱国者治港”早在“一国两制”构想形成之初，就已经作为一项重要原则确立起来。1984 年，邓小平就提出了“爱国者治港”。他指出，“港人治港有个界线和标准，就是必须由以爱国者为主体的港人来治理香港”。“爱国者治港”是“一国两制”方针的题中应有之义和核心要义，是香港回归祖国，成为中华人民共和国的一个特别行政区而纳入国家治理体系后的一个基本政治伦理规则。“港人治港”就是由爱国的香港人治理香港，就是“爱国者治港”。在“一国两制”下，中央政府不派人直接参与香港特别行政区政府日常管理，香港特别行政区享有高度自治权，包括行政管理权、立法权、独立的司法权和终审权等，要确保“一国两制”在香港得到全面准确贯彻落实，管治者必须是坚定的爱国者。政权由爱国者掌握，也是全球范围内普遍适用的规则。在新的选举制度的保障下，越来越多贤能爱国者进入香港特别行政区管理架构，一支爱国爱港、精诚团结、为民服务的爱国者治港队伍已经形成，必将把香港治理好、建设好、发展好。

第四，香港选举制度改革是确保“一国两制”实践行稳致远的必然要求。以香港第七届立法会选举为例，这次新的选举制度从程序上看，在依法、公平、公正、公开、廉洁中进行，选民的选举权和被选举权得到充分保障。从氛围上看，良好的选举文化开始形成。相较之前选举，本次立法会选举少了无底线的攻讦抹黑，多了正能量的良性竞争；少了盲目偏激的口号，多了理性务实的意见；少了开空头支票，多了谋实惠福祉；少了泛政治化的无谓纷争，多了经济民生的有益建议。经过选举实践，原有选举制度的漏洞和缺陷得到修补，确保了香港特别行政区的治理权力牢牢掌握在爱国者手中，从而为更有效地维护国家安全提供了坚实的制度保障。实践证明，新选举制度对于落实“爱国者治港”，保障香港同胞行使当家作主权利，推动社会各阶层齐心协力建设香港的良好局面发挥了决定性作用。新选举制度实施后，反中乱港分子被排除出香港特别行政区治理架构，有效减少了政治争拗和对抗的干扰，香港特区政府拥有了更大的经济社会发展主导权，让特区政府和社会各界可以集中精力发展经济、改善民生，致力于破解香港长期存在的深层次问题，增进广大市民利益福祉。香港选举制度改革持续保持了香港政局的稳定发展，稳定才能繁荣，稳定才能更好地融入国家发展大局，稳定才能使反中乱港势力的破坏性大大降低。“一国两制”在香港的行稳致远，有利于抓住国家发展战略带来的历史性机遇，打造新动能，开拓新空间，提升自身竞争力。“一国两制”的实践必须在“一国”的基础上探索“两制”，香港特别行政区作为中华人民共和国的一个地方行政区域，绝不能照搬其他国家的政治制度，而应当形成一套符合香港实际情况、符合香港特别行政区宪制地位、有利于社会均衡参与、有利于香港资本主义发展和保持香港长期繁荣稳定的民主制度。民主制度适合了，香港稳定了，“一国两制”才能行稳致远。

■ 启示意义

香港选举制度改革是新时代条件下“一国两制”制度体系的丰富和完善。任何一项制度的设立都不是一劳永逸、一成不变的，需要适时根据现实情况进行调整。“一国两制”在香港的实践获得巨大成功的同时，我们也要正视暴露出的一些制度漏洞，并通过科学的制度设计加以弥补。“一国两制”作为中国首创的制度，没有可以参考借鉴的例子，只能在实践中不断摸索前进。香港选举制度改革为香港的持续繁荣、稳定发展奠定了基础，是确保“一国两制”在香港行稳致远的治本之策。

案例 31

600 多字的中央八项规定："小切口"推动"大变局"

核心阅读

2012 年 12 月 4 日，中共中央政治局会议审议通过《十八届中央政治局关于改进工作作风、密切联系群众的八项规定》，全面从严治党由此破题。600 多字的中央八项规定从调查研究、会议活动、文件简报、出访活动、警卫工作、新闻报道、文稿发表、勤俭节约等 8 个方面对加强作风建设立下规矩，吹响了作风建设的集结号，发出了严肃党内政治生活的动员令。新风一开，万木春来。到 2022 年 10 月党的二十大召开前夕，全国纪检监察机关共查处违反中央八项规定精神问题 76.9 万起，批评教育帮助和处理 109.7 万人。2023 年，全国一共查处违反中央八项规定精神问题 107 547 起，批评教育和处理 153 662 人，其中党纪政务处分 108 695 人。这十几年，是持之以恒正风肃纪，以钉钉子精神纠治"四风"的十几年。十几年来，人民群众最拥护、最赞誉的事情之一，就是党风政风焕然一新，社风民风持续向好。中央八项规定改变了中国，这是人民群众发自内心的赞誉。

2012 年 12 月 4 日，中共中央政治局会议审议通过了《十八届中央政治局关于改进工作作风、密切联系群众的八项规定》，主要从调查研究、会议活动、文件简报、出访活动、警卫工作、新闻报道、文稿发表、勤俭节约等 8 个方面对加强作风建设立下规矩，直面现实问题，提出具体要求。一场涤荡党内痼疾、扫除作风积弊的战役就此打响。十多年来，中央八项规定已成为全面从严治党的重要抓手，成为新时代中国共产党的亮丽名片。

镜头一：以行动做号令，以身教做榜样

以习近平同志为核心的党中央始终从政治上认识和对待作风问题，率先垂范、以上率下，为全党树立起光辉典范。2012 年 12 月 7 日，广东深圳，通向前海深港合作区的道路畅通如常，一个由 8 辆车组成的车队融入车流，与公交车、出租车、私家车并行，按照交通信号灯的指令行进。不腾道、不封路、不扰民，不铺红地毯、没有欢迎横幅，没有层层陪同。这是习近平在党的十八大后首次出京考察，至今令人印象深刻。就在 12 月 4 日，中央政治局会议审议通过了中央八项规定，这是以习近平同志为核心的党中央深刻洞察党内存在的问题，抓全面从严治党的"第一刀"。正是在这次会议上，习近平带头作出承诺、发起号召，对新一届中央政治局委员提出要求："党风廉政建设，要从领导干部做起，领导干部首先要从中央领导做起。正所谓己不正，焉能正人。""规矩是起约束作用的，所以要紧一点。"中央八项规定能落地生根，与以习近平同志为核心的党中央以身作则、说到做到密不可分。从"轻车简从"到"不铺设迎宾地毯"；从"不出席各类剪彩、奠基活动"，到与民同坐农家炕头畅谈收成……风成于上，俗形于下，接过历史接力棒的新一代共产党人，从立规矩开始，从作风建设切入，从最高领导层做起，开启了再塑自身形象的"第一行动"。

党的十八大以来，习近平深入地方考察调研多达百余次。每一次考察调研，习近平都对安排方案亲自把关，不搞刻意设计，尽量安排紧凑，确保调研深入群众、务实高效。习近平以身作则、以上率下，带头严格执行中央八项规定，为全党改进作风提供了强大动力。

镜头二：党内正气上升，社会风气上扬

以习近平同志为核心的党中央始终立足根本、着眼长远，以可知可感的切实变化，凝聚起继续前进的磅礴力量。落实中央八项规定精神这场涤荡党内痼疾、扫除作风积弊的战役成绩斐然，党风政风为之一新。依附于公款消费生产链条上的灰色利益被剔除，寄生在奢靡之风上的虚假泡沫被挤掉，长期难以整治的天价茶叶、豪华月饼销声匿迹，街头巷尾曾经随处可见的"高档烟酒回收"等字样的牌子也不见了。湖南省安化县，以盛产黑茶著称。曾经有些人在小小茶叶上做文章，炒作出不少"天价茶"，专门用来送礼。党的十八大以来，经过十几年狠刹公款送礼风，如今的安化黑茶以"平民化"价格占领了高地，并成长为规模大、品牌响、综合效益高的支柱产业。过去醉醺醺、昏沉沉、轻飘飘的"官场雾霾"被逐渐驱散，广大党员干部从推杯换盏、接待应酬中解脱出来。许多党员干部感慨，"过去几十个文件管不住一张嘴，没想到一个中央八项规定就管住了"。转变从党风政风开始，逐渐影响到社会风气。从直观上看，茶叶、月饼、大闸蟹这些曾被"天价"异化的食品，重新成为老百姓的节令美食而非炫富的工具、承载交易的礼品。而从深层次来讲，老百姓的消费观念更趋理性，寓意亲人团聚、祈盼美满的传统节日，重新散发出原本的味道。清风正气带来了价值观的潜移默化、向善向上，党风社风民风渐善渐淳。

镜头三：始终动真碰硬，聚力整改问题

以习近平同志为核心的党中央直面人民群众反映强烈的突出问题，出实招、动真格，作风建设成绩斐然。2013年10月，中央纪委发出《关于严禁公款购买印制寄送贺年卡等物品的通知》；2014年5月，中央纪委监察部网站推出"清廉过端午——纪检监察机关在行动"专题；2015年6月，中央纪委开通"反'四风'一键通"举报专区……每逢年节假期、重要会议等时间节点，中央纪委国家监委和各级纪检监察机关都会通过集中通报曝光、开设监督举报专区等形式，持续对纠"四风"发信号、提要求，持续释放出一严到底、常抓不懈的鲜明信号。2022年五一前夕，中央纪委国家监委公开通报10起违反中央八项规定精神典型问题。案例中，有的领导干部多次接受或主动要求有利益勾连之人提供高档餐饮、旅游安排等活动，有的由吃喝收礼演变为权钱交易，有的与黑恶势力交杯换盏、勾肩搭背，败坏党风政风，严重侵害群众利益。严肃查处并公开通报这些典型案例，彰显了党中央从严管党治党的坚强决心。

镜头四：强化正风肃纪，营造风清气正政治生态

从2013年8月建立落实中央八项规定精神情况月报制度起，中央纪委国家监委坚持每月定期公开发布相关数据，向社会不断释放驰而不息纠治“四风”的强烈信号。

自中央八项规定实施以来，截至2022年10月，全国纪检监察机关共查处违反中央八项规定精神问题76.9万起，批评教育帮助和处理109.7万人。其中，省部级干部49人、厅局级干部0.7万人、县处级干部7.4万人、乡科级及以下干部101.6万人。从具体问题上看，查处享乐主义、奢靡之风问题48.3万起，查处形式主义、官僚主义问题28.6万起。

2024年1月28日，中央纪委国家监委公布了2023年全国查处违反中央八项规定精神问题汇总情况：2023年，全国共查处违反中央八项规定精神问题107 547起，批评教育和处理153 662人，其中党纪政务处分108 695人。从查处问题类型看，在履职尽责、服务经济社会发展和生态环境保护方面不担当、不作为、乱作为、假作为，严重影响高质量发展方面，2023年共查处问题39 781起，占查处的形式主义、官僚主义问题总数的86.9％。2023年查处的违规收送名贵特产和礼品礼金、违规吃喝、违规发放津补贴或福利3类问题，分别占享乐主义、奢靡之风问题的42.1％、23.8％、15.3％。从查处级别看，2023年，全国共查处省部级领导干部违反中央八项规定精神问题10起，查处地厅级领导干部问题649起，查处县处级领导干部问题7 899起，查处乡科级及以下干部问题98 989起。其中，乡科级及以下干部问题占查处问题总数的92.0％。

中央八项规定不是五年、十年的规定，而是长期有效的铁规矩、硬杠杠。过去十多年，中央八项规定一子落，作风建设满盘活，从遏制“舌尖上的浪费”，到刹住“车轮上的腐败”，再到整治“会所里的歪风”；从多措并举遏制“天价月饼”“天价烟酒”，到厉行节约、反对浪费成为社会新风尚，再到婚事新办、丧事简办被越来越多人接受。

中央八项规定重塑了党在人民心中的形象，在全社会润物无声地树立了新风。

镜头五：作风建设永远在路上，永远没有“休止符”

2022年10月25日，二十届中央政治局第一次会议审议《中共中央政治局贯彻落实中央八项规定实施细则》，坚持以严的基调强化正风肃纪。随后，习近平带领中央政治局常委同志专程赴延安瞻仰革命纪念地，宣示新一届中央领导集体赓续红色血脉、传承奋斗精神，在新的赶考之路上向历史和人民交出新的优异答卷的坚定信念，释放出锲而不舍落实中央八项规定精神，作风建设不停步、再出发的鲜明信号。

党的二十大以来（截至2024年1月），习近平赴陕西、河南、广东等16个省区市考察调研，共18次58天，“没有调查就没有发言权，没有调查就没有决策权”有了最生动的诠释；出国访问6次25天，到访7个国家，主持4次主场外交，严格执行外事规定，精简随行人员，简化迎送接待。2023年年底，国家统计局社情民意电话调查结果显示：95.7％的受访群众对中央八项规定精神贯彻落实情况总体成效表示肯定。

中央八项规定刚出台时，曾有人担心会不会是“一阵风”。如今，十几年过去了。中央八项规定依然有着强大威慑力。中央八项规定试出了人心向背，厚植了党的执政根基，已成为中国共产党全面从严治党的重要手段和党的作风建设的"金色名片"，成为改变中国党风政风社会风气的标志性话语。

思考讨论

1. 如何理解全面从严治党必须从人民群众反映强烈的作风问题抓起？

2. 中央八项规定重塑了党在人民心中的形象，在全社会润物无声地树立了新风。中央八项规定主要涉及党的作风建设的哪些领域？

3. 党的十八大以来焕然一新的社会新气象让人们感叹"中央八项规定改变了中国"。你认为 600 多字的中央八项规定为何能够改变中国？

教学建议

本案例主要适用于第十七章第一节"全面从严治党是新时代党的建设的鲜明主题"部分的辅助教学。本案例主要展示的是中央八项规定出台十几年后的基本概况，以习近平同志为核心的党中央以身作则、带头践行，在全党持之以恒开展和落实中央八项规定的生动实践和所取得的突出成就。

■ 组织教学建议

第一，在开展案例教学之初，要引导学生了解和把握中央八项规定的主要内容，并组织学生观看央视网《八项规定实施十周年｜中央八项规定出台 展开激浊扬清作风之变》主题影片，全面了解中央八项规定出台前后发生的巨大变化，引导学生认识中央八项规定出台的重大意义。中央八项规定从调查研究、会议活动、文件简报、出访活动、警卫工作、新闻报道、文稿发表、勤俭节约等 8 个方面对加强作风建设立下规矩，直面现实问题，提出具体要求，根本性地改变了管党治党"宽、松、软"的状况。中央八项规定主要内容包括：(1) 要改进调查研究，到基层调研要深入了解真实情况，总结经验、研究问题、解决困难、指导工作，向群众学习、向实践学习，多同群众座谈，多同干部谈心，多商量讨论，多解剖典型，多到困难和矛盾集中、群众意见多的地方去，切忌走过场、搞形式主义；要轻车简从、减少陪同、简化接待，不张贴悬挂标语横幅，不安排群众迎送，不铺设迎宾地毯，不摆放花草，不安排宴请；(2) 要精简会议活动，切实改进会风，严格控制以中央名义召开的各类全国性会议和举行的重大活动，不开泛泛部署工作和提要求的会，未经中央批准一律不出席各类剪彩、奠基活动和庆祝会、纪念会、表彰会、博览会、研讨会及各类论坛；提高会议实效，开短会、讲短话，力戒空话、套话；(3) 要精简文件简报，切实改进文风，没有实质内容、可发可不发的文件、简报一律不发；(4) 要规范出访活动，从外交工作大局需要出发合理安排出访活动，严格控制出访随行人员，严格按照规定乘坐交通工具，一般不安排中资机构、华侨华人、留学生代表等到机场迎送；(5) 要改进警卫工作，坚持有利于联系群众的原则，减少交通管制，一般情况下不得封路、不清场闭馆；（6）要改进新闻报道，中央政治局同志出席会议和活动应根据工作需要、新闻价值、社会效果决定是否报道，进一步压缩报道的数量、字数、时长；（7）要严格文稿发表，除中央统一安排外，个人不公开出版著作、讲话单行本，不发贺信、贺电，不题词、题字；（8）要厉行勤俭节约，严格遵守廉洁从政有关规定，严格执行住房、车辆配备等有关工作和生活待遇的规定。建议教师引用中央八项规定出台之前和之后的具体实例进行比较讲解，让学生进一步认识到中央八项规定给全党所带来的巨大变化和卓越成效。

第二，引导学生通过阅读案例文本了解当前党内存在的“四风”问题和作风建设面临的严峻挑战。中央八项规定出台的十几年来，全国纪检监察机关共查处违反中央八项规定精神问题百余万起，给予党纪政务处分百余万人，意味着中央八项规定的出台绝不是随意使然，它针对的是党内存在的“四风”问题，一些问题甚至于改头换面、潜入地下，“四风”反弹回潮存在重大隐患。这里要引导学生了解“四风”问题给党群关系带来的严重危害，引导学生认识到只有严格贯彻落实中央八项规定精神，才能真正刹住党内存在的不良风气，加强党的作风建设。此处，建议教师结合中央纪委国家监委公布的违反中央八项规定精神的具体案例，进一步引导学生进行思考和讨论。

第三，引导学生认识优良党风对民风的带动作用。党风正则民风淳，不良风气的存在与党员干部作风不正有很大关系。此处应结合案例中高价月饼、大闸蟹等节礼越送越奢华等不正之风，使学生进一步认识到月饼虽小，却一头连着党风政风，一头连着民风社风。党的十八大以来，作风建设通过抓细节、抓具体，用问题倒逼，看住一个个节点，抓住一件件小事，以小见大、以点带面、逐步深入，转变了党员干部习以为常的惯性思维，党风焕然一新，带动民风向上向善。通过讲解“月饼禁令”“清廉过端午”等具体措施，引导学生透过“小事”看到社会生活发生的巨大变化，进而让学生认识到优良党风对于社会风气的重要影响。

第四，引导学生深刻认识和把握新时代持续推进作风建设的重要意义。中央八项规定出台以来，作风建设取得长足进步，从遏制“舌尖上的浪费”到刹住“车轮上的腐败”，再到整治“会所里的歪风”；从多措并举遏制“天价月饼”“天价烟酒”到厉行节约、反对浪费成为社会新风尚，再到婚事新办、丧事简办被越来越多人接受。这里，要继续引导学生从另外一个角度看到，正因为背景复杂、问题突出，更能凸显中央八项规定出台十几年来所取得的卓越成就。党的十八大以来，以习近平同志为核心的党中央以踏石留印、抓铁有痕的劲头狠抓作风建设，刹住了一些曾被认为不可能刹住的歪风邪气，攻克了一些司空见惯的顽瘴痼疾，取得了卓著的成效，党内政治生态明显好转，党群干群关系明显改善，党的团结统一更加巩固，党在革命性锻造中焕发出新的强大生机和活力，这些都离不开中央八项规定出台所带来的重大转变和实践成效。

总结提升建议

第一，全面从严治党，要抓紧抓牢作风建设这个“牛鼻子”。风清则气正，气正则心齐，心齐则事成。习近平强调，“党的作风就是党的形象，关系人心向背，关系党的生死存亡”。正如案例所展示的那样，党的十八大以来，一场净化社会风气的落实中央八项规定精神、反腐倡廉风暴荡涤中国，深刻改变了党内政治生态，也带动了整个社会激浊扬清。踏上新的赶考之路，在新的历史起点上把全面从严治党向纵深推进，作风建设至关重要，必须以更大的决心、更大的勇气、更大的气力抓紧抓好，必须始终把中央八项规定作为长期有效的铁规矩、硬杠杠，不折不扣贯彻党中央决策部署，守正创新、奋楫笃行，推动作风建设高质量发展，从而凝聚起向第二个百年奋斗目标奋进的磅礴力量。

第二，加强作风建设，要以强化党的自我革命为突破口。勇于自我革命是我们党区别于其他政党的显著标志，是党跳出治乱兴衰历史周期率的第二个答案。习近平在党的二十大报告中强调，党的自我革命永远在路上，必须持之以恒推进全面从严治党，深入推进新时代党的建设新的伟大工程。在二十届中央纪委三次全会上，习近平深刻阐述了党的自我革命的重要思想，科学回答我们党为什么要自我革命、为什么能自我革命、怎样推进自我革命等重大问题，明确提出"九个以"的实践要求，对持续发力、纵深推进反腐败斗争作出战略部署。党的作风建设是党的性质宗旨的显性表征，加强作风建设要以强化党的自我革命为抓手。中央八项规定出台十几年来取得的积极成效深刻证明，"四风"问题是党和人民的大敌，推进党的自我革命要求全党继续贯彻落实中央八项规定精神，从推进自我革命的政治高度有力有序地进行"四风"专项整治。

第三，全面从严治党，要抓住领导干部这个"关键少数"。领导干部作为党和国家事业的骨干力量，作为广大党员和人民群众的带头人，其行为和作风对党风、民风具有重要的导向作用。中央八项规定不仅是全体党员的，更是领导干部的。习近平带领中央政治局抓作风建设就是首先从自身做起，立标杆、作表率，形成了鲜明的示范效应，给全党全国人民以信心和力量。从党中央做起、从高级干部严起，一级示范给一级看、一级带领一级干，推动全面从严治党主体责任和监督责任一贯到底。实践证明，领导干部在各个方面坚持以身作则、以上率下，是一种有效的领导方法和工作方法。

第四，制度建设是党的作风建设的重要抓手和重要保障。制度建设贯穿于党的各项建设之中，作风建设离不开相关制度建设。制度问题具有根本性、全局性、稳定性和长期性，制度问题不解决，思想作风问题也难以解决，因此加强作风建设也要坚持制度治党。十几年来，从中央到地方都出台了一系列贯彻落实中央八项规定精神的规章制度和规范措施，从《关于严禁公款购买印制寄送贺年卡等物品的通知》的具体规定，到《党政机关厉行节约反对浪费条例》《中国共产党纪律处分条例》等，可以看到我们党用制度巩固了作风建设的成果。当然，我们还要意识到，面对"四风"以更加隐蔽的方式反弹回潮的全新挑战，面对形式主义、官僚主义等作风问题死灰复燃的危险，必须强调制度建设的重要作用。只有坚持制度治党，不断加强制度建设，才能把权力关进制度的笼子里，强化对党员干部不良作风和行为的刚性约束，为推进作风建设提供坚强的制度保障。

第五，全面从严治党从来不会一蹴而就，必须持续保持作风建设在路上的韧性。在中央八项规定改变中国的背后，我们看到的是以习近平同志为核心的党中央坚定不移正风肃纪的如磐决心，看到的是各级纪检监察机关持之以恒抓作风建设的顽强意志。实践证明，只要拿出踏石留印、抓铁有痕的决心和劲头，锲而不舍、久久为功，就没有刹不住的歪风邪气，没有治不了的顽瘴痼疾。新时代新征程上，我们更应该坚持从严发力，持续发力，营造“不敢腐”的高压态势，扎紧“不能腐”的制度笼子，筑牢“不想腐”的思想防线，推动在全国范围形成“四风”露头、人人喊打的氛围，使优良的作风成为全党的习惯和风气，成为全面从严治党的亮丽“金色”名片。案例中的一组组数据就充分展现了狠抓作风建设、革除不良作风取得的积极成效。

■ 启示意义

作风问题关乎人心向背，关乎党的执政基础，必须坚持以严的基调强化正风肃纪反腐。中央八项规定的出台，开启了一场深刻转变党风政风的激浊扬清之变。可以说，中央八项规定是党的十八大以来中央改进党的作风的“切入口和动员令”，以“小切口”推动了“大变局”。如果说，中央八项规定出台之初，尚有坐等观望者疑心会不会“一阵风”，时至今日，“全面从严”既是常态，也成共识。十几年踏石留印，十几年抓铁有痕。经过坚持不懈的努力，刹住了一些长期没有刹住的歪风邪气，解决了一些长期没能解决的顽瘴痼疾，厚植了党长期执政的政治根基，广大人民群众对反腐败的信心、对党的信心和认同不断增强，同时，也提升了党的威望、重塑了党的形象。但是，仍有少数党员干部顶风违纪。现实一再警示人们，作风建设不可能毕其功于一役，新的赶考路上，必须始终把中央八项规定作为长期有效的铁规矩、硬杠杠，坚持“严”的主基调正风肃纪反腐，推动作风建设高质量发展，为党在新时代新征程上担负起使命任务提供坚强作风保障。

参考文献

[1] 中共中央宣传部理论局. 中国式现代化面对面. 北京：学习出版社，2023.

[2] 中共中央宣传部理论局. 新征程面对面. 北京：学习出版社，2021.

[3] 齐卫平. 百年大党历史叙事的大检阅：以中国共产党的历史决议为文本. 教学与研究，2022（6）.

[4] 朱东君. 党的百年历程中的前两个“历史决议”（上）第一个“历史决议”团结全党同志如同一个和睦的家庭. 中国共产党新闻网，2021－11－12.

[5] 田亮. 第二个“历史决议”完成党在指导思想上的拨乱反正. 党史学习教育官网，2021－11－15.

[6] 余建斌，赵鹏，朱隽. 攥紧中国种子 端稳中国饭碗：开局之年看南繁. 人民日报，2023－06－26（1）.

[7] 刘娟. 一场转型发展的新“淮海战役”. 瞭望，2019（50）.

[8] 中共广东省委. 建设和守护香港供水生命线的光荣团队. 求是，2022（13）.

[9] 孙进军. 用忠诚与大爱托起香港“生命之源”：记“时代楷模”东深供水工程建设者群体. 党建，2021（5）.

[10] 魏浩. 以开放促改革 深入实施自贸试验区提升战略. 光明日报，2024－09－25（16）.

[11] 任仲平. 把全面深化改革作为推进中国式现代化的根本动力. 人民日报，2024－06－26（1）.

[12] 侯琳良. 山东加快建设绿色低碳高质量发展先行区. 人民日报，2024－06－20（6）.

[13] 徐锦庚，侯琳良. 齐鲁大地“走在前、开新局”. 人民日报，2022－07－25（9）.

[14] 蒋新会，李权，张雷. 全力推动“四区”并进高质量转型发展. 徐州日报，2023－12－11（4）.

[15] 郭威. 综合施策 推动资源型地区转型发展. 光明日报，2024－01－22（5）.

[16] 丁志军. 内蒙古鄂尔多斯市坚持走绿色发展之路：加快产业转型，助推高质量发展（一线调研）. 人民日报，2023－11－09（6）.

[17] 李菲. 一座“资源之城”低碳发展的绿色答卷. 光明日报，2023－12－02（9）.

[18] 郭晨曦，吴钦景，李维忠，等. 新济钢“五化”解码：一个新旧动能转换排头兵的转型路径. 联合日报，2021－07－21（1）.

[19] 入云龙. 无钢则“刚”：一文说透济钢涅槃重生之路. 搜狐网，2022－10－10.

[20] 王政，邱超奕. 深圳数字经济核心产业增加值突破 9 000 亿元，产业数字化、数

字产业化加快融合 合力打造优势产业集群. 人民日报，2022-12-14（18）.

[21] 本报调研组. 贵阳后发赶超：践行习近平新时代中国特色社会主义经济思想调研记. 经济日报，2021-03-22（1）.

[22] 田菊. 数城：以发展为要务“中国数谷”扬优成势. 贵州日报，2023-05-26（12）.

[23] 苏晓晨. 数智山城，从未来走向现实：看阳泉如何推进数字经济与实体经济深度融合. 山西日报，2023-06-02（5）.

[24] 张天培，郝迎灿，刘佳华. 站上新起点 展现新作为：辽宁省沈阳市铁西区高质量发展纪实. 人民日报，2023-05-05（7）.

[25] 本报记者. 辽宁着力在自主创新中实现产业升级（高质量发展调研行）. 人民日报，2024-06-30（1）.

[26] 何勇，马睿姗. 山西加快构建现代化产业体系：在转型发展上率先蹚出一条新路来. 人民日报，2024-05-16（2）.

[27] 何勇，付明丽. 加快能源低碳转型 共建清洁美丽世界：2024年太原能源低碳发展论坛观察. 人民日报，2024-09-13（14）.

[28] 河南省高校智库联盟课题组. “中部地区崛起”20年：更高起点上 如何更进一步. 光明日报，2024-04-18（7）.

[29] 殷新宇，祁嘉润. 奋力谱写中部地区崛起新篇章. 人民日报，2024-05-30（3）.

[30] 陈海波，章文，张未. 从航天大国迈向航天强国. 光明日报，2022-10-10（5）.

[31] 余建斌，刘诗瑶. 筑梦苍穹：中国载人航天工程三十年发展综述. 人民日报，2023-04-17（1）.

[32] 刘奕湛. 推动“中国之治”进入新境界：党的十八大以来持续推进全面依法治国述评. 光明日报，2022-09-19（1）.

[33] 靳昊. 为美好生活夯实法治根基. 光明日报，2022-07-29（4）.

[34] 张维. 开辟全面依法治国新境界：“十年答卷”系列专题报道之十一. 法治日报，2022-09-14（1）.

[35] 张李源清，姜业庆. 比亚迪：从“开荒者”向“领军者”完美蜕变. 中国经济时报，2022-08-16（1）.

[36] 屈辰. 办好万峰湖“第一案”. 瞭望，2024（12）.

[37] 闫晶晶. 从万峰湖到南四湖 最高检为何紧盯“两湖”污染问题不放?. 检察日报，2021-09-02（1）.

[38] 张锐. 为什么是《咏春》? 为什么是深圳?：探寻《咏春》出圈背后的密码. 深圳特区报，2024-02-10（1）.

[39] 张锐，刘莎莎. 深圳原创舞剧《咏春》百场演出系列活动启幕. 深圳特区报，2023-10-26（3）.

[40] 光明日报调研组. 殷墟热起来 文物活起来：优秀传统文化传承的安阳实践. 光明日报，2023-04-21 (5).

[41] 陈关超，张莹莹. 殷墟甲骨文：穿越历史长河，焕发时代光彩. 中国文化报，2024-04-09 (5).

[42] 商意盈，吴帅帅，许舜达. 浙江“民呼我为”接力20年. 瞭望，2024 (7).

[43] 刘捷. 牢记殷殷嘱托 坚持人民至上 不断擦亮“民呼我为”金名片. 学习时报，2023-05-03 (1).

[44] 张立强. 面对面协商解决居民诉求 南昌西湖区“幸福圆桌会”为社区减负赋能 今年已举行352场、解决问题355个. 人民政协报，2023-05-08 (6).

[45] 朱磊. 江西南昌西湖区探索“幸福圆桌会”机制，推动干部群众协商议事 面对面听诉求 实打实解难题（基层治理新实践）. 人民日报，2022-06-21 (13).

[46] 潘巧. 擦亮“金字招牌”，“老马”变“群马”重庆市江北区推动基层社会治理精细化、精准化. 民主与法制时报，2023-07-21 (2).

[47] 姜峰. 重庆市江北区以“老马”带“小马”：构建“家门口”解纷队伍（法治头条·探访“枫桥式工作法”）. 人民日报，2024-02-01 (19).

[48] 钱祎. “大平安”，孜孜以求20年：高水平推进平安浙江建设纪事. 浙江日报，2024-04-08 (2).

[49] 张倩. 潮起之江 共筑平安梦：平安浙江建设20周年回眸. 浙江法治报，2024-04-07 (2).

[50] 田亮. “吃讲茶”里的民主 昆山市人大常委会是全国22个立法联系点之一，民主议事、民主监督在这里蔚然成风. 环球人物，2022 (3).

[51] 韩维正. 民主的阳光照耀中华大地. 人民日报（海外版），2021-12-06 (2).

[52] 宁德市人大常委会人事代表工作室 余碧霞. 从“纸上建议”到“面对面交锋”：从历史和实践的视野探析新时代人大代表约见制度健全完善问题. 福建人大网，2021-07-23.

[53] 全国人大常委会机关党组. 发展全过程人民民主 更好发挥人大制度优势. 中国人大网，2021-11-10.

[54] 张屯鑫，潘建国. 江苏淮安构建党建引领协商议事新模式 急难愁盼“码”上议. 中国组织人事报，2022-06-13 (5).

[55] 陈家刚，张翔. 数字协商民主：制度规范与技术路径：江苏省淮安市“‘码’上议”实践探索. 江海学刊，2022 (6).

[56] 陆军党委. “像老连长那样冲锋!”：践行“三个不相信”英雄宣言的新时代传人. 求是，2024 (15).

[57] 张圣涛，王会甫，张科进，等. 赓续血脉是我们的荣光：陆军某合成旅“杨根思连”践行英雄宣言奋进新征程建功新时代纪实（上）. 解放军报，2024-05-27 (1).

[58] 王昌杰，陈森军，张科进，等. 敢打必胜是我们的信念：陆军某合成旅“杨根思连”践行英雄宣言奋进新征程建功新时代纪实（中）. 解放军报，2024-05-28 (1).

[59] 胡瑞智，郑夏云，张科进，等. 矢志强军是我们的追求：陆军某合成旅“杨根思连”践行英雄宣言奋进新征程建功新时代纪实（下）. 解放军报，2024-05-29（1）.

[60] 光明日报调研组. 从“一湖之治”向“生态之治”的转变：“绿水青山就是金山银山”的大理洱海实践. 光明日报，2022-06-10（5）.

[61] 王长山，丁怡全. 一定要把洱海保护好. 瞭望，2022（29）.

[62] 习近平. 在庆祝香港回归祖国二十五周年大会暨香港特别行政区第六届政府就职典礼上的讲话（二〇二二年七月一日）. 人民日报，2022-07-02（2）.

[63] 白林，胡创伟，刘明洋. 全面落实“爱国者治港”：修改完善香港选举制度始末. 瞭望，2021（18）.

后　记

本书是2021年度教育部高校思想政治理论课教师研究专项重大课题攻关项目“高校思政课习近平新时代中国特色社会主义思想教学案例库建设研究”（项目批准号：21JDSZKZ01）的阶段性研究成果。在课题推进过程中，得到了教育部社科司主管领导的悉心指导，得到了中国人民大学出版社郭晓明、牛晋芳编审的鼎力支持，以及编辑的精心编校，谨此表示衷心的感谢和深深的敬意。

本书是集体智慧的结晶，由课题首席专家杨慧民主持完成，依托教育部高校思想政治理论课名师工作室（大连理工大学）、大连理工大学思想政治理论课案例教学研究中心开展工作，并得到大连理工大学马克思主义学院党政领导的全力支持。除大连理工大学外，大连交通大学、大连工业大学、西安财经大学的部分教师也参与了编统工作。编写组分工如下：

葛丽君、贾迪：案例3；

王新影：案例21、22、23、24、25、29；

王娜：案例11、12、13、17；

刘鹏飞：案例1、5、6、7、8、14、15、16；

张超：案例26、27；

屈宏：案例30；

王晶梅：案例2、4、10、28；

刘秉贤：案例9；

赵劲：案例18、19、20；

张灿：案例31。

杨丽丽参加了部分案例编写工作。杨慧民负责统稿、定稿。团队成员3年多来的同心协力、精诚合作和战斗友谊成就了本书，在此一并表示感谢。

习近平新时代中国特色社会主义思想内容丰富，但并非所有内容都适合开展案例教学。有些重大理论问题或理论难题，教学案例难以承载和驾驭，只能靠理论自身的魅力来解答。由此，本书虽主要以全国统编教材《习近平新时代中国特色社会主义思想概论》的主要内容和逻辑结构为编写体例，但所选编案例并非对应或涵括每一个理论框架内的所有内容，章节之间案例分布也稍欠均衡，教师可根据教学需要和自身实际灵活选用。

在编写过程中，我们团队参考了许多相关文献资料，无法一一列出，望相关作者谅解，在此表示诚挚的谢意。由于编者能力水平有限，书中一定存在缺点和不足，敬请方家不吝赐教指正。

本书得到了大连理工大学马克思主义学院教材出版经费的资助，特此感谢。

主编

2024年10月

图书在版编目（CIP）数据

新时代高校思想政治理论课教学案例精选．第5辑/
杨慧民，王娜主编．--北京：中国人民大学出版社，
2025.8．--ISBN 978-7-300-33957-3

Ⅰ．G641

中国国家版本馆CIP数据核字第2025JN8561号

新时代高校思想政治理论课教学案例精选（第5辑）

主　编　杨慧民　王　娜

Xinshidai Gaoxiao Sixiang Zhengzhi Lilunke Jiaoxue Anli Jingxuan

---

出版发行	中国人民大学出版社		
社　　址	北京中关村大街31号	**邮政编码**	100080
电　　话	010－62511242（总编室）		010－62511770（质管部）
	010－82501766（邮购部）		010－62514148（门市部）
	010－62511173（发行公司）		010－62515275（盗版举报）
网　　址	http://www.crup.com.cn		
经　　销	新华书店		
印　　刷	中煤（北京）印务有限公司		
开　　本	787 mm×1092 mm　1/16	**版　　次**	2025年8月第1版
印　　张	13.25 插页1	**印　　次**	2025年8月第1次印刷
字　　数	302 000	**定　　价**	79.00元
